高等院校网络教育系列教材

法律与社会

——法律基础入门导读

FALÜ YU SHEHUI
FALÜ JICHU RUMEN DAODU

刘金祥／主编
于杨曜　李海鹰／副主编

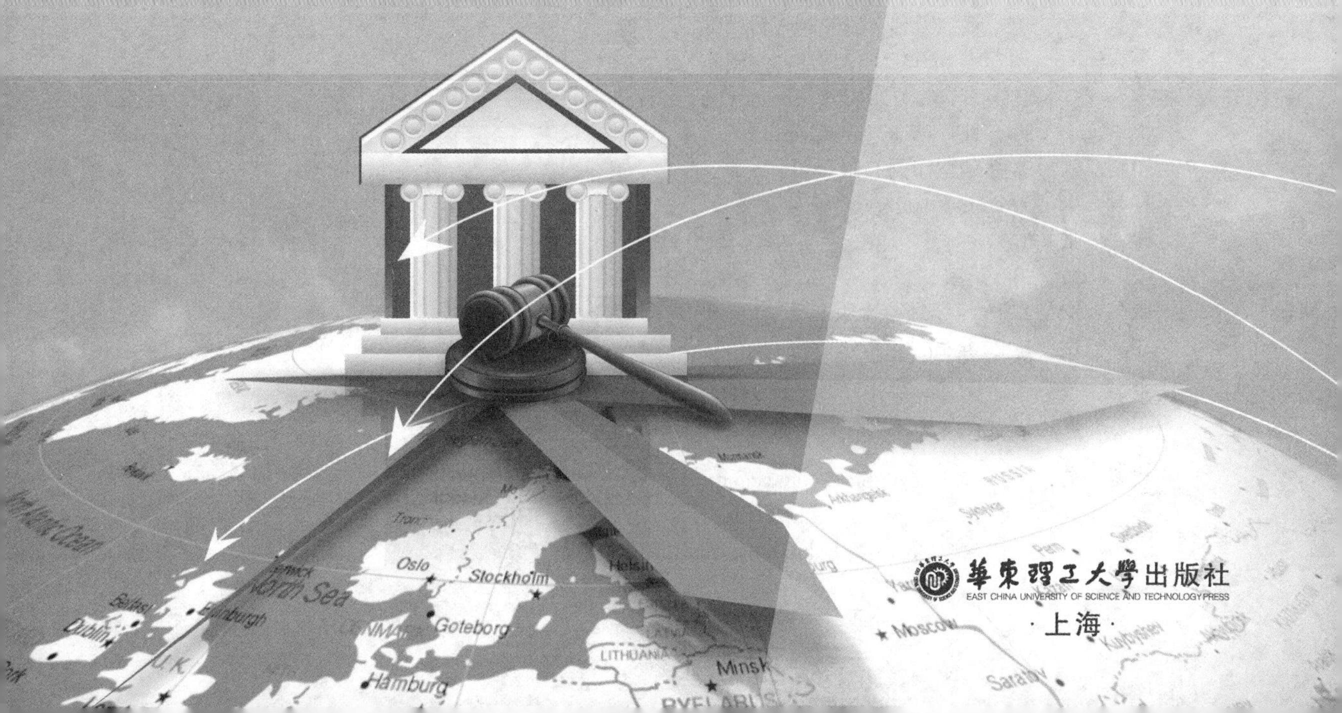

華東理工大學出版社
EAST CHINA UNIVERSITY OF SCIENCE AND TECHNOLOGY PRESS
·上海·

图书在版编目(CIP)数据

法律与社会:法律基础入门导读 / 刘金祥主编. —上海:华东理工大学出版社,2015.2(2020.8重印)
(高等院校网络教育系列教材)
ISBN 978-7-5628-4155-5

Ⅰ.①法… Ⅱ.①刘… Ⅲ.①法律—中国—高等学校—教材 Ⅳ.①D92

中国版本图书馆CIP数据核字(2015)第020967号

高等院校网络教育系列教材

法律与社会——法律基础入门导读

主　　编 / 刘金祥
副 主 编 / 于杨曜　李海鹰
责任编辑 / 刘　军
责任校对 / 李　晔
封面设计 / 戚亮轩
出版发行 / 华东理工大学出版社有限公司
地　址:上海市梅陇路130号,200237
电　话:(021)64250306(营销部)
(021)64253797(编辑室)
传　真:(021)64252707
网　址:www.ecustpress.cn
印　　刷 / 常熟华顺印刷有限公司
开　　本 / 787mm×1092mm　1/16
印　　张 / 15.75
字　　数 / 390千字
版　　次 / 2015年2月第1版
印　　次 / 2020年8月第5次
书　　号 / ISBN 978-7-5628-4155-5
定　　价 / 39.00元

联系我们:电子邮箱 zongbianban@ecustpress.cn
官方微博 e.weibo.com/ecustpress
天猫旗舰店 http://hdlgdxcbs.tmall.com

華東理工大學出版社
客户端扫码进入天猫旗舰店

序

PREFACE

网络教育是依托现代信息技术进行教育资源传播、组织教学的一种崭新形式，它突破了传统教育传递媒介上的局限性，实现了时空有限分离条件下的教与学，拓展了教育活动发生的时空范围。从1998年9月教育部正式批准清华大学等4所高校为国家现代远程教育第一批试点学校以来，我国网络教育历经了若干年发展期，目前全国已有68所普通高等学校和中央广播电视大学开展现代远程教育。网络教育的实施大大加快了我国高等教育的大众化进程，使之成为高等教育的一个重要组成部分；随着它的不断发展，也必将对我国终身教育体系的形成和学习型社会的构建起到极其重要的作用。

华东理工大学是国家"211工程"重点建设高校，是教育部批准成立的现代远程教育试点院校之一。华东理工大学网络教育学院凭借其优质的教育教学资源、良好的师资条件和社会声望，自创建以来得到了迅速的发展。但网络教育作为一种不同于传统教育的新型教育组织形式，如何有效地实现教育资源的传递，进一步提高教育教学效果，认真探索其内在的规律，是摆在我们面前的一个新的、亟待解决的课题。为此，我们与华东理工大学出版社合作，组织一批多年来从事网络教育课程教学的教师，结合网络教育学习方式，陆续编撰出版了一批包括图书、课件光盘等在内的远程教育系列教材，以期逐步建立以学科为先导的、适合网络教育学生使用的教材结构体系。

掌握学科领域的基本知识和技能，把握学科的基本知识结构，培养学生在实践中独立地发现问题和解决问题的能力是我们组织教材编写的一个主要目的。系列教材包括了计算机应用基础、大学英语等全国统考科目，也涉及了管理、法学、国际贸易、机械、化工等多学科领域。

根据网络教育学习方式的特点编写教材，既是网络教育得以持续健康发展的基础，也是一次全新的尝试。本套教材的编写凝聚了华东理工大学众多在学科研究和网络教育领域中有丰富实践经验的教师、教学策划人员的心血，希望它的出版能对广大网络教育学习者进一步提高学习效率有帮助和启迪。

华东理工大学副校长 涂善东

目录

CONTENTS

第一章 法的基础理论

教学目的

通过教学，使学生了解和掌握以下知识点：法和法学的概念，法的本质、特征和作用，法的渊源、分类和历史类型，法与经济基础、国家、政治、道德和科技的关系，社会主义法律意识、社会主义民主与法制、依法治国等的含义，并达到运用法律和遵守法律的目的。

第一节 法的一般原理

一、法的概念、特征和作用

（一）法和法律的词义

1. 汉语“法”与“法律”的演变

在了解法的概念之前，我们首先要了解“法律”的词源和词义。汉字“法”的古体为“灋”。据我国第一部字书，即东汉许慎所著的《说文解字》的解释：“灋，刑也，平之如水，从水；廌，所以触不直者去之，从去。”据传说“廌”是一种神兽，它“性知有罪，有罪触，无罪则不触。”这说明：(1)在中国古代，法与刑是通用的；(2)法从古代起就有公平的象征意义；(3)古代法具有神明裁判的特点。汉字“律”，据《说文解字》解释：“律，均布也。”清段玉裁所著《说文解字注》云：“律者，所以范天下之不一而归于一，故曰均布也。”“均布”是古代调音律的工具，把“律”解释为均布，说明“律”有规范人们行为的作用，是普遍的、人人遵守的规范。从《尔雅·释诂》中可以了解到，在秦汉时期，“法”与“律”二字已同义。《唐律疏义》更明确指出：“法亦律也，故谓之为律。”把“法”和“律”连用作为独立合成词，却是在清末民初由日本传入。

2. 我国当代“法”与“法律”的使用

在我国当代法学理论上，法律有广狭两层含义，广义的法律是指法的整体，包括法律、有法律效力的解释及其行政机关为执行法律而制定的规范性文件（如规章），包括宪法、行政法规在内的一切规范性法律文件，是指全国人大及其常委会制定的基本法律以及基本法律以外的法律。例如我国宪法第三十三条中规定：“中华人民共和国公民在法律面前一律平等。”这一条中的“法律”，就是广义用的法律。而狭义的法律则专指拥有立法权的国家机关依照立法程序制定的规范性文件。我国宪法第六十二条和第六十七条分别规定全国人民代表大会和常务委员会有权制定法律。这两条中所讲的“法律”，就是狭义用的法。为了加以区别，有的法学著作将广义解释的法律称为法，但在很多场合下，仍根据约定俗成原则，统称为法律，即有时作广义理解，有时作狭义理解。另外，我国也有一些学者认为需要从“自然法”观念出发来区分“法”与“法律”，这里的“法”是指高于制定法之上并能衡量制定法善恶的某些特定的标准；而“法律”只是国家机关制定的各种法律规则。

（二）法区别于其他上层建筑的基本特征

法律的形式特征，是区别于其他事物和现象的征象和标志所在。了解法律的特征是为了更好地把握法律的性能、作用，把握法律的自身规律，以便我们在运用法律时能够得心应手。由于法律的特征是法律固有的、确定的东西，人们无法主观想象和任意编造，只能科学地予以认识和分析。在前人对法律特征进行探索和认识的基础上，我们把法律的一般特征归纳为四个基本方面，即：调整行为关系的规范；由国家专门机关制定和认可；以权利和义务双向规定为调整机制；通过特定程序而强制予以实施。

1. 法是调整人们行为的规范

法的这一特征表明了法与上层建筑中的思想意识以及国家、政党这些政治组织的决议的区别。一般说来，法由法律原则、法律概念、法律技术性规定以及法律规范四个要素构成，法的主体则是法律规范。从逻辑上说，每一法律规范由行为模式和法律后果两个部分构成。作为一种社会规范，法具有规范性和概括性的属性。

2. 法由国家制定或认可，并具有普通约束力

法的这一特征表明，法具有国家意志的形式，这使法区别于其他社会规范。制定或认可是法产生的两种方式，法由国家制定或认可，即表明法有权威性。一个国家的法，作为一个整体来说，在该国主权管辖范围内是普遍有效的，具有普遍的约束力。

3. 法规定人们的权利和义务

这一特征也表明法与其他社会规范的区别。有的社会规范也规定了某种权利和义务，但在内容、范围和保证实施的方式等方面，与法律规定的权利和义务有很大区别。

4. 法律由国家强制力保证实施

法律是以国家名义并由国家专门机关所实施的，其他意识一般不具有强制性特征，如思想意识就不具有任何强制性的表现。法律以外的其他社会规范虽也具有不同性质、形式和程度的强制力，但这种强制力不同于法律的强制力，后者是由国家专门机关来保证实施的。

除了要掌握法的上述四个基本特征外，还要重点掌握法律规范这一法的现象。法律规范是法的构成中最主要的一个要素，它由行为模式和法律后果两部分构成，具有规范性和

概括性特征。法律规范与技术规范之间既有区别又有联系。法律规范自身逻辑构成又由行为模式和法律后果两部分构成。行为模式分为三类：(1)可以这样行为(授权性法律规范)；(2)应该这样行为(命令性法律规范)；(3)不应该这样行为(禁止性法律规范)。法律后果则又分为：(1)肯定性法律后果；(2)否定性法律后果。法有规范性、概括性的属性。法的规范性指法为人们的行为提供了一个模式、标准或方向。法的概括性则指法律规范是一种抽象、概括的规定，即法调整的对象是一般的人而不是特定的人，此外，法可以是反复多次适用的。此外，从法的效力的强弱程度来分，法律规范可分为强制性规范和任意性规范；从法律规范的内容是否确定来分，可分为确定性规范、委托性规范和准用性规范。

（三）法的本质

法的本质是指法相对于其他社会现象而言的一些基本属性。马克思主义认为法的本质就是统治阶级意志的体现。当然法所体现的统治阶级的意志，是统治阶级的整体意志，而不是统治阶级中某些人或某个集团的意志，更不是统治阶级中个别人的意志。这种意志的内容归根结底是由统治阶级赖以生存的物质生活条件决定的，主要是指生产关系，特别是生产资料所有制关系。只有把法律同它所依存的经济关系以及由该经济关系所决定的阶级关系紧密地联系起来，才能掌握法律的本质。所以法的本质是根据一定的物质生活条件来决定统治阶级意志的。而且法律不是一般的统治阶级的意志，它是被上升为国家意志的统治阶级意志的表现，这是法律所特有的本质。所谓被上升为国家意志，是指统治阶级通过国家机关的功能把自己的意志变为国家意志，并用法定形式颁布出来，使它成为以国家的强制力为后盾的，对人们具有普遍约束力的行为规则。

1. 法律的阶级性

马克思主义认为，法律是统治阶级意志的表现，这是对法律本质的科学概括。法律是一些人的意志反映，历史上所存在过的几种形态的法律都是不同社会统治阶级的意志反映。在阶级社会里，各个阶级处于不同的地位，各有不同的阶级利益和意志，只有在经济上、政治上和思想上占统治地位的阶级，才有可能将本阶级的意志通过国家政权上升为法律。法律是统治阶级的整体利益和共同意志的体现。由于法律的内容不同，其阶级性表现的程度也不同，有的法律其阶级性表现得较为明显，有的则不明显。

2. 法律的国家意志性

法律是统治阶级意志的体现，但体现统治阶级意志的并非都是法律，只有“被奉为法律”，即“被上升为国家意志”的那一部分统治阶级的意志才是法律。法律的产生、存在和发展，都是通过国家，并以国家规范性文件颁布出来。因而是否掌握国家政权，是一个阶级的意志能否“被奉为法律”的关键。

国家与法律是辩证统一的关系，两者既互相区别，又紧密联系。法律离不开国家，国家也离不开法律。

3. 法律的物质制约性

法律所表现的统治阶级意志，是由其物质生活条件决定的。为了人们的正常生活和社会的可持续发展，法律必须反映一定的地域和人口，但是地域和人口对法律的影响主要是通过对生产方式的影响来实现的。

生产方式对法律起着决定性作用。法律是社会上层建筑的重要组成部分，是由其经济基础决定的。法律的产生、本质、内容和发展变化规律等，归根到底都取决于经济基础。但是，这并不是说法律是应经济基础的要求而自发产生的，法律的制定离不开立法者的主观意志，只不过这种意志要受经济条件的制约罢了。法律一旦在一定的经济基础上产生就具有相对的独立性：它限制、削弱和摧毁旧的经济基础；它积极地促进有利于统治阶级的经济关系和经济秩序的形成、巩固和发展；它保护自己赖以存在的经济基础，惩治一切破坏该的经济基础的违法犯罪活动，并促使社会生产力的发展。

社会生产力是法律的最终决定力量。法律必须积极地反映劳动者、自然环境、生产工具和科技状况；法律受生产力发展程度的制约；法律适应、服务和促进生产力的发展。凡是有利于促进社会生产力发展的法律，是进步的、先进的法律；反之，不利于或阻碍破坏社会生产力的法律，是落后的、腐朽的法律。

统治阶级意志的内容由物质生活条件决定，并不意味着法律不受其他因素的影响，实际上，阶级力量的对比、政治观念、道德、宗教信仰、民族习惯的差异，以及国际环境都对法律产生一定的影响。

（四）法的作用

法的作用或功能是指法对社会发生影响的体现，它和法的本质、目的和特征是密切联系的。法的作用有法的规范作用和法的社会作用两种。法的规范作用，可以分为五种：(1)指引作用，是指法律具有指引人们如何行为的功能。(2)评价作用，是指法可以为人们提供判断、衡量他人行为是否合法或违法以及违法的性质和程度的标准。(3)教育作用，是指通过法的实施对人们今后行为可发生的某种影响。(4)预测作用，是指人们可以依据法律规范事先预计到人们相互间行为的结果。(5)强制作用，是指通过法的强制力来制裁、处罚违法犯罪行为，预防违法犯罪行为，增进全社会的安全感。

法的社会作用，在阶级对立的社会中，大致可归纳为以下两个方面：(1)维护统治阶级的阶级统治。(2)执行社会公共事务。

法的社会作用是从法作为社会关系的调整工具方面说的，它具有调整政治、经济、文化和对外关系等方面的作用。法的这些方面的作用是同国家的基本职能相一致的。我国社会主义法的主要作用表现在以下几个方面：(1)维护和加强人民民主专政的国家制度和社会秩序。(2)保障和促进经济建设和经济体制改革的顺利进行。(3)保障和促进精神文明建设。(4)保障和促进广泛的民主氛围和政治体制改革。(5)执行社会各种公共事务。(6)保障和促进我国的对外开放和交往的顺利进行。

二、法的渊源和分类

（一）法的内容和形式

法的内容是指法的阶级本质和法所调整的社会关系，即法具体规定了些什么。法的形式是指法的外部表现和结构，即法的内容的形式和结构。不同本质的法往往有不同的形式，法所调整的社会关系的内容决定法的形式，这说明二者的关系是内容决定形式，但这不是绝对的，同一种法的形式也可以为不同阶级本质的法所采用。

（二）法的渊源

法的渊源是指法第一次出现的地方和其表现形式，一般有法的历史渊源，法的本质渊源，法的思想、理论渊源，法的文献渊源和效力渊源等。这里所说的法的渊源仅指法的效力渊源，即法由什么样的国家机关制定或认可，其便具有不同法律效力或法律形式的各种法律类别，如宪法、法律、行政法规、判例法、习惯、法理等。中国古代法的渊源有律、令、格、式、科、比、例等。在西方历史上，法的渊源最初为习惯法，以后出现一些成文法。

在我国，法的渊源是指我国国家机关制定的、具有不同效力和作用的法律的各种具体表现形式。主要形式有以下几种。

1. 宪法

宪法是由全国人民代表大会通过和修改的国家根本大法。在我国法的渊源体系中，宪法具有最高的法律地位和效力，一切法律、行政法规、地方性法规、自治区条例和单行法律、规章都不得同宪法相抵触，是法的最高渊源。

2. 法律

在当代中国法的渊源中，仅次于宪法的是法律，即指由全国人民代表大会和全国人人民代表大会常务委员会分别制定和修改的法律，可分为基本法律和基本法律以外的法律两种。基本法律是由全国人民代表大会制定和修改的，如刑法、民法等基本法律。基本法律以外的法律，是由全国人民代表大会常务委员会制定和修改的法律。这些法律的地位和效力仅次于宪法，但高于行政法规、地方性法规、规章等由其他国家机关制定的规范性法律文件。

3. 行政法规

行政法规是指国家最高行政机关即国务院制定的规范国家行政管理活动的一种规范性文件。一般采用条例、办法、规则、规定等名称。国务院发布的具有规范性的决定和命令也属于行政法规范畴。行政法规的地位和效力低于宪法和法律，高于地方性法规、规章。

4. 地方性法规、自治条例和单行条例和规章

(1) 地方性法规、自治条例和单行条例。地方性法规由省、自治区、直辖市的人民代表大会及其常务委员会根据本行政区域的具体情况和实际需要制定，但不得同宪法、法律、行政法规相抵触。

省和自治区的人民政府所在地的市、经济特区所在地的市和经国务院批准的较大的市的人民代表大会及其常务委员会，根据本市的具体情况和实际需要，在不与宪法、法律、行政法规与省及自治区的地方性法规相抵触的前提下，也可以制定地方性法规。

自治区条例和单行条例由民族自治区地方人民代表大会依照当地民族的政治、经济和文化的特点制定。自治区的自治区条例和单行条例，报全国人民代表大会常务委员会批准后生效；自治州、自治县自治条例和单行条例，报省、自治区、直辖市的人民代表大会常务委员会批准后生效。

自治区条例和单行条例可以依照当地民族的特点，对法律和行政法规的规定作出变通规定，但不得违背法律和行政法规的基本原则，不得对宪法和民族区域自治法的规定以及其他有关法律、行政法规专门就民族自治地方所作的规定作出变通规定。

(2) 规章。规章分国务院部门规章和地方人民政府规章两种。

国务院部门规章由国务院各部、委员会、中国人民银行、审计署和具有行政管理职能的直属机构，根据法律和国务院的行政法规、决定、命令制定。

地方人民政府规章由省、自治区、直辖市和较大的市的人民政府，根据法律、行政法规以及本省、自治区、直辖市的地方性法规制定。

国务院部门规章与省、自治区、直辖市的地方规章具有同等效力。地方规章的效力小于同级地方法规。省、自治区的地方规章效力大于本行政区域内的较大的市的地方规章。

5. 特别行政区的基本法和在特别行政区实施的全国性法律

我国全国人民代表大会已于1990年和1993年先后通过了《中华人民共和国香港特别行政区基本法》和《中华人民共和国澳门特别行政区基本法》。这两部法律分别适用于香港和澳门地区，香港和澳门原有的法律除与由全国人民代表大会常务委员会宣布同其基本法相抵触外，均采用其特别行政区法律。

6. 国际条约

国际条约是指两个或两个以上国家关于政治、经济、贸易、文化、军事、法律等方面规定其相互间权利和义务的各种协议。我国同外国缔结或加入并生效的国际条约，都是我国法的渊源之一。

(三) 法的分类

1. 根据法的创制和适用主体的不同，可分为国内法和国际法。国内法是指由特定国家制定的并适用于本国主权管辖范围的法律；国际法是由参与国际关系的国家通过协议制定或公认的并适用于国家之间的法律。

2. 根据法律效力、内容和制定程序的不同，可分为根本法和普通法。根本法即宪法，是一国法律中具有最高法律效力或地位的法律；普通法指宪法以外的其他法律，其法律效力和地位低于宪法。

3. 根据适用范围的不同，可分为一般法和特别法。一般法是指针对一般人、一般事和一般行为适用的，在全国范围均有效的法律；特别法是指仅对特定的部分人、特定事、特定地域、特定时间有效的法律。

4. 根据法律规定内容的不同，可分为实体法和程序法。实体法是指规定主要权利和义务的法律；程序法是指保证权利和义务得以实施的具体程序的法律。

5. 根据法律的创制和表达形式的不同，可分为成文法和不成文法(习惯法)。成文法是指由国家机关制定和颁布，以成文形式出现的法律，故又称制定法；不成文法是指经过多次反复运用，并由国家认可其具有法律效力的法律，又称习惯法。

三、法的发展的一般规律

马克思主义认为，法律不是从来就有的，也不是永恒不变的，它是人类社会发展到一定历史阶段的产物，随着私有制、阶级和国家的出现而产生的，这是不以人们的意志为转移的社会发展规律。

原始社会没有法。奴隶制法律是人类历史上最早产生的法律，以后随着经济基础和阶级本质的更替，依次出现了封建制法律、资本主义法律和社会主义法律。法的历史发展归根到底是由社会的经济基础和社会基本矛盾运动的规律所决定的。

(一) 法的起源

1. 原始社会组织和社会规范

(1) 在原始社会中，由于生产力的极度低下，以原始公有制为基础的生产方式，形成共同生产和共同消费，没有私有制和阶级的划分，因而也没有作为阶级统治工具的国家和法存在的可能和必要。

(2) 原始社会的社会组织是由血缘关系为纽带结成的氏族、胞族和部落，并由氏族议事会、胞族议事会和部落议事会以及由他们选举的首领进行管理。这些机构和人员不脱离生产，也不享有任何特权，是氏族成员自我管理的机关。原始社会中人们之间的关系由人们在生产和生活中形成的习惯加以调整。这种习惯一般由氏族成员自觉遵守，它在氏族内也是具有某种强制性的行为规则，由氏族首领威信、氏族全体的舆论加以保证。

2. 法产生的原因

法产生原因，总的来说是由社会生产力的发展引起经济基础和社会结构的变化，即私有制和阶级的产生继而引起上层建筑的变化，主要是由于国家的形成，原始社会的习惯有些也逐渐转化为法。这是一个漫长而自发的形成过程。原始习惯和法虽然都有调整人们行为的社会功能，都具有强制力，但两者的性质是不同的。

3. 法形成的一般规律

法形成的一般过程通常表现为：由对人们行为的个别调整发展为规范性调整；由规则的自发形成到自觉规定；从习惯发展到习惯法再发展为成文法；由各种行为规范，如道德、宗教和法混为一体到逐步分离为相对独立的不同的行为规范。

（二）法的历史类型及其更替规律

法的历史类型是按照法的阶级本质及其建立的经济基础对法所作的分类。依此可以根据历史发展把法分为奴隶制法、封建制法、资本主义法和社会主义法。

1. 法的历史类型

(1) 奴隶制法。古埃及、古巴比伦、古印度和古代中国等国家的奴隶制法是人类历史上最早出现的法的表现。古希腊法，特别是古罗马法是西方奴隶制法的代表。世界上比较著名的奴隶制法有古巴比伦的《汉穆拉比法典》、古印度的《摩奴法典》和古罗马的《罗马法》。

古罗马法是指从古罗马奴隶制国家开始形成直至公元6世纪东罗马国王查士丁尼安立法这一千余年历史间的古罗马奴隶制法。主要包括《查士丁尼安法典》《查士丁尼安新律》《查士丁尼安法学总论》《查士丁尼安学说汇编》等法。所以，古罗马法又叫《国法大全》或《查士丁尼安民法大全》。它对简单商品生产的一切重要关系，诸如买卖、借贷等契约以及其他财产关系都有非常详细和明确的规定。尤其是它提出的自由民在“私法”范围内享有形式上平等、契约以当事人同意为生效的主要条件和财产无限制私有等重要原则，这些规定对于后来欧洲许多资本主义国家的法律，特别是各国民法的发展产生了巨大的影响。

(2) 封建制法。中国是进入封建社会最早的国家之一，封建制法律延续了2000余年。秦汉以后的历代都有统一系统的法典，其中，《唐律》以其体系严谨、内容详备、风格成熟的特点成为中国封建制法律的典范，不仅影响唐代以后各王朝的法律，而且也为当时中国的邻邦如朝鲜、日本、越南等国所仿效，形成了独具特色的中华法系。

在欧洲，封建社会法律的一个特点是多种法律并存，如同时存在习惯法、罗马法、教会法、商法以及国王的敕令等。另外，基督教的《新旧约全书》即《圣经》，伊斯兰教的《古兰经》等在世界上也有比较大的影响。

(3) 资本主义法。资本主义法律萌芽于封建社会中后期。当时，带有资本主义国家因素法律的出现有三种原因：一是商法的兴起；二是罗马法的复兴；三是资本原始积累法的出现。到了17、18世纪，资本主义的生产关系逐步取代封建制的经济关系，并日趋成为占重要地位的经济关系，为资本主义立法奠定了经济基础。

世界上有影响的资本主义法有《法国民法典》《德国民法典》《美利坚合众国宪法》等。特别是《法国民法典》，它言简意赅地规定了资产阶级民事法律关系的基本原则和具体内容，对于巩固法国资产阶级革命的成果，促进资本主义的发展，具有进步意义。该法典对日后许多资本主义国家的民法立法起了示范作用，是一部"典型的资产阶级社会的民法典"。

根据法律的历史传统对法律加以分类，对资本主义法律影响最大的，是随着资本主义的产生和发展而形成的民法法系和普通法法系。西方法学家所讲的法系，一般是指根据法律的历史传统来对法律加以分类，凡属于同一传统的法律就构成同一法系。20世纪90年代初以前，西方法学界一般认为，世界上的主要法系有：民法法系、普通法法系以及以苏联和东欧国家为代表的社会主义法系。其他法系还有穆斯林（即伊斯兰教）法、印度教法、犹太教法、中国法和日本法以及非洲法等法系。

(4) 社会主义法。社会主义法律是人类历史上新型的、最高类型的法律。它是建立在以生产资料公有制为主体的经济基础之上的上层建筑，体现了全体人民的共同意志和根本利益，与私有制社会的法有着根本的区别。

2. 法的历史类型的更替规律

(1) 社会基本矛盾的运动规律是导致国家和法的历史类型变更的根本动因。社会革命是完成这一更替的根本手段。不同历史类型的法有着本质的区别，但也存在着历史的联系性和继承关系。

(2) 社会主义法是在没有现成的社会主义经济基础模式的条件下建立的，社会主义国家和法的建立从其第一天起，便面临着消灭和改造旧经济基础，建立社会主义新型经济基础的任务。

（三）法的消亡

1. 法的消亡的必然性

法将随着阶级、阶级差别的消失和共产主义社会的到来而必然消亡，但将仍有某种维系社会的强制性行为规范存在。这种行为规范已经不是具有阶级内涵意义的法了。

2. 法的消亡是一个长期的过程

(1) 法的消亡如同它的产生一样，需要经过一个相当长的渐进发展过程，它不是由人为的简单废除的，而是法律消亡的社会存在条件已成熟。

(2) 法消亡的条件是生产力的高度发展，社会物质财富的极大丰富，人们思想道德水平已极大提高，阶级差别已经消失等。那时作为阶级意义上的国家与法将由于没有存在必要而自行消失。

四、我国社会主义法的本质、特点和作用

我国社会主义法是工人阶级领导的广大人民的意志和利益的体现，它用规定权利和义务的方法，确认、保护和发展有利于生产力的解放和发展、综合国力的提高及人民生活的改善的社会主义社会关系和社会秩序，是人民当家做主、治理国家、建设中国特色社会主义的有力工具。

我国社会主义法是阶级性和人民性的统一，规范性和社会性的统一，科学性和公正性的统一，权利和义务的统一，国家的强制力和人民自觉遵守的统一，共产党的主张和人民意志的统一。

社会主义法的作用分为法的规范作用和法的社会作用。我国社会主义法具有促进、保障物质文明、政治文明、精神文明建设以及促进、发展我国对外关系的作用。

五、社会主义法律关系

（一）法律关系的概念和特征

1. 法律关系的概念

法律关系是法律在调整人们行为的过程中所形成的一种特殊的社会关系和意志关系，即根据法律而形成的特定的权利和义务关系。它属于上层建筑的范畴，为一定的经济基础和经济制度所决定。

2. 法律关系的主要特征

（1）法律关系是在调整人们行为过程中形成的权利义务关系；

（2）法律关系是以国家强制力保证实施的社会关系；

（3）法律关系以各现行法律规定为前提，只有为国家法律所确认的社会关系，才具有法律关系的性质。

（二）社会主义法律关系的主体

1. 法律关系主体的概念

法律关系主体即法律关系的参加者，也就是在法律关系中享有权利并承担义务的公民、法人或组织，通常也称为权利主体，是法律关系的一个要素。

2. 权利能力和行为能力

（1）参与法律关系，作为权利享有者和义务承担者的主体，一般应具有权利能力和行为能力。

（2）权利能力是指法律关系参加者依法享有一定权利并承担相应义务的能力或资格。权利能力又分为一般权利能力和特殊权利能力两类。

（3）行为能力是指法律关系主体能够依照自己意志并通过自己行为依法行使权利并承担义务的能力。公民的行为能力通常分为三类：完全行为能力人、无行为能力人和限制行为能力人。

3. 我国社会主义法律关系主体的种类

（1）公民。

（2）国家机关。

（3）企业事业单位、集体经济组织和各种社团组织。

（4）国家。

在法律上，凡参与民事法律关系的企事业单位、国家机关、社会团体和其他组织，具备一定条件者，称为法人。

（三）社会主义法律的权利和义务

权利和义务有各种含义。此处仅指法律含义上的权利和义务。它们是法律关系的要素。

1. 权利的概念

(1) 权利是指法律关系主体依法享有的某种权能和利益，表现为享有权利的人有权作出一定行为或要求他人作出或不作出一定行为。

(2) 我国社会主义法律上的权利，可以从不同角度加以分类。如公民的权利与国家机关及其公职人员执行公务时的职权是有区别的。

2. 义务的概念

(1) 义务是指法律关系主体依法承担的某种必须履行的责任，表现为必须作出或不作出一定行为。

(2) 对我国社会主义法律上的义务，也可作不同角度的分类。

3. 我国社会主义法律权利和义务的相互关系

(1) 我国社会主义制度决定了公民权利和义务的一致性，它体现了国家、集体和个人利益的一致性。权利和义务相互促进和制约。权利和义务都是真实和平等的。

(2) 提高广大人民的权利义务观念是社会主义依法治国中的一个重要内容。正确行使权利和履行义务，应该坚持权利和义务的统一；既不滥用权利，也必须自觉履行义务。

（四）社会主义法律关系的客体

1. 法律关系客体的概念

法律关系客体为法律关系的基本要素之一，是法律关系主体的权利和义务所指向的对象，通常也称为权利客体。不同社会制度的法律关系的客体也不尽相同。

2. 法律关系客体的种类

法律关系的客体，一般可分为以下三种。

(1) 物。即在法律关系中能作为财产权对象的物品或其他物质财富。

(2) 行为。即人的某种活动，包括人一定的作为或不作为。

(3) 精神财富。即从事智力活动所取得的成果。

（五）社会主义法律关系的发生、变更和消灭

法律关系的发生、变更和消灭，是指法律关系主体、客体和权利义务关系变化。凡是能直接引起法律关系发生、变更和消灭，因此发生一定法律后果的情况，在法学上称之为“法律事实”。法律事实通常分为两类：法律事件和法律行为。

(1) 法律事件是不以人们的主观意志为转移的依法能引起法律关系产生、变更和消灭的客观现实。如人的死亡、自然灾害等。

(2) 行为是指人的有意识的活动。法律行为是指能够引起法律关系的发生、变更和消灭的人的活动，按法律行为的形式可分为作为和不作为两种。法律行为包括有效的、合法的行为和无效的、违法的行为两种。

六、社会主义民主法制建设

(一) 邓小平民主法制理论、"三个代表"重要思想与我国的民主法制建设

1. 邓小平民主法制理论与我国的民主法制建设

没有社会主义民主和法制就没有社会主义现代化。发展社会主义民主,健全社会主义法制是中国共产党和国家坚定不移的基本方针,也是邓小平民主法制理论的重要组成部分。

发展社会主义民主是政治体制改革的目标。政治体制改革必须在坚持四项基本原则的前提下,积极稳妥地推进。坚持从我国国情出发,总结自己的实践经验,同时借鉴人类政治文明的有益成果,绝不照搬西方政治制度的模式。

社会主义民主必须制度化、法律化。社会主义民主与社会主义法制是统一不可分的和相辅相成的。社会主义民主是社会主义法制的前提和基础,社会主义法制是社会主义民主的确认和保障。

社会主义法制的基本要求是:有法可依,有法必依,执法必严,违法必究。加强法制建设,重要的是要进行教育。加强法制首先是全党必须增强法制观念,不断提高依法执政的能力。

2. "三个代表"重要思想与我国的民主政治建设和法制建设

"三个代表"重要思想是我国新时期民主政治建设和法制建设的指导思想。

坚持和完善社会主义民主制度。健全民主制度,丰富民主形式,扩大公民有序的政治参与,尊重和保障人权;坚持和完善人民代表大会制度;保障立法和决策更好地体现人民的意志;坚持和完善共产党领导的多党合作和政治协商制度;扩大基层民主,是发展社会主义民主的基础性工作。

加强社会主义法制建设,加强立法工作,提高立法质量,到2010年形成中国特色社会主义法律体系。坚持法律面前人人平等原则,加强执法监督,推进依法行政,维护司法公正,提高司法水平,确保法律严格实施。提高全民法律素质,增强公职人员的法制观念和依法办事能力。公平和正义是社会主义司法制度的内在要求。完善司法体制和诉讼程序。建设一支政治坚定、业务精通、作风优良、执法公正的司法队伍。

发展社会主义民主政治,最根本的是要把坚持共产党的领导、人民当家做主和依法治国有机统一起来。共产党的领导是人民当家做主和依法治国的根本保证,人民当家做主是社会主义民主政治的本质要求,依法治国是共产党领导人民治理国家的基本方略。

3. 依法治国和以德治国相辅相成

在建设中国特色社会主义事业过程中,要尊重辩证法,避免形而上学,正确处理依法治国和以德治国的关系。

社会主义法治国家的基本特征是:维护以公有制为主体、以国有经济为主导的社会主义经济基础;维护以工人阶级为领导、以工农联盟为基础的人民民主专政的国体;维护马克思主义在意识形态领域的指导地位;维护中国共产党的领导地位。

建立与社会主义市场经济相适应、与社会主义法律规范相协调、与中华民族传统美德相承接的社会主义思想道德体系。社会主义思想道德建设的重点是教育干部问题。

法治与德治相互联系、相互渗透、相互促进。依法治国和以德治国相辅相成,共同推进中国特色社会主义事业的发展。

(二) 社会主义民主和法制的相互关系

1. 社会主义民主是社会主义法制的前提和基础

(1) 社会主义民主产生社会主义法制

社会主义法制是建立在强大的人民民主基础之上的,是以人民民主为后盾的。没有社会主义民主,社会主义法制就不能存在。法制是已经取得的民主的制度化和法律化的表现。

(2) 社会主义民主决定社会主义法制的性质和发展方向

近代意义上的法制均与民主联系紧密,有什么性质的民主就有什么性质的法制。社会主义法制伴随着社会主义民主的存在而存在,随着社会主义民主的发展而发展。

(3) 社会主义民主是社会主义法制力量的源泉

社会主义法制的力量来源于社会主义民主。创建、执行和遵守社会主义法制,离不开群众的力量。只有社会主义民主得到充分发展和加强,社会主义法制才能健全和完善。

2. 社会主义法制是社会主义民主的体现和保障

(1) 社会主义法制是确认和体现社会主义民主的有力措施。即占统治地位的无产阶级和广大人民通过立法活动把适合本阶级利益的社会主义民主原则提升为国家意志,使之转化为国家制度和法律,以实现其历史使命。

(2) 社会主义法制是国家组织人民当家做主的有效手段。即社会主义法制确保社会主义民主的实现,对破坏社会主义民主的行为予以制裁和惩罚,以保证社会主义民主的真正实现。

(3) 社会主义法制是实现国家权力的工具,是人民运用国家权力实现自己意志的保障。即只有严格依法办事,才能使国家机关正常运转,充分实现国家权力,保证国家机关及其工作人员按照人民的意志办事。

综上所述,社会主义民主与社会主义法制的关系,是一种密切联系、互相制约、不可分割的关系。

七、社会主义法律体系

1. 法律体系的概念

法律体系也称部门法体系,是指一国的全部现行法律规范按照一定的标准和原则,划分为不同的法律部门而形成内部和谐一致、有机联系的整体。法律体系和法律渊源一样,实际上也是法律形式的表现。一国立法的完善,在很大程度上取决于完善的法律体系。

法律体系从结构上看,可以分为内部结构和外部结构。其内部结构的基本单位是各种法律规范,这些法律规范的和谐一致是各部门法乃至整个法律体系协调统一的基础;而法律体系外部结构的基本单位是各部门法,它要求各部门法门类齐全,严密完整。

法律体系是一国国内法构成的体系,不包括完整意义的国际法律;法律体系是一国现行法构成的体系,反映一国法律的现实状况,不包括历史上废止且不再生效的法律,也不包括尚待制定还没有生效的法律。

法律体系是一种客观存在的社会生活现象，反映了法的统一性和系统性。法律体系的形成是某一国家的法学工作者对现行法律规范进行科学抽象的分类结果，具有主观性。同时，法律体系必须同一国政治经济文化状况相适应，必须符合法律自身的发展规律，因而又有客观性。法律体系的形成还受到各国的法律传统、法的历史发展的影响。

研究法律体系，对于科学地进行立法预测和立法规划，正确地使用法律解决纠纷，全面地进行法律汇编、法典编纂，合理地划分法律学科、设置法学课程等都具有重要的意义。完善的法律体系，能全面协调、有效调整各类社会关系，保证社会资源的分配，保证法律自身目的和价值的实现，并为法学研究提供丰富的实践资料。

法律体系是由法律规范构成的各种法律的结构整体，而立法体系则是指国家制定并以国家强制力保障实施的规范性文件系统，是法的效力等级系统。

任何一个国家的法律规范都是多种多样的，涉及社会关系的各个方面。但是他们都是建立在共同的经济基础之上，反映着共同的阶级意志，遵循着共同的原则，因而必然具有内在的统一性。在这个统一体内，调整同一类社会关系的法律规范又构成相对独立的法律部门。如果形象地比喻，那就是法律体系如同网，法律部门如同纲，法律规范如同目。

（二）中国特色社会主义法律体系

2011 年 3 月 10 日，吴邦国委员长在全国人大常委会工作报告中提出，一个以宪法为统帅，以宪法相关法、民法商法等多个法律部门的法律为主干，由法律、行政法规、地方性法规等多个层次的法律规范构成的中国特色社会主义法律体系已经形成。由此可见，党的十五大提出的到 2010 年形成中国特色社会主义法律体系的立法工作目标如期完成。

根据全国人大常委会对中国特色社会主义法律体系的目标设计，中国特色社会主义法律体系可划分为七个主要的法律部门：宪法及宪法相关法、民商法、行政法、经济法、社会法、刑法、诉讼法与非诉讼程序法。每个法律部门又包括若干子部门，有些子部门下面还可以进一步划分。

中国特色社会主义法律体系包括法律、行政法规、地方性法规三个层次，到 2010 年底，中国已制定现行有效法律 236 件、行政法规 690 多件、地方性法规 8 600 多件。

1. 宪法及宪法相关法

宪法是根本大法，是国家活动的总章程。宪法及宪法相关法是我国法律体系的主导法律部门。它是我国社会制度、国家制度、公民的基本权利和义务及国家机关的组织和活动原则等方面法律规范的总和。在宪法及宪法相关法这一占主导地位的法律部门中，现行的主要法律规范是 1982 年通过的《中华人民共和国宪法》，以及 1988 年、1993 年、1999 年和 2004 年四次修宪通过的 31 条修正案。除此之外，宪法相关法还包括如下一些种类的宪法性法律文件和规范：(1)国家机构方面的法律，主要有《全国人民代表大会组织法》《国务院组织法》《人民法院组织法》等。(2)民族区域自治方面的法律，主要有《民族区域自治法》。(3)特别行政区基本法，主要有《香港特别行政区基本法》和《澳门特别行政区基本法》。(4)立法方面的法律，主要有《立法法》。(5)保障公民民主权利、扩大基层民主方面的法律，主要有《全国人民代表大会和地方各级人民代表大会选举法》等。(6)涉及国家领域、国家主权、国家象征、国籍及公民的有关政治权利方面的法律，主要有《领海和毗连区法》《国旗法》《集会游行示威法》《反分裂国家法》等。

2. 民商法

民商法是规范社会民事和商事活动的基础性法律。我国采取的是民商合一的立法模式。(1)民法是调整作为平等主体的公民之间、法人之间、公民与法人之间的财产关系和调整公民人身关系的法律规范的总和。我国目前没有一部完整的民法典,而是以《中华人民共和国民法通则》为轴心法律,辅之以其他一些单行民事法律,包括《合同法》《物权法》《侵权法》《担保法》《著作权法》《婚姻法》《继承法》等。(2)商法是民法中的一个特殊部分,是调整公民、法人之间的商事关系和商事行为的法律规范的总和。目前我国商法法律规范主要有《公司法》《证券法》《保险法》《企业破产法》等。

3. 行政法

行政法是调整关于国家行政管理活动的法律规范的总和。它包括有关行政管理主体、行政行为、行政程序、行政监察与监督以及国家公务员制度等方面的法律规范。我国已制定的行政法方面的法律有:(1)在一般行政管理方面,有《行政处罚法》《行政复议法》《行政许可法》《国家公务员》等。(2)国防外交方面,有《国防法》《人民防空法》《外交特权与豁免条例》等。(3)在公安、国家安全方面,有《人民警察法》《治安管理处罚法》《保守国家秘密法》等。(4)在教育、科技、文化、卫生、体育等方面,有《教育法》《科学技术进步法》《传染病防治法》《体育法》等。(5)在司法行政方面,有《律师法》《公证法》《监狱法》等。(6)在环境保护方面,有《环境保护法》等。

4. 经济法

经济法是调整国家从社会整体利益出发对经济活动实行干预、管理或调控所产生的社会经济关系的法律规范的总和。我国已制定的经济法方面的法律有:(1)在加强宏观调控方面,有《预算法》《会计法》《个人所得税法》等。(2)在规范市场秩序和竞争规则方面,有《反不正当竞争法》《消费者权益保护法》《产品质量法》等。(3)在扩大对外开放,促进对外经济贸易发展方面,有《外资企业法》《对外贸易法》等。(4)在促进重点产业的振兴和发展方面,有《农业法》《铁路法》等。(5)在自然资源的保护和合理利用方面,有《森林法》《野生动物保护法》等。此外,还制定了作为国民经济发展的基础制度的《标准化法》《统计法》等。

5. 社会法

社会法是调整有关劳动关系、社会保障和社会福利关系的法律规范的总和,它主要是保障劳动者、失业者、丧失劳动能力的人和其他需要扶助的人的权益的法律,涉及劳动用工、工资福利、职业安全卫生、社会保险、社会救济、特殊保障等方面。我国已制定的社会法主要有《劳动法》《安全生产法》《未成年人保护法》《社会保险法》《工会法》等。

6. 刑法

刑法是规定犯罪、刑事责任和刑罚的法律规范的总和。刑法所调整的是因犯罪而产生的社会关系,它在个人或单位的行为严重危害社会、触犯刑事法律的情况下,对其给予刑事处罚。我国目前的刑法法律规范主要是 1997 年修订的《中华人民共和国刑法》及其 8 个修正案,以及《关于惩治骗购外汇、逃汇和非法买卖外汇犯罪的决定》等法律规定。

7. 诉讼与非诉讼程序法

诉讼与非诉讼程序法是调整因诉讼活动和非诉讼活动而产生的社会关系的法律规范的总和。它包括民事诉讼、刑事诉讼、行政诉讼和仲裁等方面的法律,其目的在于保证实体法的公正实施。我国目前的诉讼与非诉讼程序法主要有《刑事诉讼法》《民事诉讼法》《行政诉讼法》《引渡法》《仲裁法》等。

第二节 我国的基本法律制度

一、法律制度概述

(一)法律制度的概念

法律制度即统治阶级按照自己的意志通过国家政权建立的用以维护其阶级专政的法律和制度,它是国家不可缺少的统治工具。

法律制度有多种含义,但这些含义主要有两层:(1)基本法律制度,是指同生产力发展到一定阶段的经济基础和阶级本质相适应的法律制度,它体现了法律制度的性质,并划分不同法律制度的类型。诸如立法制度、司法制度、法律监督制度等。(2)具体法律制度,是指调整某一类社会关系的法律规范的统称,诸如所有权制度、合同制度、诉讼程序中的审判制度等。上述两层涵义是内在的有机统一。基本法律制度决定具体法律制度,并通过具体法律制度的修改使其本身不断成熟和完善;具体法律制度必须体现基本法律制度,它存在的缺陷和弊端通过修改和调整,使基本法律制度的优越性得到充分发挥。总而言之,法律制度是在一定的历史条件下调整社会关系的法律规范体系。法律制度根据法律规范而建立,法律制度的总称就是法律的制度化。

法律制度具有以下特征:(1)根本性。它与政治制度、文化制度、军事制度等属于同一系列,是上层建筑制度中的重要组成部分,体现社会的根本性质和特征,决定着国家的命运,并影响每个人的思想和行为。(2)普遍性。法律制度存在于一切国家中,同时贯穿于社会的各个方面,在国家权力所涉范围内普遍有效,如有违反,就会受到法律制裁。(3)相对稳定性。它是规范化的社会形式,反映一定历史时期生产力的发展程度和社会状况,具有相对稳定和长期有效的特点。(4)阶级性。它是统治阶级意志的制度化、法律化,是统治阶级的经济制度、政治制度、文化制度以及其他社会制度的法律化。

法律制度还可以解释为“依法办事”,即依法进行活动的方式,是立法、执法、司法、守法和法律监督的统一体。依法办事既包括一切国家机关及其工作人员实现国家职能时的合法性原则,又包括一切社会关系参加者的普遍守法原则。从这个意义上理解,法律制度是资产阶级革命的产物,是民主的制度化、法律化,在历史上存在资本主义法制和社会主义法制。

社会主义法制,是指社会主义国家按照工人阶级领导的全体人民意志建立起来的法律和制度,一切国家机关、企业事业组织、社会团体、政党、武装力量和公民必须严格遵守,实现法律和制度的统一。社会主义法制包括以下几方面的含义:(1)社会主义法制是社会主义国家确立的法律和制度。这是对法制本质的揭示。(2)法制包括立法、执法、司法、守法和监督法律实施等几方面。这是对法制内容的概括。(3)法制的基本精神和中心环节是依法办事。这是对法制要求的集中表述。(4)法制的目的在于维护社会主义法律秩序,即维护社会主义法律,确保社会秩序。这是建立法制的出发点和归宿。

（二）法制的基本要求

社会主义法制的基本要求是“有法可依、有法必依、执法必严、违法必究”。这是新中国成立以来法制建设正反两方面经验的科学总结，反映了全国人民的共同意志和愿望，体现了社会主义法制建设的基本规律。

1. 有法可依

国家根据客观需要，逐步地、及时地制定法律，使之成为完善的法律体系。这是健全法制的前提。

2. 有法必依

这是指严格执行和遵守法律。它要求一切国家机关及其工作人员必须依法办事，要求全体公民都要自觉遵守法律。这是健全法制的关键。

3. 执法必严

这是指执法机关和执法人员必须严格、严肃、严明地按照法律规定的内容和程序办事。这是健全法制的重要条件。

4. 违法必究

这是指对一切违法犯罪行为都必须依法平等、公平和公正地予以追究和制裁，任何组织和个人都不能例外。这是健全法制并得以实施的保障。

上述四个方面密切联系、相辅相成、互为作用，形成法制的有机统一整体，成为法制健全与否的标准和尺度。全面做到这四个方面，才能达到社会主义国家的法治状态。

二、立法制度

（一）立法的概念

立法是指我国有立法权的国家机关依据法定权限和程序，制定、修改和废止法律规范的专门活动。

立法具有以下特点：(1)立法是享有立法权的国家机关的专有活动，其他国家机关和任何社会组织、团体和个人，非经有立法权的国家机关的授权，都不能进行这项活动；(2)立法是有立法权的国家机关依照法定程序进行的活动。不同国家的立法程序有所不同，但通常是根据宪法和专门制定的法律所规定的；(3)立法是制定、修改、废止以及认可法律规范的活动；(4)立法是以一定的客观经济关系为基础的人们的主观意志活动。以上特点说明，立法不同于国家其他职能活动，又区别于制定一般社会规范的活动。

立法是一项国家职能活动，有了国家就有了立法活动。但在不同历史类型的国家，立法的性质和目的是不同的。在我国社会主义制度下，国家的一切权力属于人民，其立法是全体人民通过自己的代表，经由有立法权的国家机关把全体人民的共同意志上升为规范性法律文件的活动。

（二）立法体制

有关法律制定权限划分所形成的制度结构被称为立法体制。它既包括中央国家立法机关和地方政府立法机关关于立法权限划分的制度，也包括中央国家机关之间和地方各级政府之间关于法律制定权限划分的制度。立法权是指一定的国家机关依法享有的制定、修改、废止法律的权力。根据享有立法权的主体和形式不同，立法权可分为国家立法权、地方立法权、行政立法权、授权立法权等。

根据我国宪法和组织法的规定，现行的立法体制是中央集中统一领导的、多级并存、多类结合的立法体制。它体现了现阶段中国的国情和中国的特色。

中华人民共和国立法体制的结构是：(1)最高国家权力机关全国人民代表大会及其常务委员会行使国家立法权。它们有权修改宪法，制定和修改基本法律或其他法律。(2)最高国家行政机关国务院有权根据宪法和法律，制定行政法规。(3)有立法权的地方人民代表大会及其常务委员会，在不与宪法、法律、行政法规相抵触的前提下，可制定地方性法规，并报全国人民代表大会常务委员会和国务院备案。(4)民族自治地方的人民代表大会有权依照当地民族的政治、经济和文化的特点，制定自治区条例和单行条例。(5)特别行政区的立法权和法律，属于地方立法权和地方性法规的范畴，但又不同于一般的地方立法权和地方性法规，对于它的立法制度和立法体制，国家允许根据一国两制的原则制定。

(三) 立法的基本原则和程序

我国的立法要以马列主义、毛泽东思想、邓小平理论和江泽民“三个代表”为指导，坚持“一个中心、两个基本点”的基本路线。依据依法治国的方略和我国法制建设实践，立法应遵循以下基本原则：(1)实事求是，一切从实际出发的原则；(2)原则性与灵活性相结合的原则；(3)保持法律的相对稳定性和连续性的原则；(4)法制统一原则；(5)总结实践经验和科学前瞻性相结合原则；(6)立法机关与群众利益相结合原则。

立法程序是指有立法权的国家机关在制定、修改和废止规范性法律文件的法定步骤和方法。它是国家民主、文明的标志，对于立法活动的民主化、科学化、规范化和合法化具有重要的保障意义。立法作为一种决策活动，是一项极其严肃和复杂的工作。有关国家机关进行立法活动时，必须严格按照下列法定基本程序：(1)立法议案的提出；(2)法律草案的审议；(3)法律草案的通过；(4)法律的公布。这四步程序紧密联系，环环相扣，缺一不可。

具体立法程序：由全国人大主席团或者立法法规定的有关国家机关提出，或者由一个代表团或者三十名以上的全国人人代表联名，向全国人人提出法律议案，其中有关国家机关、代表团或者全国人大代表联名提出的法律议案，由全国人民代表大会主席团决定列入或是否列入会议议程。

列入全国人民代表大会会议议程的法律议案，由各人大代表团和有关的专门委员会进行审议，法律委员会根据各人大代表团和有关的专门委员会的审议意见，对法律议案进行统一审议，向全国人民代表大会主席团提出审议结果报告和法律草案修改稿。

法律草案修改稿经各人大代表团审议，由全国人民代表大会法律委员会根据各代表团的审议意见进行修改，提出法律草案表决稿，由全国人民代表大会主席团提请大会全体会议表决，由全体代表的过半数通过。宪法的制定、修改、通过由宪法专门规定。

全国人民代表大会有权改变或者撤销全国人民代表大会常务委员会制定的不适当的法律，有权撤销全国人民代表大会常务委员会批准的违背宪法和立法法第六十六条第二款规定的自治条例和单行条例。

全国人民代表大会常务委员会有权制定和修改除应当由全国人大制定的法律以外的其他法律。

具体立法程序：由全国人民代表大会委员长会议，或者立法法规定的有权的国家机关，或者全国人民代表大会常务委员会组成人员十人以上联名，向全国人民代表大会常务委员会提出法律案，其中有权的国家机关、全国人民代表大会常务委员会组成人员提出的法律案由委员长会议决定列入或是否列入全国人民代表大会常务委员会会议议程。

列入全国人民代表大会常务委员会会议议程的法律案，一般应当经三次全国人民代表大会常务委员会会议审议后再交付表决。各方面意见比较一致的，可以经两次全国人民代表大会常务委员会会议审议后交付表决，部门修改的法律案，各方面的意见比较一致的，也可以经一次全国人民代表大会常务委员会会议审议即交付表决。法律草案修改稿经全国人民代表大会常务委员会会议审议，由全国人民代表大会法律委员会根据全国人民代表大会常务委员会组成人员的审议意见进行修改，提出法律草案表决稿，由全国人民代表大会委员长会议提请全国人民代表大会常务委员会全体会议表决，由全国人民代表大会常务委员会全体组成人员的过半数通过。

在全国人民代表大会闭会期间，全国人民代表大会常务委员会有权对全国人民代表大会制定的法律进行部分补充和修改，但是不得同该法律的基本原则相抵触；有权解释法律；有权撤销同宪法和法律相抵触的行政法规；有权撤销同宪法、法律和行政法规相抵触的地方性法规；有权撤销省、自治区、直辖市的人民代表大会常务委员会批准的违背宪法和立法法第六十六条第二款规定的自治条例和单行条例。

国务院根据宪法和法律，有权制定行政法规。

具体立法程序：行政法规由国务院组织起草。国务院有关部门认为需要制定行政法规的，应当向国务院报请立项。行政法规起草工作完成后，送国务院法制机构进行审查。行政法规的决定程序依照国务院组织法的有关规定办理。

国务院有权改变或者撤销不适当的部门规章和地方政府规章。

省、自治区、直辖市、较大的市的人民代表大会及其常务委员会，在不同宪法、法律、行政法规相抵触的前提下，可以制定地方性法规。

经济特区所在地的省、市的人民代表大会及其常务委员会根据全国人民代表大会的授权决定，制定法规，在特区范围内实施。

民族自治地方的人民代表大会根据宪法和法律规定，有权制定自治条例和单行条例。

地方性法规案、自治条例和单行条例案的提出、审议和表决程序，根据地方各级人民代表大会和地方各级人民政府组织法，参照立法法有关规定，由本级人民代表大会规定。

省、自治区、直辖市的人民代表大会有权改变或者撤销它的常务委员会制定的和批准的不适当的地方性法规。地方人民代表大会常务委员会有权撤销本级人民政府制定的不适当的规章。

国务院各部、委员会、中国人民银行、国家审计署和具有行政管理职能的直属机构，根据法律和国务院的行政法规、决定、命令，在本部门的权限范围内，制定部门规章。省、自治区、直辖市和较大市的人民政府，根据法律、行政法规、本省、自治区、直辖市的地方性法规，制定地方规章。

部门规章应当经部务会议或者委员会会议决定。地方政府规章应当经政府常务会议或者全体会议决定。

地方人民代表大会常务委员会有权撤销本级人民政府制定的不适当的规章。省、自治区的人民政府有权改变或者撤销下一级人民政府制定的不适当的规章。

三、司法制度

（一）司法的概念

司法是指国家司法机关依照法定职权和程序，运用法律处理具体案件的专门活动，是以国家名义运用法律规定实现国家司法权的活动，是法律实施的一种特殊形式。

司法作为国家司法机关的职能活动，具有以下特点：(1)国家司法机关以国家名义行使司法权，未经国家授权的其他任何国家机关、组织和个人均无权行使此项权力；(2)国家司法机关的职能是宪法授予司法机关的一项专有权力，具有国家强制性；(3)国家司法机关必须严格按照法定职权和程序进行活动，并严格依法处理案件，任何失职和越权都是不许可的；(4)国家司法机关在处理案件时必须使用法律文书，诸如判决、裁定书等，这种法律文书具有法律效力，非经法定机关和程序，任何国家机关、组织和个人不得任意修改和抗拒执行。

我国社会主义法律是广大人民意志的体现。司法活动通过法律对社会关系的调整，实现人民意志，维护人民利益；制裁违法犯罪行为，解决人民内部矛盾；实现国家的政治、经济、文化职能，促进有中国特色社会主义事业的全面发展。

司法制度包括法律规定的司法机关的性质、任务、组织、审判程序和其他司法工作的制度，重点是审判制度和检察制度。

（二）审判制度

审判是指对案件的审理和判决，是国家司法权的体现。人民法院是我国的审判机关。人民法院依照法律规定独立行使审判权，不受行政机关、社会团体和个人的干涉。

我国的审判制度由宪法、人民法院组织法、诉讼法等法律规定组成。人民法院是国家机构的重要组成部分，是国家的审判机关，以国家的名义行使国家审判权。审判权具有以下特点：(1)统一性。审判权统一由人民法院行使，其他任何机关、社会团体和个人都不得行使。(2)主权性。在我国主权范围内，任何人违法犯罪，除法律另有规定外，都必须接受人民法院的审判。(3)民主性。人民法院代表人民行使审判权，体现社会主义民主的本质。(4)国家强制性。人民法院代表国家审理案件，以国家强制力保证其执行。(5)程序性。人民法院审理案件必须依照诉讼法规定的程序进行，以保证正确、合法、及时地审理案件。

人民法院的任务是审判刑事、民事和经济等类案件，并且通过审判活动，惩办一切犯罪分子，解决民事和经济纠纷，以保卫人民民主专政政权，维护社会主义法制和社会秩序，保护社会主义全民所有的财产、劳动群众集体所有的财产，保护公民私人所有的合法财产，保护公民的人身权利、民主权利和其他权利，保障国家的社会主义事业的顺利进行。人民法院以它的全部活动教育公民忠于社会主义祖国，自觉地遵守宪法和法律。

人民法院的组织设置。包括人民法院的组织体系及其内部的机构设置。

人民法院的体系包括最高人民法院、地方各级人民法院和专门人民法院。地方各级人民法院又分为高级人民法院、中级人民法院和基层人民法院。

基层人民法院，包括县、自治县、市、市辖区人民法院。

中级人民法院，包括省、自治区内按地区设立的法院；在直辖市内设立的法院；省辖市、自治区辖市设立的法院；自治州设立的中级人民法院。

高级人民法院，包括省、自治区和直辖市高级人民法院。

最高人民法院，是最高审判机关，其第一审和二审的判决或裁定，都是终审的判决或裁定。

最高人民法院监督地方各级人民法院和专门人民法院的审判工作，上级人民法院监督下级人民法院的审判工作。

最高人民法院和地方各级人民法院均分设刑事审判庭、民事审判庭、行政审判庭，并可根据需要设立其他审判庭。审判庭设庭长、副庭长。

人民法院的院长由同级人民代表大会选举和罢免，向各级人民代表大会负责并报告工作。副院长、庭长、副庭长和审判员由各级人民代表大会常务委员会任免。

最高人民法院是我国最高审判机关。最高人民法院监督地方各级人民法院和专门人民法院的审判工作，上级人民法院监督下级人民法院的审判工作。

最高人民法院对全国人大和全国人大常委会负责，地方各级人民法院对产生它的国家权力机关负责。

（三）检察制度

检察是指对公民、法人、社会团体及其他社会组织遵守宪法和法律等情况进行单方面强制了解的行为。人民检察院制度由宪法、人民检察院组织法、诉讼法等法律规定。

1. 人民检察院的性质和任务

人民检察院是我国的法律监督机关。人民检察院依照法律规定独立行使检察权，不受行政机关、社会团体和个人的干涉，是国家权力的重要组成部分。

人民检察院的任务是依法对危害国家安全及其他严重刑事犯罪案件行使检察权；对直接受理的刑事案件进行侦查；对公安机关侦查的案件进行审查，决定是否逮捕起诉；对刑事案件提起公诉；对公安机关的侦查活动、人民法院的审判活动及司法行政机关的执法活动是否合法，进行监督等。人民检察院通过行使检察权打击犯罪，维护安定的社会秩序，保护公民、法人及其他社会团体的合法权益不受侵害，保卫社会主义现代化建设的顺利进行。人民检察院通过检察活动，教育公民忠于社会主义祖国，自觉遵守宪法和法律，积极同违法行为作斗争。

2. 人民检察院的组织

最高人民检察院是最高国家检察机关。它根据需要，设立若干检察厅和其他业务机构。它对全国人民代表大会及其常委会负责，并领导地方各级人民检察院和专门人民检察院的工作。

最高人民检察院是我国最高检察机关。最高人民检察院领导地方各级人民检察院和专门人民检察院的工作，上级人民检察院领导下级检察院的工作。

最高人民检察院对全国人民代表大会和全国人民代表大会常务委员会负责。地方各级人民检察院对产生它的国家权力机关和上级人民检察院负责。

3. 人民检察院的职权

各级人民检察院行使下列职权：(1)法纪监督。对于危害国家安全以及重大犯罪案件，行使检察权；对于直接受理的刑事案件，进行侦查。(2)侦查监督。对于公安机关侦查的案件，进行审查，决定是否逮捕、起诉或者免予起诉；对于公安机关的侦查活动是否合法，实行监督。(3)提起公诉，支持公诉。(4)审判监督。对于人民法院的审判活动是否合法，实行监督。(5)监所监督。对于刑事案件判决、裁定的执行和监狱、看守所、劳动改造机关的活动是否合法,实行监督。

(四)司法的基本原则

我国宪法、人民法院组织法、人民检察院组织法以及诉讼法都规定了我国司法的基本原则。

我国司法的基本原则是司法机关在法律适用的过程中所应遵循的共同行为准则。具体如下。

1. 以事实为根据,以法律为准绳

以事实为根据,就是说司法机关审理任何案件的根据,只能依据客观事实,而决不能主观想象。要求全面搜集证据,善于分析和正确认定事实,严禁刑讯逼供,既不放过确有牵连的罪犯,也不株连无辜。

以法律为准绳,是指司法机关办理各类案件要符合法律规定和标准,严格依法办案,要求正确理解法律的含义和掌握法律的精神实质。

“以事实为根据,以法律为准绳”是辩证统一的。以事实为根据,是正确适用法律的前提;以法律为准绳,是进一步弄清事实,准确处理案件的保障。必须全面贯彻这一基本原则。

2. 公民在适用法律上一律平等的原则

公民在适用法律上一律平等的原则主要包含三层含义:(1)所有公民都必须平等地遵守宪法和法律,并且依法平等地享有权利和承担义务。国家不允许有些人只享受权利而不履行义务,也不允许有些人只履行义务而享受不到权利的现象存在。(2)任何公民的民主权利和合法利益,都平等地受到国家宪法和法律的保护,他人不得侵犯。(3)任何公民,不论其职位高低、资历长短,只要有违法犯罪的行为,都要平等地依法受到追究和制裁。在我国,由于经历了长达2 000多年的封建社会和100多年的半封建半殖民地社会,封建特权观念有很深的社会基础,因此,认真贯彻公民在适用法律上一律平等的原则,具有特别重要的意义。

3. 司法机关依法独立行使职权的原则

人民法院依照法律规定独立行使审判权,人民检察院依法独立行使检察权,都不应受行政机关、社会团体和个人的干涉。这意味着:(1)国家的司法权,只能由国家司法机关统一行使,其他任何机关、组织或者个人都无权行使此项权力;(2)司法机关依法独立行使职权,不受其他行政机关、团体和个人的干涉;(3)司法机关处理案件,必须在法定的权限范围内依照法律规定,准确适用法律。能否坚持司法独立的原则,对健全我国的社会主义法制具有十分重要的意义。

4. 实事求是、有错必究的原则

实事求是、有错必究的原则,是我国国家本质和法律本质所决定的,体现了我国法律适用制度的正义性和严肃性。它要求:(1)严肃认真的工作态度;(2)根据案件实际情况,全错全平,不错不平,错多少纠多少;(3)认真对待当事人的申诉,不得拖延和敷衍,更不能扣压不查;(4)实行“执法责任制”和“错案追究制”;(5)实施《中华人民共和国国家赔偿法》的有关规定。

四、律师制度

律师是依法取得律师执业证书，为社会提供法律服务的执业人员。我国律师制度的确立有利于实现司法民主化，维护当事人的合法权利，提高全民的法律意识，促进法治建设的发展。

我国律师可以从事的业务有七项：(1)接受公民、法人和其他组织的聘请，担任法律顾问。(2)接受民事案件、行政案件当事人的委托，担任代理人，参加诉讼。(3)接受刑事案件犯罪嫌疑人聘请，为其提供法律咨询，代理申诉、控告、申请取保候审，接受犯罪嫌疑人、被告人的委托或者人民法院的指定，担任辩护人，接受自诉案件自诉人、公诉案件被告人或者其近亲属的委托，担任代理人，参加诉讼。(4)代理各类诉讼案件的申诉人。(5)接受当事人的委托，参加调解、仲裁活动。(6)接受非诉讼法律事务当事人的委托，提供法律服务。(7)解答有关法律的询问、代写诉讼文书和有关法律事务的其他文书。

律师执业必须遵守宪法和法律，恪守律师职业道德和执业纪律，以事实为根据，以法律为准绳，接受国家、社会和当事人的监督，律师执业受法律保护。

我国律师执业，应当取得律师资格和执业证书。国家实行律师资格全国统一考试制度(现已改为全国统一司法考试)。具有高等院校法学专科以上学历或者同等专业水平，以及高等院校其他专业本科以上学历的人员，经考试合格的，由国务院司法行政部门授予律师资格。具有高等院校法学本科以上学历，从事法律研究、教学等专业工作并具有高级职称或者具有同等专业水平的人员，申请律师执业的，经国务院司法行政部门按照规定的条件考核批准，授予律师资格。

凡拥护我国宪法，具有律师资格，在律师事务所实习满一年，品行良好的人可以申请领取律师执业证书。有下列情形之一的，不予颁发律师执业证书：无民事行为能力或限制民事行为能力的；受过刑事处罚的，但过失犯罪除外；被开除公职或被吊销律师执业证书的。

国务院司法行政部门依法对律师、律师事务所、律师协会进行监督和指导。

五、法律监督制度

(一) 法律监督的概念和构成

法律监督是指对宪法和法律在全国范围内正确实施的监督，包括立法的监督和执法的监督。监督的主体是国家机关、社会团体及公民，监督的对象主要是立法机关、执法机关及其工作人员。实施法律监督是完善法治的基础，是实现国家职能的重要手段。

法律监督对于健全法制，维护法制的统一和尊严，制约权力，保护公民的合法权益具有重要意义。

法律监督由法律监督的主体、客体和内容三个要素构成。

法律监督的主体是国家机关、社会团体和人民群众。国家机关进行的法律监督是由宪法和有关法律、法规明确规定其权限、范围和程序，具有法律效力，它在法律监督体系中居于核心地位。社会团体包括政党、群众团体以及企事业单位，他们的监督具有广泛代表性。广大群众通过法律监督，实现法律监督的社会性。

法律监督的客体是国家机关、社会团体和公民所从事的各种法律活动。对国家机关的立法活动、行政机关的执法活动、司法机关的司法活动的监督,是法律监督的重点。

法律监督的内容是法律监督对象法律活动的保证合法性。它包括对国家机关制定规范性法律文件的合法性的监督;对行政机关执法活动和司法机关司法活动合法性的监督;对社会团体和公民法律活动合法性的监督。

(二) 立法监督

立法监督是指有立法权的国家机关对享有立法权的国家机关的立法活动的合法性的监督。既对立法权限和立法活动的程序合法性进行监督,也对所制定的规范性法律文件的合法性进行监督。

我国立法监督的主体和内容如下:(1)全国人民代表大会监督宪法的实施,有权改变或撤销其常委会不适当的决定。(2)全国人民代表大会常务委员会监督国务院制定行政法规的活动;监督省、自治区、直辖市国家权力机关制定地方性法规的活动;监督国际条约和重要协定的缔结、签订和贯彻实施;监督特别行政区制定规范性法律文件的活动。(3)国务院有权改变或者撤销各部、各委员会发布的不适当的决定和命令;改变或者撤销地方各级国家行政机关不适当的决定和命令。(4)县以上地方各级人民代表大会,有权改变或者撤销本级人民代表大会常务委员会不适宜的决定;县以上地方人民代表大会常务委员会有权撤销本级人民政府不适当的决定和命令;撤销下一级人民代表大会的不适当的决议。(5)县以上地方各级人民政府有权改变或者撤销所属各工作部门和下级人民政府的不适当决定。

立法监督有两种形式:(1)事前限定监督,即以法律形式限定,其要求立法必须符合宪法和法律的规定;(2)事后备案审查监督,即有权的国家机关在制定规范性法律文件后,在法定期限内向立法监督机关报送备案并接受审查。

全国各级人民代表大会及其常务委员会可以通过听取和审议工作报告、询问和质询、视察、罢免和撤职、批评和建议等方式,对全国各级行政机关及审判机关的执法和审判、检察机关的司法活动进行监督。

(三) 执法监督

执法监督是指对国家各级行政机关执法活动的合法性进行的监督。它包括对行为内容和行为方式的合法性进行监督。它是保证法律实现的一种有力措施。

执法监督包括以下几个方面:(1)国家权力机关对同级行政机关的活动在法律上和工作上的监督;(2)有行政隶属关系的上级行政机关对下级行政机关的行政立法和行政工作进行监督;(3)国务院和地方各级人民政府设立各级审计机关,依法独立行使审计监督权;(4)国务院和地方各级人民政府设立各级监察机关,对国家机关及其工作人员进行法纪监督;(5)检察机关对行政机关执法活动的合法性和刑事犯罪依法实行监督;(6)人民法院通过审理行政案件,对行政机关及其工作人员实施监督。

国家行政机关的监督手段主要是领导监督。这种监督主要基于上级政府对下级政府,各级政府对其工作部门和工作人员的领导关系而形成的。主要通过被领导方向领导方报告工作;领导方到被领导方进行工作检查,以行政复议、审查、备案、批准、改变和撤销、惩戒等方式进行。

另外,国家行政机关的监督手段还有监察监督和审计监督。前者是国家行政机关自律调控专门机关,监察部门对国家行政机关及其工作人员遵纪守法状况实施监督;后者是由国家审计机关依法对有关国家行政机关及部门的财政收支、财经法纪实施监督。

(四)司法监督

司法监督是指对国家各级司法机关,包括审判机关、检察机关、公安机关适用法律的活动所进行的监督。

司法监督包括以下几个方面:(1)国家权力机关对同级司法机关的监督;(2)上级司法机关对下级司法机关的监督;(3)检察机关、公安机关和审判机关相互之间的监督。

1. 审判监督

审判机关的审判活动除接受国家权力机关和国家检察机关的监督以外,不受其他机关的干涉。为此,对审判机关的另一个重要监督手段,就是通过法律规定审判机关内部有一个比较完善的监督机制,以保证审判权的正确实施。

审判机关内部的监督机制主要是再审制度,即人民法院对本院已经发生法律效力的判决或裁定,上级人民法院对下级人民法院、最高人民法院对地方各级人民法院已经发生法律效力的判决或裁定,如果发现确有错误,有权提起再审程序;上级人民检察院对下级人民法院、最高人民检察院对各级人民法院已经发生法律效力的判决和裁定,如果发现确有错误,有权提出抗诉。

2. 检察监督

检察机关是全国人民代表大会在法律监督方面的执行机关,统一行使国家的法律监督权。检察机关的监督主要有:(1)法纪监督。对国家机关和国家机关工作人员是否遵守法律实施的监督,其方式是直接受理国家机关工作人员的犯罪案件,对构成犯罪的人员提起诉讼。(2)侦查监督。对公安机关的侦查活动是否合法实施的监督,其方式有审查批捕、审查起诉等。(3)审判监督。对人民法院的审判活动是否合法予以监督,其方式有出席法庭,提起抗诉等。(4)监所监督。对监狱看守所和劳动改造机关的活动是否合法实施的监督。

(五)社会监督

法律监督体系由国家监督和社会监督两部分有机结合而构成。上述立法监督、执法监督和司法监督属国家监督,是法律监督体系的核心。

社会监督是指各政党、社会组织和人民群众通过多种手段和途径对执法、司法、守法等法律活动合法性的监督。社会监督是非国家机关的监督,但它是国家监督的基础。它更能体现广大人民群众自己当家做主,直接参与管理国家和社会事务,直接监督国家机关及其工作人员的活动的重要作用。宪法规定,一切国家机关和国家工作人员必须倾听人民的意见和建议,接受人民的监督;公民对于任何国家机关和国家工作人员,有提出批评和建议的权利,对于任何国家机关和国家工作人员的违法失职行为,有向有关国家机关提出申诉、控告或检举的权利。

社会监督其方式是多种多样的,如面谈、信访、媒体刊登和播放、列席会议听取报告、举行报告会、进行调查、政治领导、党纪检查、组织处理等。

中国共产党领导人民制定宪法和法律,也带领人民执行和遵守宪法和法律。共产党通过行使政治领导权,督促所有国家机关和全民认真执法、自觉守法、严格依法办事,并通过党的纪律检查部门对党员和党组织活动的合法性进行全面监督。

第三节　社会主义法的实施

法的实施是指法律规范在国家事务和社会生活中的具体运用和实现，它包括执法、司法、守法和法律监督。法的实施主要有两种方式：法的遵守和法的适用。法律实施的过程就是法治得到实现的过程。

一、社会主义法的适用

（一）社会主义法的适用的概念

社会主义法的适用，是指国家机关、国家公职人员依照法律规定的职权和程序，把法律规范应用到具体的社会生活中，调整具体法律关系的活动。这里所指的国家机关是国家赋予司法权的国家机关。所以社会主义法的适用严格地说是国家司法机关依照法定的职权和程序，适用法律规范实施其法定职责的过程。从广义上讲，社会主义法的适用还包括国家行政机关在执行公务过程中，依照法定的职权和程序适用法律规范实施其职责。

（二）我国社会主义法适用的基本要求

我国法律适用的基本要求是正确、合法、及时。正确是指在适用法律时要求做到事实清楚，定性正确，处理适当；合法是指在适用法律时，要符合法律的规定，不但处理案件要合法，处理程序也要合法；及时是指在适用法律时，要有时间要求，做到及时立案、及时办案、及时结案。

（三）社会主义法的适用效力

法律规范的适用效力是指法律的生效范围。它包括法律规范在时间上的效力、空间上的效力和对人的效力三个方面。(1)法的时间效力。即法律规范从何时开始生效，何时终止效力，以及法律规范对它颁布以前的事项和行为有无溯及力的问题。法的生效通常有三种情况：第一，自法律颁布之日起生效，一般法律大多如此。第二，法律颁布后经过一段时间生效。第三，规定法律文件到达生效期限，则法律在全国范围内生效。关于溯及力问题，世界上大多数国家都实行“不溯及既往”原则，我国法律一般也采用这一原则。(2)法的空间效力。即法律规范在什么地方发生效力的问题。这往往包含三种情况：第一，法律规范在全国范围内生效。如宪法、法律、行政法规。第二，法律规范在一定的地域内生效。如地方性法规、自治条例等。第三，法律规范具有域外效力，如涉外民事、贸易和婚姻家庭方面的法律。(3)法对人的效力。即法律规范对什么人生效的问题。一般情况下，法律规范对居住在我国的本国公民、外国人与无国籍人，都具有适用效力。我国公民在我国领域外，在一定期限内，原则上也适用我国法律。

（四）社会主义法的解释

社会主义法的解释是指对法律条文的内容以及对所使用的概念、定义、术语等所作的说明，它对于正确适用法律，加强社会主义法制建设具有重要意义。

根据法的解释的主体和效力不同，法的解释可分为正式解释和非正式解释。

1. 正式解释

正式解释也叫有权解释，是指国家机关依照法律所赋予的职权，对有关法律所作出的解释，这种解释具有法律效力，它包括立法解释、司法解释和行政解释。

立法解释，是指有权制定法律规范的国家机关及其常设机关对法律所进行的解释。这种解释同被解释的法律本身一样，具有同等的法律效力。在我国，全国人民代表大会常务委员会行使解释宪法和法律的职权，省、自治区、直辖市民代表大会常务委员会行使解释地方性法规的职权。

司法解释是指司法机关在适用法律时所作的解释。在我国，法律赋予最高人民法院和最高人民检察院司法解释权，其解释对全国司法机关具有约束力。

行政解释是指国家行政机关在其职权范围内，对法律、法规的具体应用所作的解释。

2. 非正式解释

非正式解释也称无法律效力解释，它是一种不具有法律约束力的解释，包括学理解释和任意解释。

学理解释是指在科学研究、教学实践或法制宣传中对法律规范所作的解释，这种解释不具有约束力，但对正确理解和适用法律具有一定意义。

任意解释是指一般公民、当事人、辩护人对法律的说明，这种解释不具有约束力，但对司法机关正确适用法律具有参考价值。

二、社会主义法的遵守

（一）社会主义法的遵守的概念

我国社会主义法的遵守是指任何国家机关、组织团体和个人的行为，都必须符合我国现行法律的要求，必须遵守我国宪法、法律、行政法规、地方性法规以及国家机关制定的其他规范性文件。

（二）违法与法律责任

在实现法治的过程中，在鼓励守法行为的同时，还必须对违法行为进行法律制裁。

违法是指因违反法律规定而造成的某种危害社会后果的有过错的行为。违法行为的构成要素有：

(1) 违法是一种危害社会的行为。这里所强调的是一种有社会危害性的行为，单纯的思想意识活动不构成违法。

(2) 违法是对社会造成一定危害的行为。即违法是侵犯法律所保护的社会关系和社会秩序的行为。

(3) 违法必须是行为人主观上的过错。这种过错包括故意和过失。故意是有主观意识的、故意造成某种危害后果的违法行为。过失是行为人由于疏忽大意或过于自信造成了危害社会的后果。

(4) 违法的行为人必须具有法定责任能力。只有达到法定责任年龄，智力健全，具有理解、辨认自己行为的能力和控制自己行为的能力，才能要求其对自己的行为承担法律责任。一般地说，年满18周岁以上的成年人，具有完全的责任能力；10周岁以上，未满18周岁的未成年人，是限制行为能力的人，为限制的责任能力人；不满10周岁的未成年人和完全的精神病人，为无责任能力人。

以上是违法行为构成的四个要素，它们构成了一个有机的整体，不具备这些条件，就不构成违法。

法律责任是指违法者必须承担具有强制性的法律上的责任。法律责任同违法行为是密切联系在一起的，凡是实施了违法行为的个人或单位，就应当对国家及受危害者承担相应的法律后果。

由于违法行为的性质和危害程度不同，其法律责任也不尽相同。法律责任可分为：刑事法律责任、民事法律责任、行政法律责任、经济法律责任。由于法律责任的不同，因而国家机关所实施的法律制裁也不相同。法律制裁分为司法制裁和行政制裁两大类。司法制裁包括刑事、民事、经济制裁三种；行政制裁包括行政处罚、行政处分、经济处罚、劳动教养等。

（三）我国社会主义法律意识

1. 法律意识的概念

法律意识是社会意识的一种特殊形式，是人们关于法律和法律现象的思想、观点、知识和心理的总称。社会主义法律意识是以马克思主义为指导的工人阶级和广大人民的法律思想、观点、知识和心理的总称。

法律意识属于历史范畴，它是阶级社会的产物，随着法的产生而产生，随着法的发展变化而变化。不同历史时期的法律意识，不同阶级的法律观念，都反映了当时的法律制度的性质、阶级意志和愿望，具有明显的阶级性和政治性。

法律意识属于法律文化范畴，它是人类法律实践活动的精神成果，包含着人类在认识法律现象方面的世界观、方法论、思维方式、观念模式、情感、理想和期望，蕴涵着个人及群体的法律认知、法律情感和法律评价。法律意识不是自发形成的，它是人们在社会生活中学习和自觉培养的结果，也是法律文化传统潜移默化影响的结果。唯物史观认为，法律意识是一定的上层建筑的组成部分，它的内容和性质受经济基础的制约。但是，决定法律意识的并不仅仅是经济基础，政治制度、民族精神、哲学等因素也可以直接决定和影响法律意识。经济基础对法律意识的决定作用是从最终决定的意义所说的。从一定意义上说，法律意识只是被意识到的法律存在，它是法律现象的精神形态。

2. 法律意识的分类

按不同的分类标准，法律意识可以有不同的分类。

(1) 占统治地位的法律意识和不占统治地位的法律意识。这是根据法律意识的政治属性作为标准进行的分类。

占统治地位的法律意识是统治阶级的（在社会主义条件下是以工人阶级为领导的广大人民群众的）法律意识，它是与社会的经济基础相适应的法律上层建筑的重要组成部分，是法的形成和实现必不可少的条件。占统治地位的法律意识体现了这个社会的经济基础及其所决定的政治法律制度的特点，如封建社会的神学世界观，资本主义社会的法学世界观。它们在不同的社会中占有支配地位，不仅统治阶级，甚至被统治阶级中的许多人都把这种法律意识视为“天经地义”的，看作社会的“正统”观念。马克思主义法律观是社会主义国家占统治地位的法律意识，是社会主义法律上层建筑的有机组成部分，在广大人民群众中宣传马克思主义法律观，对于人民群众增强主人翁的责任感，人民群众掌握法律，树立正确的权利与义务观念，依法行使权利和履行义务，具有重要意义。在占统治地位的法律意识中，也包含着某些法律知识、技术和文化方面的内容，它们是人们调整社会关系的智慧与经验的结晶，反映了历史上积累起来的有价值的法律思想，反映了法律调整所达到的水平。而不占统治地位的法律意识与现行法律有时是对立的，这种对立对法的制定和实施起消极作用。但是，我们也无法排除在一定条件下被统治阶级的法律意识中可能存在着接受现行法律制度的某些因素。如在资本主义社会，劳动群众会支持某些维护社会共同利益的法律规定，也会拥护那些惩治贩毒、强奸、盗窃、抢劫等严重刑事犯罪的规定。同时，某些劳动群众的法律意识也会受到剥削阶级法律意识的影响，从而对剥削者的法律抱有幻想。

(2) 法律心理和法律思想体系。这是以认识过程的两个阶段(感性认识和理性认识)为标准对法律意识进行的分类。

法律心理是人们对法律现象认识的感性阶段，它直接与人们日常的法律生活相联系，是人们对法律现象表面的、直观的、自发的反映形式。在阶级社会中，由于各个阶级的社会地位和生活条件不同，每个阶级有不同的法律心理。但是，由于法律心理只是每个阶级对法律现象朴素的、直观的反映，往往不能全面地、深入地反映出该阶级对法律现象的态度。

法律思想体系是人们对法律现象认识的理性阶段，它表现为系统化、理论化了的法律思想、观点和学说，是人们对法律现象的自觉反映形式。某一阶级的法律思想体系的最终根源在于该阶级的社会地位，在于整个阶级有关法律问题的实践。但是，任何一个阶级的法律思想体系都不是人们自发形成的。在法律思想体系形成过程中，法学家的工作起着重要作用。由分散的、零星的、感性的法律心理转变为完整的、系统的、理论化的法律思想体系的过程，必须经过代表这个阶级的法学家们复杂、艰苦的劳动。

(3) 个人法律意识、群体法律意识和社会法律意识。这是根据主体的不同对法律意识进行的分类。

个人法律意识是指具体的个人对法律现象的思想、看法、意见和情绪。个人有关法律问题的实践以及他所接触的社会环境对法律现象的看法，对个人法律意识的形成都有着直接的作用。

群体法律意识是指家庭、集体、团体、阶级、阶层、民族、政党等不同的社会集合体对法律现象的意识。群体法律意识是群体内个人法律意识和其他群体的法律意识相互作用的结果，个人法律意识总要受到他所从属的群体的法律意识的影响，而群体法律意识也不可能脱离个人法律意识，它的形成和发展总要从个人法律意识中吸取积极、有益的成分。

社会法律意识是社会作为一个整体对法律现象的意识，是一个社会中的个人法律意识、各种群体法律意识相互交融的产物。因此，社会法律意识往往是一个国家法制状况的总体反映。一个国家法制状况直接决定了社会法律意识的水平。社会法律意识与个人和群体的法律意识的不同之处在于，它是建立在整个社会有关法律问题实践的基础上，因而克服了个人或群体意识的局限性和片面性。社会法律意识是一个国家或民族法律文化、法律传统的集中反映。

(4) 职业法律意识和群众法律意识。这是以法律意识的专业化程度为标准所进行的分类。

职业法律意识是法官、检察官、律师、法学研究与教学人员等专门的法律工作者的法律意识。法律职业是在法律产生以后，随着法律资料的积累以及法律工作的复杂化和专门化，随着社会分工的发展而出现的。

群众法律意识是广大人民群众对法律现实最普遍的理解。在革命转变时期，在剥削者社会向社会主义社会过渡时期，工人阶级领导的广大劳动人民的群众法律意识起着很重要的作用，它构成了正在形成的社会主义法律制度的最直接的思想基础。

3. 我国社会主义法律意识的基本内容

法律意识的基本内容包括：马克思主义法律观、广大人民群众的法律要求、普遍的法律感、法律知识、权利和义务一致性等。

我国社会主义法律意识对我国法的创制和实施起着指导性作用。

4. 社会主义法和社会主义法律意识的关系

社会主义法和社会主义法律意识有着相互促进、密不可分的关系。

(1) 社会主义法律意识为社会主义法的制定和实施提供必要的思想和心理条件。首先，社会主义法律意识是加强立法工作、推动社会主义法律不断完善的思想基础。其次，社会主义法律意识是正确司法和执法的思想保证。再次，社会主义法律意识是守法的关键因素。

(2) 加强社会主义法制对提高社会主义法律意识具有重要意义。第一，只有加强立法工作，才能做到有法可依。第二，只有建立起公正、严明的法律秩序，才能为培养人们的社会主义法律意识创造良好的社会环境。第三，建立良好的法律秩序对人民的法律心理起着潜移默化的作用。

第四节　法治国家

一、法治与法治国家的释义

（一）法治的概念

法治是一种源远流长的意识形态、治国方略和社会文化现象。在不同的时代，人们赋予其不同的社会内涵和意义。为了揭示法治的真谛，弘扬现代法治精神，有必要首先比较、分析不同法治概念所包含的社会内涵和社会意义。

1. “法治”意指一种治国方略或社会调控方式

法治与人治。法治是与人治对立的治国方略。不过，这种对立在古代和近代，其内容和表现形式都是不尽相同的。在古代中国，法治强调把社会关系纳入法律的轨道，用带有权威性、强制性的法律规范或严刑峻法治理社会，而人治论强调“为政在人”。在古希腊，法治强调法律的理性及其一般的指引性作用，人治则强调圣贤的智慧及其解决具体问题的个别指引性作用。近代以来，法治与人治的对立主要表现为民主与法制、主权在民与主权在君、法律与当权者个人的意志之间的对立。

20 世纪 70 年代末至 80 年代初，中国大陆开展的法治与人治的大讨论就是围绕着这几个对立面展开的。通过这场大讨论，在理论上明确了法治与人治这两种治国方略的界限不在于是否承认法律运行中人的因素，而在于：从主体上看，法治是众人之治（民主政治），人治是一人（或几人）之治（君主专制或贵族政治）；法治依据的是反映人民大众的法律，人治则依据领导人个人的意志。法治与人治的分界线是：当法律与当权者的个人意志发生冲突时，是法律高于个人意志，还是个人意志凌驾于法律之上。或者说，是“人依法”还是“法依人”。

2. 法治意指依法办事的原则

法治作为一个动态的或能动的社会范畴，其基本意义是依法办事。在现代法治社会，依法办事的要求已成为社会关系参加者活动的普遍原则，不仅普通社会成员要依法办事，就是国家机关及其工作人员也不能例外。从与古代法治对立的意义上甚至可以说，现代法治的精髓是政府官员依法办事，只有政府官员依法办事，接受法律的约束，才有法治可言。

人人平等地依法办事是法治的要求和标志。所以，近代以来主张法治的人们无不强调要依法办事。在我国，党的十一届三中全会公报把“有法可依、有法必依、执法必严、违法必究”作为社会主义法制四个缺一不可的要素。这四个要素的实质是依法办事。其中“有法可依”是依法办事的前提，“执法必严”是依法办事的中心环节，“违法必究”是依法办事的保障。

3. 法治意指良好的法律秩序

无论是作为治国方略，还是作为依法办事的原则，法治最终要表现为一种良好的法律秩序。达到这种法律秩序，既是法治的目标和结果，也是检验是否厉行法治的一个重要指标。法律秩序是法律规范实行和实现的结果。法律秩序是各种法律关系的总和，它表现为社会生活的基本方面已经法律化和制度化；社会成员和社会组织都有明确的权利和义务；每个法律主体都忠实地履行法定义务，积极而正确地行使和维护法定权利；有条不紊、充满生机的社会秩序在法律秩序的基础上建立起来了。

4. 法治代表某种具有价值规定的社会生活方式

法治不是单纯的法律秩序。不是任何一种法律秩序都称得上法治状态，法治是有特定价值基础和价值目标的法律秩序，即有价值规定性的社会生活方式。就现代社会来说，法治的价值基础和取向至少应包括：(1)法律必须体现人民主权原则，必须是人民根本利益和共同意志的反映，并且是以维护和促进全体人民的综合利益为目标的。(2)法律必须承认、尊重和保护人民的权利和自由。(3)法律面前一律平等。(4)法律承认利益的多元化，对一切正当的利益施以无歧视性差别保护。

（二）法治国家的概念

法治国家是与专制国家对立的。法治国家是依法治国所形成的理想状态。在当代社会主义中国，法治是民主、自由、平等、人权、理性、文明、秩序、效益与合法性的完美结合。据此意义，社会主义法治国家或法治社会的基本标志应当是：社会生活的基本方面和主要的社会关系均纳入法律（制度及程序的）轨道，接受法律的治理，而法律是建立在尊重民主、人权和潜能、保护和促进经济增长、社会公平、社会秩序和社会进步的基础之上。就是说法治之治是良法之治。凝结着人民公意的宪法和法律高于任何个人、群体、政党的意志，有至上的效力和最高的权威；国家的一切权力根源于法律，而且要依法行使；公民在法律面前一律平等，不因性别、种族、肤色、语言和信仰等特殊情况而有基本权利和义务的差别，非基本权利和义务的差别只应与职位相连，而职位对一切人开放；凡是法律没有禁止的，都是合法或准许的，每个人只要其行为不侵犯别人的自由和公认的公共利益，就有权利按照自己的意志活动；公民的权利、自由和利益机会非经正当的法律秩序和充足的理由不受剥夺，一切非法的侵害（不管是来自个人或国家）都能得到公正、合理、及时的补偿。

（三）法治的主体、客体和标准

1. 法治的主体

法治的主体是实行法治必须解决的理论前提。法治与民主相连。在民主政治国家，法治的主体只能是人民。在当代中国，法治的主体分为三个层次；第一层次亦即最高层次是人民，在我们社会主义国家，一切权利属于人民，依法治国的主体自然就是人民。第二层次是由人民选出、受人民监督的国家权力机关，即各级人民代表大会。第三层次是经人民代表大会选举产生或任命的国家行政机关、军事机关、检察机关、审判机关等国家机构。无论是在哪个层次，共产党都是领导核心。而认为法治的主体是国家机关，人民群众是法治的对象的观念是错误的。

2. 法治的客体

法治的客体（或对象）包括两个方面。其一指国家机器和国家权力。依法治国的"国"首先是国家机器意义上的国，其次才是国度意义上的国。依法治国首先是治权、治吏，在古往今来的一切国家中，对法治的威胁和危害主要不是来自公民个人，而是来自公共权力和官员。依法治权的重点又是依法制约和治理国家行政权力。因为行政权力是国家权力中覆盖面最宽、与社会接触最直接、最容易与金钱挂钩的权力，行政权力运行的自由度特别大，又极容易无限膨胀，以致于难以控制。其二指国家的经济生活、政治生活和社会生活。依法治国就是依法管理国家的经济、政治和社会公共事务。不要把法治的对象简单理解为自然人和法人，好像一讲法治就是去治人。只有正确理解法治的客体或对象，才会懂得法治的精髓在于治权，才不至于像过去那样把依法治国仅仅理解为依法治民（法是政府用来管束百姓的工具），才有利于防止权力的专横、滥用和腐化。

3. 依法治国的标准

依法治国所依靠和依照的"法"主要是全国人民代表大会制定的宪法和基本法律，以及根据宪法和根本法律由全国人民代表大会常务委员会制定的其他法律，由国务院制定的行政法规，由地方省级人民代表大会制定的地方性法规。不能把法"泛化"，把不具备法律性质、不是法的渊源的文件、指示、领导人的讲话当作法，更不能把"土政策"当作法，把出于地方主义、本位主义、部门私利搞出来的规定当作法。如果把这些都当作法，还用它们来处罚人们，治理社会，那就不仅不是法治，而简直是破坏法治。

二、法治观念

法治观念即法治的精神，这一概念内含着：(1)它是安排国家制度、确立法律与权力比值关系的观念力量；(2)它是一种相对稳定的、为保持法的崇高地位而要求人们持有的法治理念；(3)它反映法律运行的内在规律，对修改法律具有支配、评价等作用，对于权力涉足法律行为时，能传导公众广生排异意识并最终指导人们认同法律的权威。由此可以看出，法治的精神既不同于法律原则，也不同于法律精神，更不是法的本质。它的实质是关于法在与国家和权力交互作用时，人们对这一关系所选择的价值标准和持有的稳定心态。现代法治社会构成法治精神的要素至少有四种：善法、恶法价值标准的确立；法律至上地位的认同；法的统治观念的养成；权利文化人文基础的建立。

（一）善法与恶法观念

法学理论如果只告诉人们法是什么而不说明法应当是什么，这样的法学便是病态法学。这种法学的价值以其研究对象的价值而定。如果法是善的，法学便是善的；如果法是恶的，法学便助纣为虐。善法，是法治的最低要求。所谓法治，首先是指“善法之治”。倘若在立法上解决了善法之治的问题，那么在法的实施上必然要求“真法之治”，而不是有法无治；而善法之治与真法之治的实践结果，便给人以艺术上的价值，即“美法之治”。法治当中的“善”意指益于人的道德准则，在观念形态上它已转化为人人都能接受的正义。法律制度在设计和构建过程中被要求的分配正义、校正正义、实体正义、程序正义等都是它的内容。法律以正义实现为追求，该法便是善法；舍弃了正义的价值标准，法便是恶法。善法、恶法价值标准的确立，使人们在观念上有了法上之法与法下之法以及合法之法与不法之法之分。正义为法上之法，追之近之为合法之法，去之远之则为法下之法或不法之法，亦即恶法。恶法不为法，人人有权予以抵抗。在社会中，人们有无抵抗恶法的意识，是衡量其法治观念强弱的标准之一。若公众掌握了判别法律正义与否的标准，法制随之也就具有了去恶从善的内在活力。

（二）法律至上观念

法律至上地位的认同问题，回答的是法律是否具有最高权威问题。无论何种形态的社会，总有一个具有至高无上的权威存在。如果公众心目中认同的最高权威不是法律，那么这个社会就肯定不是法治社会。在凡有权力高于法的地方，法都是随执掌权力人的意志被随意塑造的，这种社会里即使有法，这种法也是呈人格化的，其特点一是没有理性，二是多变。如果法要对社会产生作用的话，其作用的出发点首先是为了通过法律强化权力的权威。生效的法律一旦不利于权威的稳固，其命运就是十分悲惨的。在这样的社会里，法律是极不牢靠的，人们既无法信赖法律，也无法依靠法律。在视法律为畏途与视权力为利益的比较中，人们产生普遍的崇尚权力的观念及以将官本位作为对人的价值评判标准，就是非法治社会中必有的现象了。在我国，法律至上观念表明：(1)我国社会主义法是人民意志的集中体现，主张法律至上即是主张人民意志至上；(2)具有根本规范性质的四项基本原则已变成了我国社会主义法的组成部分，主张法律至上亦即主张四项基本原则至上。它要求全社会所形成的主流法治信念为：只承认法律一种权威。

（三）法的统治观念

法的统治观念是法治精神的核心。这种观念不同于政治学上所说的阶级统治。阶级统治的观点不承认统治阶级再接受其他主体的统治，而法的统治的观念，则把法作为主体，而把社会所有人作为客体。在这种观念里，最有价值的思想是承认统治阶级也必须严格守法，而不承认法律之外另有主宰法而不被法制约的主体。人治、法治之争，差别在治之具上，而治者与被治者是相同的。故无论是德治、礼治、心治或人治还是刑治、兵治、力治或法治，名虽有异而实则同矣。法家的法治与儒家的人治一样，其追求的价值目标是与法治背道而驰的专制。而法的统治，其终极目标却是民主，这两种法治存在质的不同。法家的法治至多算是治国方法，而法的统治则超越方法论的性质，它指的是国家的原则和社会状态。法律如果是人民制定的，接受法律的统治正是接受人民的统治。在法的统治的主客体公式里，法的主体地位实则代表着人民的主体地位。如果说无产阶级或其政党没有超越人民的私利的话，那么统治阶级或执政党接受法的统治恰好证明了自己来自于人民，服从于人民的性质。所以法的统治的观念是消除特权，并首先要求立法者遵守法的观念。法的普遍性、平等性等原则都能从这种观念中得到说明。

（四）权利文化观念

权利文化与人道主义文化、科技文化一起构成了当今世界三大文化主流。人道主义文化联系着人类的道德规范，社会由此得以养成。科技文化概括着人类创造财富的先进手段，社会由此不断提高。权利文化制约着人类设计制度的原则，社会由此得以建立。权利文化是法治社会得以形成的人文条件。在人格不独立、身份不平等、行为不自由的地方，法治便是遥远的梦想。权利文化所要解决的正是观念上的和制度上的上述问题。权利文化的凝聚形态是权利本位的理论，它有两大内涵：(1)它是解决公民和国家主体关系的理论。主仆型文化产生义务本位。在这种本位里，国家具有主宰地位，公民唯有无条件服从之义务。权利本位则相反，它把公民对国家的关系颠倒过来，认为公民有权主宰国家，国家以保证公民主人地位的获得为绝对义务。(2)它是解决权利与权力互动关系的理论。国家权力的行使以公民创设权利实现的条件为目的，权力行使如果背离了公民权利得到保障的宗旨，权力便会受到改造。国家权力以公民权利为运行界限，而两权界限由法律明定之。权利本位的理论并不直接解决同一主体所享权利与所尽义务间的关系，因为按照权利本位设计的权利制度，应允许人们享有无义务的自然权利。权利本位文化的实质，是个人权利的实定化和义务的相对化。在这种文化背景下，人和人之间的关系是平等自主关系。人对国家的关系具有三种模式，即义务领域里的服从、自由领域里的排拒、权利领域里的依靠和参与，由此而产生社会和谐，国家再不必以赤裸裸的暴力去强制人们无条件服从权力，人们恪守权利界限而共生共荣，于是便有法治。权利文化之于法治，正如土壤之于种子，缺少了文化的养料，法治断难育成。

三、法治原则

（一）通过法律对权力的控制原则

法治意味着控权制度的存在和权力制衡原则被遵守。法治，在制度上起始于法律对最高国家权力的限制。英国于1215年颁布的《自由大宪章》首次开创了人类用法律约束王权的先河。从此，权力就不再是无限的和绝对的了。英国的法治和宪政就是从一步步限制王权开始的。什么时候法律把权力驯服为俯首帖耳的羔羊，什么时候便有了真正的法治。在所有国家权力中，行政权力是最桀骜不驯的。因为它是唯一不需要借助程序就能行使的权力，所以它有极大的随意性和广阔的空间。严格的法治，首先应建立对行政权的严格控制制度。法治实践表明，权力越是高度集中，对其控制就越是困难。法治的立足之地在于控权。控权的有效方法是权力分立和以权制权，法律上确立这样的制度和原则，便可避免恶政和暴政发生。控权以防止国家权力压法、毁法为目的；权力制衡以防止行政权走向专制为目的。法治国家中，对公权力有三大制约方式：道德制约、一种权力对另一种权力的制约、权利对权力的制约，都最终表现为法律对权力的控制，这是法治政府的基本特征。

（二）权力与责任相统一原则

在国家具有了经济职能之后，权力责任的内容也相应增加了。现代的权力责任，除了过去由滥权及怠权所产生的责任外，还负有满足公民权利请求的责任和由管理而带来的保证责任。其中，后两种责任主要是现代政府的责任。传统的法治防范理论，总以行政权为主要对象，其实由许多立法和司法的不法事件表明，这两种权力同样能形成对公民权利的积极侵害与消极侵害。只要是公权力，就有支配私权利的能力，因此也就无法消除其不法的可能性，所以国家责任的主体应是全方位的。不论哪种权力主体，也不管它是自己执行或是受托代行，只要启动了权力，就应预设责任于其运动之后。以使权责成为不可分的整体和使国家任何一个权力主体都无法逃避其责任。在我国，某些具有政治优势的社会团体，某些具有垄断地位的公营组织以及具有优势的武装组织和具有执政、参政地位的政党等，因它们时常代行国家权力，因而也可能由它们形成权力侵害。国家责任制度如果缺少了对这些特殊主体的规约，则在制度上可能造成使国家逃避责任的后果，这在法治国家应当得以避免的。

（三）权利保障原则与社会自由原则

权利的保障制度开始形成于法律对权利的宣告。权力告示的法治原理在于：法律每宣告公民的一项权利，就等于同时宣告了国家权力的禁区。个人权利的最大威胁始终是国家权力，所以，权利宣言与其说是法律告知公众有了多少权利，不如说是法律在告知权力有多大限度。权力受到多大限制，权利便会得到多大实现。从法律的禁止性规范中有时也可推导出权利，但这种非被宣告的权利是不可靠的，因为禁止个人做什么的规范并不必然禁止国家去做，而当国家去做了的时候，被推导的权利便不复存在了。权力宣告，是权利制度的第一性机制。其还有第二性、第三性和第四性机制，即权利侵害的预防机制和侵害发生时的救济机制以及公民个人获得权利遇到困难时的国家帮助机制。上述四种机制的统一，才真正构成具有权利的保障制度。

权利制度不可缺少的条件是社会自由原则。在法律上，权利与自由的关系是种属关系，而在法治的要求上，权利和自由又分别代表着不同价值。实定化的权利只有一个来源，即法律的规定，而实定化的自由却不局限于法律，在法律不禁止的地方存在着大量的自由。权利对待国家，既有限制的一面又有依赖的一面，特别是以生存权利为核心的社会权，离开国家的帮助是无法实现的。自由对待国家，则只持一种态度，即防范与排斥。自由要求国家把限制减到最低限度，这便是社会自由原则。这个原则表明：(1)自由除了受法律的限制之外，不再受任何限制；(2)自由不仅存在于法律之中，还存在于法律之外，法不禁止即自由；(3)法律意义上的自由，指的是受法律保障的自由，而不是法律范围的自由。法治对于自由的价值表现为以法束缚权力以防其对自由的干涉和限制，而不是去为自由划定范围。社会需要的是保障自由实现的法律.而不是受法律限制的自由。保障自由实现的法律才是法治意义上的法律。

（四）公民义务的法律化和相对化原则

法治意味着公民义务的法律化和相对化。公民的义务是根据法律来定还是根据权力随意性来定，是法治社会与专制社会的区别之一。法治条件下的个人义务可分为三类，其一是为实现国家利益和公共利益而需承担的基本义务；其二是与自己权利相伴而来的对应性义务；其三是自愿承担的义务。如果可以把契约理解为个人间的法律的话，那么包括自愿承担在内的这三类义务均具有法律特征。义务的设定离不开实现权利的目的，“没有无权利的义务”，遵循这一原则，公民享有多少权利便履行多少义务。增加公民的义务，除非增加权利的立法。不以权利实现为目的而承担义务，如果不是自愿的话，那就是在履行法外义务。这时候，义务对应的是特权，并且只有特权存在，才会逼迫公民法外承受义务。所谓义务的相对化，就是指在义务的种类确定后，公民承担任何一类义务都有法律的定量。义务是否相对，是法治与专制的分野。专制社会里，个人只有无条件对权力的服从，权力对个人所增加义务的量是变数，绝对服从是绝对的义务，权力支配者的需要就是义务量。

义务的法律化和相对化需要两条重要的法治原则：(1)法律不得溯及既往。即法律今天所设定的义务，不能由公民在昨天就承担。换言之，即公民不能根据今天的法律去接受对他昨天行为的处罚。(2)法律所设定的义务需具明确性，模糊的义务不得强加于人。故在义务问题上不得实现法的类推适用。

四、法治条件

法治条件指的是法治原则的表现方式及其实现的技术条件。法治的实体内容是由社会的商品经济关系以及由这种关系所决定的精神要求和制度要求决定的，而法治的条件要依法治原则的要求来定。仅有理想的法治实体内容，而缺乏适合于它的形式，法治仍是不完整的。只有实体与形式相统一，才会形成良好的法治。

（一）法制的统一性

无论是善法之治还是恶法之治，也不管是简法之治还是繁法之治，凡欲使法律发挥制度效应，法制的统一性就是必需的。统一性含义是：(1)避免法律中的矛盾。如果立法权允许分割，那法律中同一内容不同规定就是不可避免的。如果实行后法优于前法的原则，那么后法一定得比前法制定得更合理；如果不同于立法的解释在事实上比立法更受尊重，那么解释实质上已取代了原法。这些现象都可能导致法律矛盾。(2)法律普遍得到遵守。如果允许有人超越法律，那么就一定允许有人毁掉法律，这时候立法已没有实际意义；如果相同情况在司法上可以有不同的对待，那么就意味着不同情况也可以实行同等对待，这时候，法律平等连最后的修饰也没有了。如果遵守法律只是一部分人的义务，那么践踏法律就一定是另一部分人的特权。在特权存在的社会里是没有法治的。

（二）法律的一般性

法律一般性的含义是：(1)法律对社会生活的一般性调整。它指法律规范设定人行为的两种模式，把允许、肯定和鼓励的行为概括为权利，把禁止、命令和否定的行为概括为义务，使人除了情感和思想外的所有存在都被收入这两种最简单的调整范围之内。(2)法律内容的一般性表述。它指法律规范需用专业性的词汇、概念，高度抽象概括人的行为而使权利和义务成为一般性法律条文，人们按事先公布的法律条文选择行为而不被追究。这是初级形态的法治。公布法律，是法治的形式要求之一，人们只有根据已知的法律才能有效对抗来自权力的个别命令，所以，法治所要求的法律内容的一般性表述与其对社会的公开化并非可有可无。(3)法律实施中的一般性适用。它一方面是指法律规范的全域约束力；另一方面是指法律规范的逻辑适用。即“类似情况类似处理”和“类似情况反复适用”。一般适用排除了司法过程中的随意性，法治的诉求中包含着这一内容。

（三）法律规范的有效性

法律规范有效性的含义是：(1)法律规范的效力系统。在全部法律规范中，只有一个规范具有最高效力，这就是宪法中的人权规范。国家的全部权力为人权而存在，法律中的全部规范围绕人权而展开。所有立法，检测其效力高低，最终以人权规范为尺度。合乎最高规范便是有效的，违背最高规范便是无效的。(2)法律规范的可操作性。法律规范可否操作，直接决定着其能否产生效力。一般而言，易知的、明确的、肯定的、具体的法律规范因可直接操作故而可直接生效。相反，难解的、模糊的、含混的、抽象的法律规范因无法操作故而即使有人违之犯之也难以处理。立法技术对法的效力有直接影响。(3)法律规范的实效。它指有效的规范在多大程度上实际产生了约束力。按法治要求，所有生效规范都应具有约束力，但事实并非如此，生效的规范有时候效力只限于纸上。而在实际生活中常会出现两类情况：一类是对禁止性规范触犯不被追究，另一类是按授权性规范主张不被保护，该两类情况都证实了规范的无效性。无效规范越多，法治水平越低。

（四）司法的中立性

司法中立，既是程序正义所应恪守的原则，也是实体正义所含之当然要求。中立的目的，乃是为了追求审判的公正。司法权是被动性权力，非因诉方、控方请求不得主动行使，凡主动行使司法权，必失其公正。司法权是判断性权力，非予兼听则无以明断，其责任即是依据既定标准判断是非曲直。而司法权若一旦偏于一方，其判断则必失公正。司法权是程序性权力，非依诉讼程序行使，既失尊严，又易生随意和疏漏。前者将招致法官当事人互不尊重，后者将出现误判，而无论哪种后果都将失其公正。司法权是中立性权力，对于当事人它是中立的，对于国家机关，它既非立法机关，亦非执行机关，可见其地位决定了它的中立性。司法权若不保持中立，法制便无法推行。保持司法中立，需满足两个基本条件：一是实行独立审判，法官除向法律负责外不向任何机关负责；二是在体制上司法权只接受监督不接受命令。如果在司法制度上允许一种权力去领导或指挥审判权，那么它的前提条件是这种权力应比司法权更公正，如果真是这样，这种权力便可包揽审判活动，司法权就是多余的了。

（五）法律工作的职业性

法律职业的特点是：有基础相同的法学修养和运用法律的艺术；有共同的为社会大众服务的精神和追求，坚持、实现社会正义的道德情操；有利益相关的社会同一阶层的意识及与阶层意识相符的语言特点、思维方式、仪表风范和行为气度。这些特点决定了法律职业在主体上的专家化和在工作上的专业化以及在工作结果上的艺术化。法律职业内部的差别，不影响他们对公平的共同追求。如果说公平在更大意义上指的是公众能接受的关于付出与所得间比例关系的观念，那么若由法律职业家们从更多个角度提出对公平的看法，或许司法的效果会更接近公平。司法的权力经过了道德知识的净化后会变成十分神圣的东西。法律工作非职业化，无论法治的实体价值或是形式价值，都会在从业者的无知和盲从中丧失。一般说来，一个社会对法官、检察官的尊重程度，直接表明这个社会的法治程度。同理而言，法官、检察官对律师的尊重程度，则表明了这个社会的公正程度。法官如果不尊重律师，法官也不会受到社会的尊重。而法官的受尊重和律师的受尊重，都源于他们对公正的职业追求，也缘于他们因良好的专业训练而养成的排除权力随意性和善于捕捉公正的理性能力。法治社会缺乏了主体条件的保障，即使有良法，也未必出现良法之治。

第五节 本章知识点、例题与习题、习题解答、思考题

一、本章知识点

法和法学的概念，法的本质、特征和作用；法的渊源、分类和历史类型；社会主义法律意识、社会主义民主与法制、依法治国等的含义；达到了解和掌握法的基本理论。

二、例题与习题

（一）判断题

1. 法是由国家强制力保证实施的行为规范，而其他社会规范，如道德、宗教等都不具有强制力。

2. 我国社会主义法律渊源主要分为以下几类：宪法、行政法、刑法、婚姻法、经济法、劳动法、刑事诉讼法、民事诉讼法、行政诉讼法等。

3. 法是由国家制定或认可的，因此先有国家后有法律。

4. 社会主义法体现的是全民意志。

5. 法律的时间效力是指法律的生效、法律的失效以及法律的修改。

6. 社会主义法的适用是国家专门机关的专门活动。

7. 法是体现统治阶级意志的特殊社会规范，因此，体现统治阶级意志的社会规范就是法。

8. 我国民族自治地方的自治法规，包括自治条例和单行条例，是由民族自治地方人民代表大会制定的规范性文件，它同地方性法规具有同等地位和法律效力。

（二）不定项选择题

1. 法是统治阶级的（　　）。

A. 整体意志　　B. 个别意志的总和

C. 每一个成员的意志　　D. 领导下的全社意志

2. 在阶级社会中，法的实施主要靠（　　）。

A. 社会舆论　　B. 领导威信

C. 自觉遵守　　D. 国家强制力作保证

3. 社会主义民主和社会主义法制的关系是(　　)。
   A. 民主是法制的前提,法制是民主的保障
   B. 民主是法制的内容,法制是民主的形式
   C. 民主是法制的本质,法制是民主的现象
   D. 民主是法制的保障,法制是民主的前提
4. 律溯及力是指法律颁布后(　　)是否适用。如果适用,就是有溯及力;如果不适用,就是无溯及力。
   A. 对其生效以后发生的事件　　B. 对其生效以后的行为
   C. 对其生效以前发生的事件和行为　　D. 对其生效以后发生的事件和行为
5. 我国社会主义法适用的基本要求是(　　)。
   A. 以事实为根据,以法律为准绳　　B. 正确、合法、及时
   C. 实事求是,有错必纠　　D. 从重从快
6. (　　)是我国社会主义法的渊源的重要组成部分。
   A. 宪法、法律
   B. 国务院发布的行政法规
   C. 最高人民法院和最高人民检察院的司法解释
   D. 我国参加的国际条约
7. 在我国,法律监督的专门机关是(　　)。
   A. 国家审判机关　　B. 国家检察机关　　C. 国家监察机关
8. 有权制定和颁布行政法规的国家机关是(　　)。
   A. 全国人大　　B. 全国人大常委会
   C. 国务院　　D. 国务院下属各部委
9. 世界上奴隶制法律最具代表性的是(　　)。
   A.《罗马法》　　B.《法经》　　C.《谢尔曼法》　　D.《唐律》
10. 在我国,司法机关是指(　　)。
    A. 公安机关、审判机关、检察机关　　B. 立法机关、执法机关
    C. 公安机关、审判机关　　D. 审判机关、检察机关
11. 法律关系的客体不包括(　　)。
    A. 自然人　　B. 行为　　C. 物　　D. 精神财富
12. 法的关系根源于(　　)。
    A. 物质生活条件　　B. 人与人的关系
    C. 思想社会关系　　D. 财产关系
13. 按照制定和实施法律的主体不同,法律可以被划分为(　　)。
    A. 国内法和国际法　　B. 一般法和特别法
    C. 根本法和普通法　　D. 实体法和程序法

三、习题解答

(一) 判断题

1. √; 2. ×; 3. √; 4. ×; 5. ×; 6. √; 7. ×; 8. ×。

(二) 不定项选择题

1. A; 2. D; 3. A; 4. C; 5. C; 6. ABD; 7. B; 8. C; 9. A; 10. A; 11. A; 12. A; 13. A。

四、思考题

1. 如何理解法的本质?
2. 法的起源的一般规律是什么?
3. 法区别于其他社会规范的主要特征有哪些?
4. 我国社会主义法有哪些形式?
5. 怎样理解社会主义民主和社会主义法制的相互关系?
6. 什么是法律关系?它同其他社会关系有何区别?
7. 什么是法律事实?试举例说明法律关系产生、变更和消灭的条件或根据。
8. 简述我国的基本法律制度有哪些?
9. 试述立法程序制度化、法律化对于健全社会主义制度的意义。
10. 什么是法治?怎样建设社会主义法治国家?

第二章 宪 法

教学目的

通过教学使学生了解和掌握以下知识点：宪法的概念、基本特征及我国宪法的发展史；国家的基本制度，我国宪法对国家性质、政权组织形式、国家机构、国家制度、经济制度和公民的基本权利和义务的规定。通过学习宪法，使学生能够理解宪法的性质，自觉遵守宪法，维护祖国统一和民族团结，为国家政权的巩固尽自己的力量。

第一节 宪法概述

一、宪法的概念

宪法是国家的根本法，是规定国家基本制度和原则的总章程。宪法是法律部门中最高的一个部门，就宪法的实质而言，它与其他法律一样，决定于统治阶级生存的物质生活条件，反映的是上升为国家意志的统治阶级的意志，由国家强制力保障其实施，是统治阶级治理国家的工具。但是，宪法与一般法律不同，它是国家的根本大法，是民主政治的产物，是民主制度法律化的基本形式，反映着阶级力量的实际对比关系，在一国的法律体系中占有特殊重要的地位。

二、宪法作为根本法的基本特征

宪法与刑法、民法、行政法、诉讼法等都是一个国家法律体系的组成部分，但它们在一个国家法律体系中的地位是不相同的。宪法是国家的根本法，即“法律的法律”，而其他普通法律则居于宪法之下。宪法的这种根本法的地位，是由宪法与普通法律相比较而在法律范畴所具有的特征决定的。

（一）宪法的内容不同于普通法律

宪法的内容涉及一个国家的政治、经济、文化、社会、对外交往等各方面的重大原则性问题，涉及国家的根本制度和基本制度问题。如我国宪法规定了我国的社会制度和国家制度的基本原则、国家性质、政权组织形式、国家结构形式、公民的基本权利和义务、中央及地方国家机构的设置和各国家机关之间的相互关系，以及国旗、国徽、首都等。这些内容是我国国家生活和社会生活中最根本、最重要的问题。而普通法律所规定的内容，只涉及国家生活或社会生活中某一方面的重要问题，如婚姻法主要涉及婚姻和家庭方面的问题，刑法主要规定什么是犯罪及对犯罪行为如何追究刑事责任的问题。

（二）宪法的效力不同于普通法律

宪法所规定的内容是国家生活和社会生活中最根本性的问题，因此，统治阶级赋予宪法以最高的法律效力。宪法的最高法律效力主要表现在以下两个方面。

1. 宪法是普通法律的制定基础和依据

宪法的功能就是确定国家生活和社会生活中的根本制度、基本制度和基本原则，再由普通法律依据宪法的规定进行具体化，成为社会实际生活的具体规范。宪法与普通法律的关系是“母法”与“子法”的关系，普通法律是由宪法派生出来的。因此，国家立法机关在进行立法时，必须依据宪法的规定，以宪法的规定为基础。无论普通法律是否明确规定其是依据宪法而制定的，事实上它们都是依据宪法的规定制定的。如《中华人民共和国国家赔偿法》第一条规定：“为保障公民、法人和其他组织享有依法取得国家赔偿的权利，促进国家机关依法行使职权，根据宪法，制定本法。”宪法上相应的根据是第四十一条第三款，即“由于国家机关和国家工作人员侵犯公民权利而受到损失的人，有依照法律规定取得赔偿的权利。”有的法律内容在宪法中可能没有相应的明确规定，但也是根据宪法的规定而制定的，不过其依据是宪法的原则或精神。如《中华人民共和国行政诉讼法》在宪法上就没有明确的依据，但它也是根据宪法关于社会主义法制的基本精神、对国家机关及其工作人员的基本要求及保障公民的基本权利的规定而制定的。

2. 普通法律中与宪法相抵触的规定无效

国家立法机关制定的任何普通法律都具有法律效力，但是其前提必须是与宪法相一致。如果普通法律的规定与宪法的规定、原则及精神相抵触，或者相抵触的部分无效，或者全部无效。即违反宪法的法律不是法律，当然也就没有法律效力。

（三）宪法的制定和修改程序不同于普通法律

同样因为宪法所规定的内容是国家生活和社会生活中最根本性的问题，为了保证宪法的尊严和相对稳定性，并从形式上赋予其最高法律效力，绝大多数国家在制定宪法和修改宪法的程序上的要求比普通法律更为严格。

1. 宪法的制定方面

在宪法制定方面，与普通法律的制定相比较，主要有两点不同：(1)宪法的制定一般要求成立一个专门机构，如制宪会议、制宪议会、宪法起草委员会等，该专门机构的职责就是起草或者制定宪法，在完成起草或者制定宪法的任务以后，该专门机构即予以解散。如美国为起草1787年宪法，由各州推选的代表在费城召集了“制宪会议”；法国为制定1791年宪法，将原来三级会议中的第三等级组成“制宪议会”；我国在制定1954年宪法时，就曾专门成立了“宪法起草委员会”。一般情况下，普通法律的起草和制定由常设的立法机关进行，无须成立专门的机构；有时虽然普通法律的起草由特定的专门机构进行，但其通过只能由立法机关进行。(2)宪法草案的通过程序比普通法律严格，一般要求最高立法机关的议员或者代表的特定多数，如三分之二、四分之三或者五分之四以上同意；有的国家还要求举行全民公决，由有选举权的半数以上的选民通过；在一些联邦制国家，还要求由组成联邦的各成员国或者多数成员国(州、邦、共和国)通过。而普通法律的通过只要求立法机关的议员或者代表过半数同意即可。如我国宪法第六十四条第二款规定：“法律和其他议案由全国人民代表大会以全体代表的过半数通过。”

2. 宪法的修改方面

在宪法修改方面，与普通法律的修改相比较，宪法修改主要有三点严格要求：(1)只有宪法规定的有限的特定主体才能提出修改宪法的有效议案。我国宪法第六十四条第一款规定，宪法的修改由全国人民代表大会常务委员会或者五分之一以上的全国人民代表大会代表提议。因而，在我国，除此两个特定的主体以外的一切组织和个人都无权向全国人民代表大会提出有效的修改议案。而有权提议修改普通法律的主体则更广泛一些，即凡是有权向立法机关提出法律草案的主体都有权提议修改法律。(2)修改宪法的程序比普通法律严格。我国宪法规定，修改宪法由全国人人民代表大会以全体代表的三分之二以上的多数通过，而普通法律的修改由全国人民代表大会及其常务委员会以全体代表或委员的过半数通过即可。(3)有些国家明确规定宪法的某些内容不得修改或者在宪法通过以后的一定时间内不得修改宪法。在符合宪法规定及法定的法律修改程序的前提下，普通法律的修改一般没有限制。

三、新中国宪法的历史发展

(一) 共同纲领

新中国成立前后，先后颁布实施了一个宪法性文件和四部宪法，即《中国人民政治协商会议共同纲领》(以下简称“《共同纲领》”)、1954年宪法、1975年宪法、1978年宪法和1982年宪法。共同纲领是我国建国初期的临时宪法。

《共同纲领》由中国人民政治协商会议第一届全体会议于1949年9月29日颁布，它肯定了中国人民革命的胜利成果，宣告了帝国主义、封建主义和官僚资本主义在中国统治的结束和新中国的建立，规定了新中国的国体、政体和公民的基本权利与义务等国家基本制度与重大问题，规定了新中国在政治、经济、文化、教育、民族和外交等方面的基本政策。它是建国初期团结全国人民共同前进的政治基础和战斗纲领，对于巩固人民政权，加强革命法制，维护人民权利，恢复和发展国民经济有着重要的指导意义。

(二) 1954年宪法

1954年宪法由第一届全国人民代表大会第一次会议于1954年9月20日通过。这是新中国第一部社会主义类型的宪法。

1954 年宪法的主要内容是：规定我国是工人阶级领导的、以工农联盟为基础的人民民主国家；规定我国实行人民代表大会制度；规定我国实行民族区域自治制度；规定了国有经济在国民经济中的领导地位和国家优先发展国营经济的政策；规定了由新民主主义过渡到社会主义的方法和步骤；规定了公民在法律上一律平等的原则和公民广泛的权利与自由。

1954 年宪法的主要特点是：它确认了人民民主原则和社会主义原则，又从中国的现实出发在规定实现人民民主和社会主义制度的方法和步骤上，不拘泥于某种固定的模式，反映了原则性和灵活性的结合；它以《共同纲领》为基础而产生，记载了我国人民一百多年来英勇奋斗的胜利成果，又总结了建国五年来革命和建设的经验，丰富和发展了《共同纲领》，体现了历史与现实的结合；它确认了生产资料社会主义公有制和社会主义建设与改造的基本路线，保证消灭剥削制度和建立社会主义社会，又规定保护资本家的生产资料所有权和其他资本所有权，反映出社会主义过渡时期的特点。

（三）1975 年宪法

1975 年宪法是由第四届全国人民代表大会第一次会议在对 1954 年宪法进行修改的基础上，于 1975 年 1 月 17 日颁布的。这部宪法继承了 1954 年宪法有关社会制度和国家制度基本原则的规定，反映了我国已经进入了社会主义社会这一事实。但是由于它是在十年动乱这一特殊的历史阶段修改的，从总体上以强调阶级斗争为纲的所谓社会主义历史阶段基本路线为指导思想，因而又不可避免地存在着严重的缺点和错误。与 1954 年宪法相比，1975 年宪法无论是在形式上还是在内容上都是一次大倒退。

（四）1978 年宪法

1978 年宪法由第五届全国人民代表大会第一次会议于 1978 年 3 月 5 日通过。

1978 年宪法是在我国进入新的历史发展时期的根本法，其主要特点是：充分反映了中国共产党的十一大路线，将新时期的总任务用宪法的形式肯定下来；总结拨乱反正的初步成果，反映全国人民发扬社会主义民主，健全社会主义法制的强烈愿望；取消了 1975 年宪法中的某些错误规定。但是由于当时清除极左流毒和影响的工作正在进行，许多是非问题在理论上和政治上还没能分清，因此 1978 年宪法也未能完全摆脱极左思想的影响，仍然存在着许多问题，仍需进行全面修改。

（五）1982 年宪法

1982 年宪法是我国现行宪法，由第五届全国人民代表大会第五次会议于 1982 年 12 月 4 日通过。它由序言、总纲、公民基本权利和义务、国家机构，国旗、国徽和首都等四章组成，共一百三十八条。它继承和发展了 1954 年宪法的基本原则，全面总结了我国社会主义建设正反两方面的经验，反映了我国改革开放以来各方面取得的巨大成就，规定了国家的根本任务和发展措施。它的制定和实施，标志着我国社会主义民主和法制建设走上了一个新的台阶。

1982 年宪法的指导思想是坚持四项基本原则，即坚持社会主义道路、坚持人民民主专政、坚持中国共产党的领导、坚持马克思列宁主义、毛泽东思想，它是中国各族人民团结前进的共同的政治基础，也是现代化建设的根本保证。

1982年宪法在突出体现四项基本原则的同时，还体现了以下几个方面的基本精神：第一，根据建设有中国特色社会主义的理论，集中力量进行社会主义现代化建设。第二，发展社会主义民主，健全社会主义法制。发展社会主义民主，健全社会主义法制是实现社会主义现代化的根本保证，1982年宪法将其确定为国家的根本任务之一，并规定了各种制度和形式以保证它们的实现。第三，维护国家统一和民族团结。这是中国各族人民的利益所在，也是实现社会主义现代化的重要保证，为了实现国家统一和民族团结，1982年宪法进一步完善了民族区域自治制度，并根据“一国两制”的原则规定了特别行政区制度。第四，坚持改革开放，促进经济体制改革和政治体制改革。

随着我国改革开放的深入和社会主义建设事业的发展，我国的政治、经济、文化等领域也发生了很大的变化。为了适应这一变化，1988年4月12日第七届全国人民代表大会第一次会议和1993年3月29日第八届全国人民代表大会第一次会议分别通过了《中华人民共和国宪法修正案》，对1982年宪法规定的国家根本任务和经济制度、政治制度的一些具体内容，进行了相应的修改和补充。

1999年3月15日，第九届全国人民代表大会二次会议通过了《中华人民共和国宪法修正案》，其内容包括：

1. 在宪法序言中规定邓小平理论的指导地位，并规定我国将长期处于社会主义初级阶段。

2. 宪法第五条增加一款，规定：“中华人民共和国实行依法治国，建设社会主义法治国家”。

3. 宪法第六条中增加规定：“国家在社会主义初级阶段，坚持公有制为主体，多种所有制经济共同发展的基本经济制度，坚持按劳分配为主体，多种分配方式并存的分配制度”。

4. 把宪法第八条第一款中“家庭联产承包为主的责任制”修改为“农村集体经济组织实行家庭承包经营为基础、统分结合的双层经营体制”。

5. 把宪法第十一条修改为“在法律规定范围内的个体经济、私营经济等非公有制经济，是社会主义市场经济的重要组成部分。”“国家保护个体经济、私营经济的合法的权利和利益。国家对个体经济、私营经济实行引导、监督和管理”。

6. 把宪法第二十八条中规定的“反革命的活动”修改为“危害国家安全的犯罪活动”。

这次宪法的修改对于进一步完善宪法体制，推进依法治国的进程将产生重要的意义。

2004年3月14日，第十届全国人民代表大会第二次会议通过了《中华人民共和国宪法修正案》，修正内容如下所示：

1. 宪法序言的修改。将“三个代表”思想写入宪法。

2. 宪法第十条第三款，国家为了公共利益的需要，可以依照法律规定对土地实行征收或者征用并给予补偿。

3. 宪法第十一条第二款，国家鼓励、支持和引导非公有制经济的发展。

4. 宪法第十三条，公民的合法私有财产不受侵犯。

5. 宪法第十四条，国家建立健全和经济发展水平相适应的社会保障制度。

6. 宪法第三十三条，国家尊重和保障人权。

7. 宪法第五十九条，全国人大有各省、自治区、直辖市、特别行政区和军队选出的代表组成，个少数民族都应当有适当的代表。

8. 宪法第八十条，国家主席的职权。

9. 宪法第八十一条，国家主席在外事活动中的职权和代表权。

10. 宪法第八十九条，国务院关于地区进入紧急状态的职权规定。

11. 宪法第九十八条，地方各级人大代表换届的时间调整为5年。

12. 宪法第四章改为"国旗、国歌、国徽、首都"；第一百三十六条增加一款：中华人民共和国的国歌是《义勇军进行曲》。

第二节　国家的基本制度

一、我国的国家性质——国体

（一）我国的国体

国体也称国家性质，即国家的阶级本质。马克思主义认为，国家是阶级矛盾不可调和的产物，是实施阶级统治的重要工具，因而国家的实质必然表现为一个阶级对另一个阶级的专政。因此，国家政权掌握在哪一个阶级手中，在国家生活和社会生活中各阶级之间的关系如何等问题，构成了马克思主义宪法学中国体的基本内容。概而言之，所谓国体是指社会各阶级在国家生活中的地位和作用。我国现行的1982年宪法规定："中华人民共和国是工人阶级领导的、以工农联盟为基础的人民民主专政的社会主义国家。"宪法的这一规定明确了我国的国家性质，即我国是人民民主专政的社会主义国家。人民民主专政制度是中国共产党领导中国人民创造的一种具有中国特色的制度，其基本特点主要体现在以下几个方面。

第一，它以工人阶级为领导阶级。工人阶级是我国的领导阶级，这是由我国工人阶级的特点和历史地位决定的。工人阶级是先进生产力的代表，他们最有远见，最大公无私，最富于组织性和纪律性，工人阶级具备远大目标和理想，能肩负起彻底消灭一切剥削制度，消灭阶级差别，最终实现共产主义的历史使命。工人阶级对国家的领导是通过自己的先锋队——中国共产党来实现的。只有在中国共产党的领导下，中国工人阶级才能认识到自身所承担的伟大历史使命，才能作为一个强有力的阶级来行动，才能夺取最终的胜利。

第二，它以工农联盟为阶级基础，以知识分子为依靠力量之一。在我国，农民占人口的绝大多数，农业是国民经济的基础，人民民主专政离不开农民阶级。农民阶级是工人阶级的天然盟友，工人阶级只有得到广大农民的支持和参与，才能实现自己的历史使命，而广大农民也只有在工人阶级的领导下，才能求得翻身解放，当家做主人。知识分子从来都不是一个独立的阶级，而是从属于不同阶级的特殊阶层。在现阶段，我国的知识分子从总体上讲已经成为工人阶级的组成部分，因此也是人民民主专政的依靠力量之一。

第三，它以广泛的爱国统一战线为政治联盟。我国的人民民主专政与一般的无产阶级专政没有根本性的差别，无产阶级专政不是无产阶级一个阶级的专政，也不是无产阶级与农民阶级两个阶级的联合专政，而是范围非常广泛，团结在爱国统一战线的旗帜下，由工人阶级领导的以工农联盟为基础的，包括工人、农民和知识分子在内的全体社会主义劳动者、拥护社会主义的爱国者组成的广大人民的专政。

第四，它以对人民实行民主和对敌人实行专政的有机结合为内容。人民民主专政是对人民民主与对敌人专政的有机结合。对人民实行民主和对敌人实行专政，二者互相依存、互为条件，因为对人民实行民主是对敌人实行专政的基础，而对敌人实行专政则是对人民实行民主的保障。只有建立在广泛民主基础上的专政才有力量，也只有在强有力的专政保障下的民主才是可行的。

（二）爱国统一战线与中国人民政治协商会议

在现阶段，我国的爱国统一战线是由中国共产党领导的，有各民主党派和各人民团体参加的，包括全体社会主义劳动者、拥护社会主义的爱国者和拥护祖国统一的爱国者的广泛联盟。人民民主专政不仅需要工农联盟，还要工人阶级和其他一切爱国者的联盟，从而才能团结一切可以团结的力量，调动一切积极因素，去完成不同时期的任务。所以说，爱国统一战线，不仅是我国在新民主主义革命时期取得胜利的三大法宝之一，而且在新的历史时期，将继续发挥着十分重要的作用。

中国人民政治协商会议是有广泛代表性的统一战线组织，它由中国共产党、各民主党派、各人民团体、各界代表和特别邀请参加的个人组成。其主要职能是：对国家大政方针、重要事务等问题进行政治协商，并通过批评建议，发挥民主监督作用。

二、我国的政权组织形式——政体

（一）人民代表大会制度

政体指的是掌握国家权力的阶级实现国家权力的政权体制，是形成和表现国家意志的方式，或者说是表现国家权力的政治体制。具体地说来，政体包括统治阶级通过建立何种政权体制去体现统治阶级与被统治阶级的关系，由谁作为国家权力的代表或象征，并以何种方式和手段将所形成的国家意志向社会予以表达，以什么名义来表达等内容。政体与国体之间是一种形式与内容的关系。政体从属于国体，一般说来，有什么样的国体，就有什么样的与之相适应的政体。政体对国体具有反作用。

我国的政体是人民代表大会制度。所谓人民代表大会制度是指我国人民在中国共产党的领导下，按照民主集中制的原则，组织各级人民代表大会，并以各级人民代表大会为基础产生其他国家机关，组成统一协调的国家政权机关体系，行使国家权力，实现人民当家做主权力的一种制度。人民代表大会制度是我国实现社会主义民主的基本形式，也是我国的根本政治制度，符合我国的基本国情，具有极大的优越性。

第一，人民代表大会制度便于人民参加国家管理。根据宪法和人民代表大会组织法的规定，我国各级人大代表都由选民通过直接或者间接选举的方式产生；各级人大代表必须对选民或者原选举单位负责，受选民或者原选举单位的监督，选民或者原选举单位有权依法撤换自己选出的代表；人大代表必须深入选民中了解他们的意愿，及时向选民或者原选举单位报告自己的工作，听取他们对自己工作的意见和要求；人大代表有权根据民主集中制的原则，讨论和决定国家生活中的重大问题等。这就从制度上保证了我国人民行使当家做主、管理国家的权利。

第二，人民代表大会制度便于集中统一地行使国家权力。我国宪法规定，国家的一切权力属于人民，人民行使国家权力的机关是全国人民代表大会和地方各级人民代表大会。这一规定表明，人民代表大会制度体现了国家权力与人民权力的统一。同时，各级国家行政机关、审判机关和检察机关都由同级人民代表大会选举产生，对它负责，受它监督，充分表明各级人民代表大会作为国家权力机关，在国家权力的行使和实现过程中处于主导支配地位。因此，人民代表大会制度最便于集中统一地行使国家权力。

第三，人民代表大会制度既能保证中央的集中统一领导，又能保证地方主动性和积极性的发挥。由于人民代表大会作为国家权力机关，在国家机关体系中处于主导支配地位，因而人民代表大会制度是将国家机关之间、中央与地方之间的权力关系有序化，是既保证中央统一行使国家权力，又保证地方主动性、积极性得以充分发挥的关键。具体说来，全国人民代表大会是最高国家权力机关，集中统一地行使国家权力。凡是全国性的重大问题都由全国人民代表大会及其常务委员会做出决定，地方各级人民代表大会及其常务委员会则有权决定地方性的重大事项。

（二）我国的选举制度

我国的选举制度是人民通过直接或间接选举的方式，民主选出代表组成各级人民代表大会，行使国家权力的最好途径，它是人民代表大会制度的重要组成部分。宪法对我国选举制度的原则作了规定：

(1) 选举权的普遍性原则。凡中华人民共和国年满18周岁的公民，不分民族、种族、职业、家庭出身、宗教信仰、教育程度、财产状况和居住期限，都有选举权和被选举权。

(2) 选举权的平等原则。每个选民在每次选举中只能在一个地方并只能享有一个投票权。

(3) 直接选举和间接选举并用原则。不设区的市、市辖区、乡、民族乡、镇和县、自治县的人民代表由选民直接投票选举产生；全国人大和省、自治区、直辖市、自治州、设区的市的人大代表间接选举产生。

(4) 秘密投票原则。在选票上不记投票人的姓名，选民按照自己的意愿填写选票，并自行投入票箱。

(5) 代表接受选民监督原则。代表应对选民负责，选民有权监督和罢免自己选出的代表。

(6) 国家为选举提供物质和法律保障的原则。所有选举费用都由国库开支，对使用暴力、威胁、欺骗、贿赂等非法手段破坏选举或妨害选民自由行使选举权、被选举权的人，将依法予以制裁。

三、我国的国家结构形式

（一）我国是单一制的国家

国家结构形式是指特定国家的统治者根据一定原则来划分国家内部区域，调整国家整体和组成部分、中央和地方之间的相互关系。当代世界各国的国家结构形式主要分为单一制和联邦制两种。单一制国家是由若干行政区域或自治单位所组成的统一国家，全国只有一个最高权力机关、一个中央政府和一部宪法，各行政区域或自治单位均受中央统一领导，国家整体是代表国家对外关系的唯一主体。联邦制国家是由若干个成员国(邦、州、共和国)组成的联盟国家,它除了联邦宪法和联邦中央机关外,各成员国还有自己的宪法和立法机关、行政机关,联邦中央和各成员国之间根据联邦宪法划分权限,国家的部分权力划归成员国行使。我国宪法规定,中华人民共和国是全国各民族人民共同缔造的统一的多民族国家。这表明我国采用的是单一制国家结构形式。

首先,我国自秦汉以来,一直是统一的中央集权制的国家,两千多年来,祖国的统一,民族的团结,是历史的主流;

其次,我国除汉族以外还有55个少数民族,各民族在长期的历史发展和相互交往中,形成了大杂居和小聚居的分布情况;

第三,少数民族地区的经济和文化较落后,但自然资源丰富,而汉族地区经济文化相对较先进,而自然资源较短缺;

第四,国际上总有一些敌对势力挑拨我国民族关系,妄图分裂我们的国家。基于上述原因,我国采用单一制的国家结构形式是历史发展的必然,是客观现实的需要,有利于合理使用人力和物力资源,加速少数民族地区经济文化的发展,维护祖国的统一。

(二)实行民族区域自治

宪法第四条第三款规定:“各少数民族聚居的地方实行区域自治,设立自治机关,行使自治权。各民族自治地方都是中华人民共和国不可分离的部分。”实行民族区域自治是在我国采取单一制国家结构形式的情况下,考虑到各少数民族的特殊性而确立的一项重要制度,以赋予少数民族聚居的地方实行区域自治的权利,即作为自治机关的地方人民代表大会和人民政府、除行使宪法规定的职权外,还可以依法行使自治权。从而既保证了祖国的统一、民族的团结,又保障了少数民族自主管理本民族内部事务的权利。这体现了全国各族人民的共同利益和各少数民族特殊利益的正确结合。

(三)特别行政区

我国宪法第三十一条规定:“国家在必要时应设立特别行政区。在特别行政区内实行的制度按照具体情况由全国人民代表大会以法律规定。”特别行政区是指在我国版图内,根据我国宪法和法律规定设立的,具有特殊的法律地位,实行特别的政治、经济制度的行政区域。特别行政区是相对于一般行政区而言的。尽管特别行政区与一般行政区一样,都是中华人民共和国不可分离的一部分,都是中华人民共和国的地方行政区域单位,但特别行政区有其自身的特殊性。主要表现在:

1. 特别行政区享有高度的自治权。特别行政区的自治权包括:

(1) 行政管理权。除国防、外交以及其他根据基本法应当由中央人民政府处理的行政事务外,特别行政区有权依照基本法的规定,自行处理有关经济、财政、金融、贸易、工商业、土地、教育、文化等方面的行政事务。

(2) 立法权。特别行政区享有立法权。虽然立法机关制定的法律须报全国人民代表大会常务委员会备案,但并不影响该法律的生效。

(3) 独立的司法权和终审权。特别行政区法院独立进行审判,不受任何干涉;特别行政区的终审法院为最高审级,该终审法院的判决为最终判决。

(4) 自行处理有关对外事务的权力。根据规定,中央人民政府可授权特别行政区依照基本法自行处理有关对外关系的事务。

2. 特别行政区保持原有资本主义制度和生活方式 50 年不变。

香港基本法和澳门基本法都规定，在特别行政区不实行社会主义制度和政策，保持原有的资本主义制度和生活方式 50 年不变。这一规定充分体现了“一国两制”的基本方针。

四、我国的经济制度

经济制度即经济基础或经济结构，是指在人类社会一定历史发展阶段上占统治地位的生产关系的总和。经济制度是社会上层建筑赖以建立的基础。我国宪法第六条规定：“中华人民共和国的社会主义经济制度的基础是生产资料的社会主义公有制，即全民所有制和劳动群众集体所有制。”1999 年 3 月 15 日通过的《中华人民共和国宪法修正案》，对《中华人民共和国宪法》第六条增加规定：国家在社会主义初级阶段，坚持公有制为主体，多种所有制经济共同发展的基本经济制度，坚持按劳分配为主体，多种分配方式并存的分配制度。

（一）以公有制为主体的多种生产资料所有制

中国共产党的十五大报告明确指出，公有制经济不仅包括国有经济和集体经济，还包括混合所有制经济中的国有成分和集体成分。国有经济，即社会主义全民所有制经济。它是指由全体社会成员共同占有生产资料的公有制形式。国有经济是社会主义公有制经济的主要形式，在国民经济发展中一直起着主导作用，它掌握着国民经济的命脉，是国民经济的领导力量。只要坚持公有制为主体，国有经济的控制力和竞争力得到增强，在此前提下，国有经济的比重减少一些，一般不会影响我国的社会主义性质。集体经济，即社会主义集体所有制经济，是指由部分劳动群众共同占有生产资料的一种社会主义公有制形式。集体所有制经济是社会主义公有制经济的重要组成部分，在我国国民经济发展中起着极其重要的作用。混合所有制经济是指由不同所有制经济，以控股、参股等不同方式投资形成法人财产。由企业法人进行经营的企业，如股份制企业、中外合资和中外合作企业等，这些企业中的国有成分和集体成分，最终所有权属于国家和集体，所以，它们的国有成分和集体成分的经济权属性质属于公有制经济。

在以公有制为主体的条件下发展多种所有制经济，允许非公有制经济存在和发展，并使其成为我国社会主义市场经济的重要组成部分。我国的非公有制经济主要有个体经济、私营经济、港澳台投资经济和外商投资经济。对个体、私营等非公有制经济要继续鼓励、引导，使之健康发展。

（二）以按劳分配为主体的多种分配形式

按劳分配是指在各尽所能的前提下，由国家或集体组织根据劳动者向社会提供的劳动数量和质量分配给其生活资料和报酬。按劳分配原则是建立在生产资料公有制基础上的社会主义分配原则。目前，我国实行以公有制为主体的多种生产资料所有制形式，因此与之相适应的分配制度就是以按劳分配为主体，多种分配方式同时并存，按劳分配和按生产要素分配相结合的分配形式。实行多种分配形式，有利于多种经济成分的发展，有利于我国社会生产力的发展。

（三）实行社会主义市场经济

市场是将各种产品、服务、生产要素的买者和卖者连接起来的交换机制，是通过交换比价的形成及其变化来评价资源的稀缺程度，从而引导实现社会资源配置的一种手段。市场经济是指通过市场来调节国民经济各部门、各地区和社会再生产各环节之间经济联系的一种经济形式。宪法规定，我国实行社会主义市场经济。社会主义的市场经济是坚持以公有制的主体地位为前提，以按劳分配的主体地位为前提，以国家的宏观调控为前提的。我国将充分运用市场经济这一手段，来提高经济运行的效率，促进资源配置的优化，发展和促进社会主义生产力不断提高。

五、社会主义精神文明建设

我国宪法在强调以经济建设为中心的同时，高度重视社会主义精神文明建设，在序言、总纲、公民的基本权利和义务等章节，对社会主义精神文明建设的意义、内容、方针政策等都做了详细规定。

社会主义精神文明是社会主义制度的重要特征，也是社会主义制度优越性的重要表现。社会主义物质文明建设与社会主义精神文明建设既是互为条件，又是互为目的的。社会主义物质文明建设是社会主义精神文明建设的基础，没有社会主义物质文明建设，也就不可能有社会主义精神文明建设；另一方面，社会主义精神文明建设又为社会主义物质文明建设提供了巨大的精神动力，并保证社会主义物质文明建设的发展方向。因此，只有物质文明和精神文明都搞好，才能真正体现出中国特色的社会主义。社会主义精神文明建设包括思想道德建设和教育科学文化建设两个方面。为此，宪法规定国家发展社会主义教育事业、科学事业、医疗卫生事业、体育文化事业等，并进行理想教育、道德教育、文化教育、纪律和法制教育，爱国主义、集体主义和国际主义、共产主义教育，辩证唯物主义和历史唯物主义教育，提倡爱祖国、爱人民、爱劳动、爱科学、爱社会主义的公德，这对我国社会主义精神文明的建设具有重要意义。

第三节　公民的基本权利与基本义务

一、公民的基本权利与基本义务的概念

公民是指具有某个国家国籍的自然人。所谓国籍是指一个人属于某个国家的国民在法律上的身份确认，即这个人享有某一国家的公民资格并受该国法律保护。我国宪法第三十三条规定：“凡具有中华人民共和国国籍的人都是中华人民共和国公民。”

公民的基本权利是通过宪法规范所确定的一种综合性的权利体系，所谓基本权利，是指宪法赋予的、表明权利主体在权利体系中享有重要地位的权利。在权利体系中表明主体根本的政治、经济与社会地位的权利通常被纳入基本权利的范畴，体现权利的根本性、基础性与决定性。

公民的基本义务是指宪法规定的公民必须履行的法律责任。在社会生活中公民需要履行不同形式的法律义务,其中对于国家来说具有首要意义的义务,即对公民生活产生重大影响的义务构成宪法规定的义务。公民的基本义务决定着公民在国家生活中的政治与法律地位。

二、我国公民的基本权利体系

(一)平等权

平等权是我国宪法规定的基本权利体系的重要组成部分,是权利主体参与社会生活的前提与条件。平等权是通过宪法和法律规定的实体性的权利,同时又是现实中实际运行的权利。所谓平等权是指公民平等地享有宪法和法律规定的权利,平等地履行宪法和法律规定的义务,不受任何差别对待,要求国家同等保护的权利。

平等权是宪法规定的公民基本权利,同时也是必须坚持的宪法原则。保障平等权的理论与实践意义主要在于:有利于实现"一切权力属于人民"的宪法原则,保护公民的宪法地位与合法权益;保障平等权有助于公民平等地行使权利与平等地履行义务,反对特权与官僚主义,消除腐败现象;有助于协调国家权力与公民权利的相互关系,使两者处于平衡状态,强化政权的合宪性;保障平等权是建设社会主义法治国家的必然要求,是法治国家的重要标志。

(二)政治权利

所谓政治权利是指公民依据宪法和法律的规定,参与国家政治生活行为具有可能性。它表现为两种形式:一种是公民参与国家、社会组织与管理的活动,以选举权与被选举权的行使为基础;另一种是公民在国家政治生活中自由地发表意见,表达意愿的自由,通常表现为言论、出版、集会、结社、游行、示威自由等,简称政治自由。

(三)宗教信仰自由

宗教信仰自由作为公民的一项基本权利,属于人们的精神自由领域,反映了人们的内心信念。在我国,宗教信仰自由历来是宪法和法律所保护的重要权利。1954 年宪法规定:"中华人民共和国公民有宗教信仰的自由。"1982 年宪法根据公民权利发展的实际情况和宗教的特点,在 1954 年宪法的基础上对宗教信仰自由问题做了具体规定。

公民有宗教信仰的自由,也就是说,公民有信仰宗教与不信仰宗教的自由;有信仰这种宗教的自由,也有信仰那种宗教的自由;在同一种宗教中,有信仰这个教派的自由,也有信仰那个教派的自由;有过去信教而现在不信教的自由,也有过去不信教而现在信教的自由。宗教信仰自由作为一种权利体系,主要由信仰的自由、宗教活动自由、宗教仪式自由构成。

(四)人身自由

人身自由,又称人身(身体)权利自由,是指公民的人身不受非法侵犯的自由。人身自由是公民参加国家政治生活、社会生活的基础,是以人身保障为核心的权利体系。我国宪法第三十七条规定:"中华人民共和国公民的人身自由不受侵犯。任何公民,非经人民检察院批准或者决定或者人民法院决定，并由公安机关执行，不受逮捕。禁止非法拘禁和以其他方法非法剥夺或者限制公民的人身自由，禁止非法搜查公民的身体。”宪法这一条的规定实际上确立了人身自由的宪法地位，使之成为基本权利体系的基础。

（五）社会经济权利

社会经济权利是指公民依照宪法的规定享有的物质经济利益的权利，是公民实现其他权利的物质保障。社会经济权利是宪法在调整经济生活的过程中产生的，是宪法调整的重要形式。社会经济权利的基本特征是：

1. 社会经济权利是一种复合的概念。有关经济的自由权与经济权利共同构成社会经济权利体系，表现人们、在物质生活方面的需求。

2. 社会经济权利是以国家权力的积极而适度的干预为其条件。社会经济权利涉及的经济生活领域中，国家应采取积极的干预方式，为公民享有其权利提供充分的物质条件，特别是对社会弱者的权益给予关注。

3. 社会经济权利是宪法遵循的社会正义原则的体现。公民财产权、物质帮助权、劳动权等权利的保护实际上反映了社会生活中的社会正义价值，它是以国家承担某种义务为基础。从我国宪法和有关法律的规定看，社会经济权利包括：劳动权、休息权、物质帮助权、退休人员生活保障权。

（六）文化教育权利

文化教育权利是公民按照宪法的规定，在文化与教育领域享有的权利。其基本特征是：

1. 文化教育权利是一种综合性的权利体系，主要由文化权利与教育权利组成，是国家发展文化与教育事业的重要基础。

2. 文化教育权利在基本权利体系中所处的基础地位。文化教育权利的发展程度直接影响公民的政治权利、经济权利等基本权利的实现程度，是保障公民宪法地位不可忽视的因素。

3. 文化教育权利是主观权利与客观价值秩序的统一，权利主体有权请求国家积极创造条件，为公民实现文化教育权利提供各种条件与设施。

4. 文化教育权利的主体是公民，一般情况下只限于本国公民。

文化教育权利作为公民的基本权利，主要包括教育方面的权利和有关文化活动方面的权利。教育方面的权利主要表现为受教育权，文化活动方面的权利主要表现为科学研究的自由、文艺创作的自由和从事其他文化活动的自由。

（七）监督权

监督权是宪法规定的公民基本权利之一，是公民监督国家机关及其工作人员活动的权利。监督权的基本特征是：

1. 监督权是人民主权原则的具体表现。在我国，人民当家做主，人民有权通过监督权经常性地监督国家机关及其工作人员的活动，以保证国家权力的合法性。

2. 监督权的客体是国家机关及其工作人员的活动。监督的内容主要包括遵守国家法律、法规的情况。

3. 监督权的综合性。根据宪法规定,监督权由不同形式的具体监督权组成,不同形式监督权之间存在着内在联系。公民根据监督权客体的实际情况,自行选择适宜的方式。

(八) 妇女、婚姻、家庭、儿童、老人受国家保护的权利

宪法规定,妇女在政治、经济、文化、社会和家庭生活等各方面有同男子平等的权利,国家保护妇女的权利和利益。婚姻、家庭、儿童、老人受国家的保护,禁止破坏婚姻自由,禁止虐待老人、妇女和儿童。

(九) 国家保护华侨、归侨和侨眷的合法权益

华侨的正当权利和利益,归侨和侨眷的合法权利和利益受国家保护。

三、我国公民的基本义务体系

(一) 正确行使权利和自由

法律赋予每个公民一定的权利和自由,每个公民有责任依法行使。法律平等地保护每个公民的权益,当公民在行使权利和自由的时候,不得损害国家的、社会的、集体的利益和其他公民的合法权利和自由。

(二) 维护国家统一与民族团结

我国宪法规定,公民有维护国家统一和全国各民族团结的义务。维护国家统一就是要维护国家主权独立和领土完整;维护各民族团结,就是要维护各民族之间的平等、互助、亲如兄弟的关系。国家统一和民族团结是中华人民共和国屹立于世界的保证。

(三) 遵守宪法和法律

我国宪法第五十三条规定了公民遵守宪法和法律的义务。同条规定的"保守国家秘密、爱护公共财产、遵守劳动纪律、遵守公共秩序,尊重社会公德的义务"是遵守宪法和法律义务的具体化。

遵守宪法义务是指公民忠于宪法,维护宪法尊严,保障宪法实施的义务。这一义务是基于宪法规定的最高性而产生的,是宪法保障制度正常运转的重要条件。我国宪法规定,遵守宪法作为公民的基本义务具有三个方面的内容:一是宪法具有最高的法律效力,宪法规范是公民活动的最高行为规范与准则;二是公民有义务同一切违宪现象进行斗争,捍卫宪法尊严,恢复被损害的宪法秩序;三是遵守宪法义务中涉及的宪法不仅指我国现行的《中华人民共和国宪法》,同时包括我国宪法的基本原则与基本体系。

(四) 维护祖国安全、荣誉和利益

祖国安全指国家的领土完整和主权不受干扰,国家政权不受威胁。祖国安全是国家政权稳定和公民依法行使权利与自由的根本保障。只有在祖国安全得到保障的前提下,公民才有可能实现权利与自由,国家才能维护其政权的稳定与尊严。每一个公民必须要树立祖国安全高于一切的观念,同一切损害祖国尊严、危害国家安全的言行进行斗争。

祖国荣誉是指国家的声誉与荣誉不受损害，对有辱祖国荣誉，损害祖国利益的行为给予法律制裁。公民对祖国应当有自己的自尊心与自豪感，要把维护祖国荣誉作为自己神圣的职责，同一切出卖祖国利益，损害祖国尊严的行为进行斗争。

祖国利益是国家共同利益的集中体现，是相对于集体利益和个人利益而言的。祖国利益通常分为对内和对外两个方面的利益：对外利益主要是民族的政治、经济、文化等方面的权利和利益；对内利益主要是指国家利益，是公民利益的最高体现。公民在享受宪法规定的权利与自由的同时，必须要自觉地维护祖国利益，正确处理国家、集体与个人利益之间的相互关系，同损害祖国利益的行为进行斗争。

（五）依法服兵役和参加民兵组织

保卫祖国、抵抗侵略是中华人民共和国的每一个公民的神圣职责，依照法律服兵役和参加民兵组织是中华人民共和国公民的光荣义务。依法服兵役是公民的维护祖国安全、荣誉和尊严的实际行动，是公民的神圣义务。根据宪法和兵役法、国防法的规定，依法服兵役义务的主体是中华人民共和国公民，外国人不能成为服兵役义务的主体。

（六）依法纳税

纳税义务指纳税义务人依法向税收部门按一定比例缴纳税款的义务。税收是国家财政收入的主要来源，也是调节生产、流通、分配和消费的重要经济杠杆。国家根据“取之于民，用之于民”的目的，为保证经济建设的正常发展，制定了许多有关税收的法律、法规，公民应当自觉遵守，依法纳税。

第四节　我国的国家机构

一、国家机构的概念

任何国家为了实现管理本国社会共同事务，必须建立国家机构并授予一定的权力，行使和执行公共权力的事务，这些被授予权力的机构组织就是国家机构。在我国现代社会，国家的权力来自并体现全体人民共同意志的权力，国家授予的权力即全体人民共同授予的权力，以国家机关及其工作人员来具体行使被授予的公共权力。所以，国家机构是国家为实现其管理社会、维护社会秩序职能而建立的各类任务和分工不同的国家机关的总和。

二、我国的国家机构体系

国家机构是各个国家机关的总和。各个国家机关的有机组合，就构成了国家机构体系。我们可以根据单一制国家结构形式把国家机构分为中央国家机关和地方国家机关两大类，本节主要介绍中央国家机关。以宪法为依据，根据国家机构的职能和一定的原则，我国中央国家机关分为全国人民代表大会及其常务委员会、中华人民共和国主席、国务院、中央军事委员会、最高人民法院、最高人民检察院。

（一）全国人民代表大会及其常务委员会

1. 全国人民代表大会

全国人民代表大会是我国最高国家权力机关，又是国家的立法机关。我国宪法第二条规定："中华人民共和国的一切权力属于人民""人民行使国家权力的机关是全国人民代表大会和地方各级人民代表大会"。宪法的规定说明了全国人民代表大会的性质和它在整个国家机构体系中的地位。全国人民代表大会在我国国家机构体系中居于首要地位，其他任何国家机关都不能超越于全国人人民代表大会之上，也不能与它并列。全国人民代表大会及其常务委员会通过的法律和决议其他国家机关都必须遵照执行。

全国人民代表大会由人大代表组成。我国现行宪法和选举法规定，全国人民代表大会由省、自治区、直辖市和军队选出的人大代表组成；在香港和澳门成为特别行政区后，两地的全国人民代表大会代表将单独选出，不再列入广东省的名单内。这表明，我国实行地域代表制与职业代表制相结合、以地域代表制为主的代表机关组成方式。全国人民代表大会每届任期为五年。

我国宪法第六十二条的规定，全国人民代表大会的职权为：

（1）修改宪法、监督宪法的实施。宪法是国家的根本大法，只有全国人民代表大会能够有权代表全国人民修改宪法。全国人民代表大会是进行宪法监督的最高机关，监督各项法律、行政法规、地方性法规以及各种规章是否符合宪法的原则和条文规定，监督一切国家机关、武装力量、各政党和社会团体、各企业事业组织的行为是否违反宪法；

（2）制定和修改基本法律。基本法律是为实施宪法而由全国人民代表大会制定的最重要的法律，主要包括刑事、民事、国家机构的和其他的基本法律；

（3）选举、决定和罢免国家领导人；

（4）决定国家重大问题；

（5）最高监督权；

（6）其他职权。

全国人民代表大会在审议、讨论、决定国家重大决策和议案问题时，涉及专业性、技术性很强的问题，需要有专门知识的成员进行专业指导；另外，全国人民代表大会开会要在有限的会期中处理大量的亟须解决的问题，不可能对每项议案或问题做出详尽的审议。所以，宪法设立了各专门委员会和调查委员会，协助全国人民代表大会处理立法和决策过程中的具体工作。

2. 全国人民代表大会常务委员会

全国人民代表大会常务委员会是全国人民代表大会的常设机关，也是行使国家立法权的机关。它隶属于全国人民代表大会，必须服从全国人民代表大会的领导和监督，向全国人民代表大会负责并报告工作。全国人民代表大会常务委员会是在全国人民代表大会闭会期间行使国家权力，履行经常性的立法权、监督权的机关。全国人民代表大会常务委员会在每届全国人民代表大会第一次会议时，由全国人民代表大会从代表中选举委员长、副委员长若干人、秘书长和委员若干人组成。全国人民代表大会常务委员会的任期与全国人民代表大会相同，即五年。全国人民代表大会常务委员会的职权主要有：

（1）宪法解释权和宪法监督权；

（2）立法权和法律解释权。全国人民代表大会常务委员会在宪法规定的范围内行使立法权，有权制定和修改除由全国人民代表大会制定的基本法律以外的其他法律；

(3) 国家重大事项的决定权；

(4) 任免权；

(5) 监督权；

(6) 其他职权。

(二) 中华人民共和国主席

中华人民共和国主席是我国的国家元首，对内对外代表国家。它不是掌握一定国家权力的个人，而是一个国家机关，包括国家主席和副主席。国家主席是国家主权的代表，国家统一和民族团结的象征。由于国家主席的特殊法律地位，所以它有着最高的任职条件。国家主席、副主席的任职基本条件有两方面：一是政治方面，国家主席、副主席人选必须是有选举权和被选举权的中华人民共和国公民；二是年龄方面，必须年满四十五周岁。国家主席、副主席由全国人民代表大会选举产生，任期同全国人民代表大会每届任期相同，即都是五年，连续任职不得超过两届。我国国家主席没有个人决策权，他的职权要同全国人民代表大会及其常务委员会的职权结合起来行使。国家主席行使职权时，主要采取国家主席令的形式。根据我国宪法规定，国家主席的职权主要有以下四个方面：

1. 公布权。即公布法律、发布命令的权限；

2. 任免权。根据全国人民代表大会的决定和全国人民代表大会常务委员会的决定，任免国务院总理、副总理、国务委员、各部部长、各委员会主任、审计长、秘书长；

3. 外交权。国家主席代表国家接受外国使节，也即主持递交国书仪式；

4. 荣典权。

(三) 国务院

中华人民共和国国务院即中央人民政府，是最高国家权力机关的执行机关，是最高国家行政机关。国务院在全国行政机关系统中居最高地位，它统一领导地方各级人民政府的工作，统一领导和管理国务院各部委的工作。不过，国务院是由最高国家权力机关组织产生的，必须对全国人民代表大会及其常务委员会负责并报告工作，因此，相对于最高国家权力机关来说，国务院处于从属地位。

国务院由总理、副总理若干人、国务委员若干人、各部部长、各委员会主任、审计长、秘书长组成。国务院总理人选根据国家主席的提名，由全国人民代表大会决定；副总理、国务委员、各部部长、各委员会主任、审计长和秘书长根据总理的提名，由全国人民代表大会决定；国务院的每届任期与全国人民代表大会的任期相同，即为五年。宪法规定，总理、副总理、国务委员连续任职不得超过两届。

国务院整体实行总理负责制，各部委实行部长、主任负责制。总理负责制是指国务院总理对他主管的工作负全部责任，与此相联系，他对自己主管的工作有完全决定权。具体内容是：

1. 由国务院总理提名组成国务院；

2. 国务院总理领导国务院的工作。副总理、国务委员协助总理工作，其他组成人员都在总理领导下工作，向总理负责；

3. 国务院总理主持召开国务院常务会议和全体会议，对于所议事项总理有最后决定权，并对决定的后果承担全部责任。

国务院的职权也就是国家的最高行政权，根据宪法第八十九条的规定，国务院的职权大致有如下几个方面。

1. 法规制定权。包括规定行政措施、制定行政法规、发布决定和命令的权力；

2. 提案权。国务院是具体管理和组织经济建设和社会生活的最高行政机构。为了完成宪法和最高国家权力机关规定的各项任务，国务院有责任向最高国家权力机关提出有关法律草案、计划和报告以及计划和报告的执行情况等，经最高国家权力机关审议批准，使之成为指导全国社会生活和经济建设的法律文件。国务院的计划、报告都必须在全国人民代表大会及其常务委员会会议上以议案的形式提出；

3. 领导权。包括对所属部委和地方各级行政机关的领导权和监督权；

4. 管理权。包括对国防、民族、民政、文教、经济、华侨、外交等各项行政工作的领导和管理权；

5. 任免权。主要是对全国行政人员进行任免和奖惩的权力；

6. 行政区域划分权。国务院有权批准省、自治区、直辖市的区域划分，批准自治州、县、自治县、市的建置和区域划分；

7. 戒严宣布权。是指国务院有权决定省、自治区、直辖市范围内部分地区的戒严；

8. 其他职权。

（四）中央军事委员会

中央军事委员会是全国武装力量的最高领导机关。军队的指挥与管理本属于行政权的范围，但在我国，中国人民解放军是国家机器的重要组成部分，是人民民主专政政权的坚强柱石，在保卫国家、生产建设、救助灾难和精神文明建设以及在国家生活中都起着十分重要的作用。所以，我国军队在国家体制中居于重要地位，中央军委的设立正是对军队在国家生活中地位的确认，从而明确了军事武装力量在国家机构中的地位。

中央军委由主席、副主席若干人、委员若干人组成。中央军委主席由全国人民代表大会选举产生；根据主席的提名，全国人民代表大会决定其他组成人员的人选。中央军委每届任期同全国人民代表大会每届任期相同，即五年，但没有任期届数限制。中央军委实行主席负责制。中央军委主席有权对中央军委职权范围内的事务做出最后决策。中央军委领导的武装力量包括中国人民解放军和中国人民武装警察部队。中央军委主席对全国人民代表大会和全国人民代表大会常务委员会负责，从而确认中央军委在中央国家机关体系中从属于最高国家权力机关的法律地位，也确认了我国的武装力量属于人民的性质。

（五）最高人民法院和最高人民检察院

1. 最高人民法院

最高人民法院是国家的最高审判机关，统一监督地方各级人民法院和专门人民法院的审判工作。最高人民法院由院长、副院长若干人和审判员若干人组成。最高人民法院院长由全国人民代表大会选举和罢免，他既是国家最高司法人员，又是最高人民法院的行政领导人。副院长、审判员、审判委员会委员和军事法院院长，由全国人民代表大会常务委员会根据最高人民法院院长的提请任免。最高人民法院院长的任期与全国人民代表大会的每届任期相同，即为五年，连续任职不得超过两届。

最高人民法院在司法方面的具体职权范围是：审判全国性的重大刑事案件和在全国有重大影响的民事案件、经济纠纷案件以及它认为应当由自己审判的第一审案件；对各级人民法院已经发生法律效力的判决和裁定，如果发现确有错误，有权提审；对于最高人民检察院依审判监督程序提出的抗诉案件，审查其判决和裁定在认定事实和适用法律上是否正确，予以维持或纠正；对审判过程中如何具体适用法律的问题做出司法解释；对下级法院提出的疑难案件请示，作出答复或批复等。人民法院依照法律规定独立行使审判权，不受行政机关、社会团体和个人的干涉。

2. 最高人民检察院

人民检察院是国家的法律监督机关，最高人民检察院是行使国家最高检察权的机关，是保卫人民民主专政政权的重要工具之一。最高人民检察院的最高法律监督机关地位主要体现在领导体制上。依据我国现行宪法，我国各级人民检察院的关系是上下级的领导关系，即上级人民检察院领导下级人民检察院的工作，最高人民检察院领导地方各级人民检察院和专门人民检察院的工作。最高人民检察院由检察长、副检察长若干人和检察员若干人组成。最高人民检察院检察长由全国人民代表大会选举和罢免。副检察长、检察员、检察委员会委员、军事检察院检察长由最高人民检察院检察长提请全国人民代表大会常务委员会任免。最高人民检察院检察长的任期与全国人民代表大会的任期相同，每届五年，连续任职不得超过两届。最高人民检察院检察权的范围主要是：

(1) 提起公诉权。

(2) 侦查权。

(3) 审判监督权。

(4) 领导权。

人民检察院依照法律规定独立行使检察权，不受行政机关、社会团体和个人的干涉。

第五节　本章知识点、例题与习题、习题解答、思考题

一、本章知识点

什么是宪法，宪法的历史，我国宪法的发展，国家的基本制度，我国宪法对国家性质、政权组织形式、国家机构、国家制度、经济制度和公民的基本权利和义务的规定。

二、例题与习题

(一) 判断题

1. 全国人民代表大会常务委员会有权修改宪法。

2. 根据我国宪法的规定，只有全国人民代表大会才有权监督宪法的实施。

3. 根据我国宪法修正案的规定，任何组织或者个人不得侵占，买卖或者以其他形式非

法转让土地，但土地的使用权可以依照法律的规定转让。

4. 我国宪法的修改，必须有全国人民代表大会以全体代表的过半数通过。

5. 满十八周岁的中华人民共和国公民均有选举权。

6. 劳动和受教育既是我国公民的基本权利，也是基本义务。

7. 所有中华人民共和国公民都具有选举权和被选举权。

8. 在我国，公民是指工人、农民和知识分子，不包括被剥夺政治权利的犯罪分子。

9. 宪法规定，有宪法修改提议权的是全国人大主席团和全国人大常委会。

10. 特别行政区的自治权由全国人大通过制定法律确定。

11. 人民在法律面前一律平等，中华人民共和国一切权力属于公民。

12. 宪法是我国的根本大法，其效力高于其他法律。

13. 我国的国体是人民代表大会制。

14. 宪法规定，我国的土地所有权可以依照法律的规定实行转让。

15. 法是由国家强制力保证实施的行为规范，而其他社会规范如道德、宗教等都不具有强制力。

16. 我国国家行政机关的最高领导人是国家主席。

17. 中华人民共和国的一切权利属于人民。人民代表大会制度是中华人民共和国的根本制度。

（二）不定项选择题

1. 有权修改宪法的国家机关是（　　）。

A. 全国人大　　B. 全国人大常委会

C. 全国人大及其常委会　　D. 全国政治协商会议

2. 公民的社会经济权利包括（　　）。

A. 劳动就业权　　B. 劳动者休息权

C. 取得报酬权　　D. 物质帮助权

3. 我国宪法修改提议权，宪法规定属于（　　）。

A. 中共中央委员会　　B. 全国人大主席团

C. 全国人大常委会　　D. 全国人大常委会委员长

E. 五分之一以上的全国人民代表大会代表

4. 宪法规定，人民行使国家权力的机关是（　　）。

A. 全国人民代表大会　　B. 国务院

C. 地方各级人民代表大会　　D. 地方各级人民政府

E. 居民委员会和村民委员会

5. 我国宪法的修改须有全国人民代表大会（　　）。

A. 代表的三分之二的多数通过　　B. 代表的三分之二以上的多数通过

C. 全体代表的三分之二的多数通过　　D. 全体代表的三分之二以上的多数通过

6. 我国宪法规定的公民在法律面前一律平等原则是指（　　）。

A. 十八岁以上公民在法律面前平等

B. 凡具有中华人民共和国国籍的人在法律面前平等

C. 人民在法律面前平等

D. 居住在中国境内的公民在法律面前平等

7. 公民是(　　)。

A. 是政治概念　　B. 是法律概念

C. 不是政治概念也不是法律概念　　D. 既是政治概念也是法律概念

8.《中华人民共和国宪法》中的哪项规定充分表明了我国的国家性质?(　　)。

A. 中华人民共和国是工人阶级领导的、以工农联盟为基础的人民民主专政的社会主义国家

B. 中华人民共和国的一切权力属于人民

C. 中华人民共和国各民族一律平等

D. 中华人民共和国的国家机构实行民主集中制的原则

9. 由全国人民代表大会选举产生的人员是(　　)。

A. 国家主席、副主席

B. 国务院总理

C. 中央军事委员会主席

D. 最高人民法院院长、最高人民检察院检察长

10. 根据我国现行宪法的规定,在政治上公民享有的权利和自由包括(　　)。

A. 选举权和被选举权

B. 言论、出版、集会、结社、游行、示威的自由权

C. 人身自由、人格尊严不受侵犯权

D. 进行科研、文艺创作和其他文化活动的自由权

11. 根据我国宪法的规定,我国的国家机构由国家权力机关、国家主席、国家行政机关(　　)、国家审判机关和国家检察机关组成。

A. 国务院总理　　B. 全国政协

C. 中央军事委员会　　D. 民族自治地方的自治机关

12. 我国公民的宗教信仰自由权具有以下含义:(　　)。

A. 有信仰宗教与不信仰宗教的自由

B. 有信仰这种宗教的自由,也有信仰那种宗教的自由

C. 在同一宗教中,有信仰这个教派的自由,也有信仰那个教派的自由

D. 有过去信教而现在不信教的自由,也有过去不信教而现在信教的自由

13. 我国选举制度的基本原则包括:(　　)。

A. 选举权的普遍性原则　　B. 选举权的平等性原则

C. 选民对代表的监督、罢免原则　　D. 秘密投票原则

14. 公民应当履行宪法规定的义务,下列哪些是公民应尽的义务?(　　)。

A. 国家安全受到威胁时,公民应积极报名参军,保卫国家

B. 公民若获悉国家秘密,应保守国家秘密

C. 公民不得借检举为名,对国家工作人员捏造或歪曲事实进行诬告陷害

D. 有劳动能力的公民应参加劳动

15. 宪法规定,公民享有言论、出版、结社、游行和示威的权利,这些权利在法学上被称为(　　)。

A. 基本权利　　B. 政治权利　　C. 特殊权利　　D. 相对权利

16. 我国的根本政治制度是(　　)。

A. 社会主义制度　　B. 人民代表大会制度

C. 人民民主专政制度　　D. 民主集中制度

17. 中华人民共和国是全国各族人民共同缔造的统一的多民族国家,其国家结构形式是(　　)。

A. 单一制　　B. 复合制　　C. 联邦制　　D. 邦联制

三、习题解答

(一) 判断题

1. ×; 2. ×; 3. √; 4. ×; 5. ×; 6. √; 7. ×; 8. ×; 9. ×; 10. √; 11. ×; 12. √; 13. ×; 14. ×; 15. ×; 16. ×; 17. √。

(二) 不定项选择题

1. A; 2. ABCD; 3. CE; 4. AC; 5. D; 6. B; 7. B; 8. A; 9. ACD; 10. AB; 11. C; 12. ABCD; 13. ABCD; 14. AB; 15. AB; 16. B; 17. A。

四、思考题

1. 为什么说宪法是国家的根本大法?
2. 我国宪法的指导思想是什么?
3. 什么是国体和政体? 怎样理解我国的国体和政体的含义?
4. 我国人民代表大会制度的实质是什么? 其优越性表现在哪些方面?
5. 我国为什么要采取单一制的国家结构形式?
6. 我国公民的基本权利和义务有哪些? 有何特点?
7. 我国的中央国家机构体系如何组成?

第三章 刑 法

教学目的

通过教学，使学生了解和掌握以下知识点：刑法的概念、任务和适用范围；犯罪的概念和犯罪的构成条件；正当防卫和紧急避险；故意犯罪的阶段和共同犯罪；我国现行刑法对犯罪及刑罚处罚的各种规定；我国刑法对具体犯罪的规定。通过理论教学和教学案例，使学生加强防范犯罪活动的意识，提高法治观念，自觉维护法律尊严。

第一节 刑法概述

一、刑法的概念

刑法是统治阶级为了维护其阶级利益和统治秩序，以国家名义制定的关于犯罪、刑事责任和刑罚的法律规范的总称。

刑法有广义和狭义之分，广义的刑法是指一切有关规定犯罪、刑事责任和刑罚的规范性文件。一般包括三种：第一种是刑法典。它是专门地、系统地、全面地规定犯罪、刑事责任和刑罚的规范性文件，又称普通刑法，是狭义的刑法，是我国刑法的最主要的表现形式。我国刑法典——《中华人民共和国刑法》(以下简称《刑法》)，于1979年7月1日第五届全国人民代表大会第二次会议上通过，1981年1月1日起施行，后又于1997年3月14日第八届全国人民代表大会第五次会议修订，1997年10月1日施行的。第二种是单行刑法。它是专门规定某种犯罪及其刑事责任、刑罚的规范性文件，目前我国没有单行刑法。第三种是附属刑法。它是指民法、行政法、经济法等非刑事法律规范性文件中有关具体犯罪及其刑事责任、刑罚的规范性文件。单行刑法和附属刑法又被称为特别刑法。

二、我国刑法的任务

我国《刑法》第二条对我国刑法的任务作了明确的规定："中华人民共和国刑法的任务，是用刑罚同一切犯罪行为做斗争，以保卫国家安全，保卫人民民主专政的政权和社会主义制度，保护国有财产和劳动群众集体所有的财产，保护公民私有的财产，保护公民的人身权利、民主权利和其他权利，维护社会秩序、经济秩序，保障社会主义建设事业的顺利进行。"具体可以分解为：

1. 保护国家安全，保卫人民民主专政的政权和社会主义制度；
2. 保护社会主义经济基础；
3. 保护公民的人身权利、民主权利和其他权利；
4. 维护社会秩序。

三、我国刑法的基本原则

我国刑法的基本原则是确定刑法关于犯罪与刑罚等一系列基本问题应遵守的准则，它是贯穿于全部刑法规范，对刑事立法和刑事司法都具有指导和制约意义的根本性准则。根据我国《刑法》的规定，我国《刑法》的基本原则包括：

（一）罪刑法定原则

罪刑法定原则，又称罪刑法定主义，是资产阶级革命时期反对封建罪刑擅断的产物，是资产阶级革命时期提出的口号，其含义是"法无明文规定不为罪，法无明文规定不处罚"，即法律明文规定为犯罪行为的，依照法律定罪处刑；法律没有明文规定为犯罪行为的，不得定罪处刑。罪刑法定原则意味着什么行为是犯罪，对犯罪可处什么刑罚，都要预先由法律加以规定，否则就不存在犯罪和刑罚。我国刑法明文规定罪刑法定，这是我国刑事立法健全的一个标志，也是我国实现法治的保障。

（二）适用刑法人人平等原则

适用刑法人人平等原则，即对任何犯罪人，在适用刑事法律上一律平等，不允许任何人有超越法律的特权。该原则体现在：公民受刑法庇护而免受犯罪行为侵害的权利是平等的；在适用刑法定罪过程中不得因犯罪嫌疑人、被告人的社会地位或社会关系而给予不同的待遇或对犯罪进行任意定性；在对犯罪人进行量刑过程中，应根据其所犯之罪的社会危害性及其有关情节，全面均衡、严格依法进行处刑，不允许因特权的存在而使犯罪人被放纵。

（三）罪责刑相适应原则

罪责刑相适应原则，又称罪责刑相当原则或罪责刑均衡原则，是指刑罚的轻重应当与犯罪分子所犯罪行和承担的刑事责任相适应。罪责刑相适应意味着所犯罪行的严重程度应与其所承担的刑事责任、所判处的刑罚相对称，重罪重罚，轻罪轻罚，罪行相称，罚当其罪。但罪责刑相适应也不是罪责刑的绝对相等和机械对应。所谓"罪"，不是单纯看犯罪行为及其所造成的危害结果，而要看整个犯罪事实，包括罪行和罪犯各方面因素综合体现的社会危害性程度。也就是说，要把犯罪对社会的危害性和罪犯对他人的人身危险性结合起来考虑。犯罪是适用刑罚的前提和基础，而犯罪分子是适用刑罚的对象。适用刑罚，既要以犯罪行为和结果为根据，又要考虑犯罪分子的具体情况，包括他的一贯表现和罪后态度等。只有在全面考虑，综合分析的基础上，才能科学地确定整个犯罪案件的社会危害程度，从而也才能真正贯彻罪责刑相适应原则。

四、我国刑法的体系

刑法的体系即指刑法的组成和结构，也就是刑法编章的构成和刑法规范的表现形式。我国的刑法体系是按照国家、集体和个人利益相一致的原则建立的。关于我国刑法的组成，有狭义和广义的两种理解。狭义的刑法仅指现行的《刑法》，广义的刑法是指刑事法律规范的总称，除刑法典外，还包括特别刑法和附属刑法。

我国现行《刑法》分为总则、分则和附则三个部分，总共四百五十二条。其中总则、分则各为一编，每编之下，又根据法律规范的性质和内容有次序地划分为章、节、条、款、项等层次。《刑法》的第一编是总则部分，这部分主要规定的是我国刑法制定的根据、任务和适用范围，以及关于定罪、量刑的一般原理、原则。第一编共分为五章：第一章为“刑法的任务、基本原则和适用范围”；第二章为“犯罪”；第三章为“刑罚”；第四章为“刑罚的具体运用”；第五章为“其他规定”。《刑法》的第二编为分则部分，这部分主要规定的是各种不同的具体犯罪行为的罪名，以及对各种犯罪行为确定的罪名规定了应当判处的相应的刑罚处罚。第二编分为十章：第一章为“危害国家安全罪”；第二章为“危害公共安全罪”；第三章为“破坏社会主义市场经济秩序罪”；第四章为“侵犯公民人身权利、民主权利罪”；第五章为“侵犯财产罪”；第六章为“妨害社会管理秩序罪”；第七章为“危害国防利益罪”；第八章为“贪污贿赂罪”；第九章为“渎职罪”；第十章为“军人违反职责罪”。第三部分为附则。附则部分以一个条文规定了两项内容：一是修订后的刑法自 1997 年 10 月 1 日起施行；二是规定以往的单行刑法除有关行政处罚和行政措施的规定有效外，其刑事规范失效或予以废止。

五、我国刑法的适用范围

刑法的适用范围通常称刑法的效力范围，是指刑法在什么范围、对什么人、在什么时间内有效。概括而言，即刑法的空间效力和时间效力。我国《刑法》第六至十二条对刑法的适用范围作了明确规定。

（一）我国刑法的空间效力

在刑法理论上有把刑法在什么地域范围内有效和刑法对什么人适用的问题合并称为刑法的空间效力问题，即刑事管辖权问题。刑事管辖权问题是国家主权问题的一个组成部分，任何一个独立自主的国家，均会在其刑法中对刑法的空间效力即刑事管辖权问题做出明确规定。

1. 各国刑法空间效力的一般规定

由于各国政治经济条件的不同以及历史传统习惯的差异，在规定刑法的空间效力上所采用的原则也各不相同。概括起来有如下几个原则：

（1）属地原则，即以地域为标准来判断刑法的适用范围。凡是在本国领域内犯罪，无论是本国人还是外国人，都适用本国刑法；反之，在本国领域外犯罪，都不适用本国刑法。

（2）属人原则，即以行为人的国籍为标准来判断刑法的适用范围。凡是本国人犯罪，不论是在本国领域内还是在本国领域外，都适用本国刑法；反之，都不适用本国刑法。

（3）保护原则，即以保护本国利益为标准来判断刑法的适用范围。凡是侵犯本国国家或者公民利益的犯罪，不论犯罪发生在本国领域内还是领域外，也不论犯罪的人是本国人还是外国人，都使用本国刑法；反之，则都不使用。

（4）普遍管辖原则，即以保护国际社会的共同利益为标准。凡是发生国际条约所规定的侵犯国际社会共同利益的犯罪，不论犯罪发生在本国领域内还是领域外，也不论犯罪的人是本国人还是外国人，都适用本国刑法。

上述各种主张孤立起来看，都有其正确性，但同时也都有其局限性，因此不能只取其一而摒弃其他，所以各国大都采取以属地原则为主，兼采其他原则的主张，我国也不例外。

（二）我国《刑法》的地域效力

关于刑法在什么地域范围内有效，我国《刑法》采用属地原则，即以地域为标准，凡是在中华人民共和国领域内犯罪，无论是本国人还是外国人，都适用我国《刑法》，法律有特别规定的除外。中华人民共和国领域包括：领陆，即国境以内的陆地，包括地下的底层；领水，即国境以内的水域，包括内水、领海及其地下层；领空，即领陆、领水之上的空间。此外，在我国的船舶、航空器内犯罪，也被认为是在我国领域内犯罪。而“法律有特别规定”是指享有外交特权和豁免权的外国人在我国领域内犯有刑事责任的犯罪行为，通过外交途径解决的特别规定；在民族自治地方不能全部适用《刑法》的，可以制定变通或补充的特别规定；《刑法》实施后国家立法机关制定的特别刑法的规定；对香港、澳门特别行政区所做的例外规定。

（三）我国《刑法》对人的效力

找国《州法》对人的效力，是指刑法对什么人有效。我国《刑法》对人的效力是按照中国公民和外国人（指外国籍人和无国籍人）在我国领域内犯罪或在我国领域外犯罪而分别予以规定的。

（1）我国刑法对中国人的适用问题。我国刑法对中国人采用属人原则，即以该人的国籍为标准，凡是中国人，不论是在我国领域内还是在我国领域外犯罪，都适用我国《刑法》，但属人原则在理论上和实践上一般都不针对本国公民在本国领域内犯罪，而是针对本国公民在境外犯罪的情况，以此弥补属地原则没有域外效力的缺陷。我国《刑法》规定，我国公民在我国领域外犯我国《刑法》规定之罪的，适用我国刑法，但是，按照我国《刑法》规定的最高刑为三年以下有期徒刑的，可以不予追究，但是我国国家工作人员和军人在我国领域外犯有我国《刑法》规定之罪的，一律适用我国《刑法》。

（2）我国刑法对外国人的适用问题。外国人在我国领域内犯罪的，除享有外交特权和外交豁免权的以外，根据属地原则，均适用我国《刑法》。对于在我国领域外犯罪的外国人，采用保护原则，即其犯罪行为首先必须是危害我国国家或公民的合法利益。基于保护我国国家和公民的利益，对该行为要适用我国《刑法》。当然，还有一定的条件限制，那就是：其所犯之罪的法定刑必须是我国《刑法》规定的最低刑为 3 年以上有期徒刑；其所犯之罪按犯罪地的法律也要受到处罚。

此外，以保护各国的共同利益为标准，凡发生国际条约所规定的侵害各国共同利益的犯罪，不论犯罪人是本国人还是外国人，也不论犯罪地在本国领域内还是在本国领域外，国际条约的缔约国或参加国，都有权在国际条约规定的义务范围内适用其本国刑法，我国也不例外。

（二）我国刑法的时间效力

我国刑法的时间效力，是指我国刑法的生效时间、效力终止的时间和是否具有溯及既往的效力。

1. 刑法的生效

刑法的生效，即刑法从什么时候开始发生法律效力。法律的生效时间有两种情况：一是从法律被批准或公布之日起施行；二是在公布一段时间后再行实施，一般有明确的法律规定的生效时间。比如，我国《刑法》于 1979 年 7 月 1 日第五届人大二次会议通过，1979 年 7 月 6 日公布，并规定“自 1980 年 1 月 1 日起生效”，又经 1997 年 3 月 14 日八届人大第五次会议修订后颁布，并由刑法第四百五十二条第一款规定：本法自 1997 年 10 月 1 日起施行（即生效）。

2. 刑法的失效

刑法的失效，即刑法从什么时候开始不再具有法律效力。法律的失效一般也有两种情况：一种是由立法机关明确宣布废止，即新法公布后，在新法条文中或者在有关新法实施的法律中明文宣布，与新法相抵触的旧法即行废止或者失效；另一种是自然失效，即由于新法代替了同类内容的旧法，该旧法自然失去了效力，或者由于原有的立法特殊条件已经消失，这一法律也就自然失效了。

3. 刑法的溯及力

刑法的溯及力，指的是刑法生效后，对其生效之前未经审判或者判决尚未确定的行为是否适用的问题，如果予以适用，则具有溯及力；如果不予以适用，则没有溯及力。我国《刑法》第十二条规定：中华人民共和国成立以后本法实施以前的行为，如果当时的法律不认为是犯罪的，适用当时的法律（从旧）；如果当时的法律认为是犯罪的，依照本法应当追诉的，按照当时的法律追究刑事责任（从旧），但是如果本法不认为是犯罪或者处刑较轻的，适用本法（从轻）。本法施行以前，依照当时的法律已经做出的生效判决，该判决继续有效。可见，我国《刑法》在溯及力的问题上采用从旧兼从轻原则。

第二节 犯 罪

一、犯罪的概念

我国《刑法》规定，“一切危害国家主权、领土完整和安全，分裂国家、颠覆人民民主专政的政权和推翻社会主义制度，破坏社会秩序和经济秩序，侵犯国有财产和劳动群众集体所有的财产，侵犯公民私人所有的财产，侵犯公民的人身权利、民主权利和其他权利，以及其他危害社会的行为，依照法律应当受刑罚处罚的，都是犯罪，但是情节显著轻微危害不大的，不认为是犯罪。”这是我国《刑法》对社会上各种各样的犯罪现象进行的概括，是我们认定犯罪、划分罪与非罪界限的基本依据。从我国《刑法》关于犯罪概念的规定可以看出，犯罪行为具有以下三个基本特征：

（一）犯罪行为具有社会危害性

犯罪行为具有社会危害性，即犯罪是一种具有社会危害性的行为。这是犯罪最本质、最基本的特征，犯罪的本质就在于它危害了国家和人民的利益，危害了社会主义社会，而且这种危害性必须达到一定的程度，否则会因为情节显著轻微危害不大而不被认为是犯罪。

（二）犯罪行为具有刑事违法性

犯罪行为具有刑事违法性，即犯罪是违反刑法的行为。违法行为有各种各样的情况，违反的法律不同，违法行为的性质也不一样。犯罪也是一种违法行为，但不是一般的违法行为，而是违反刑事法律的刑事违法行为。可见，只有当危害社会的行为触犯了刑律的时候，才能构成犯罪。行为的社会危害性是刑事违法性的基础；刑事违法性是社会危害性在刑法上的表现。只有当行为不仅具有社会危害性、违反了刑法、具有刑事违法性时，才能被认定为犯罪。

（三）犯罪行为应受刑罚处罚性

犯罪行为应受刑罚处罚性，即任何违法行为都要承担相应的法律后果，对于违反刑法的犯罪行为来说，则要承担接受刑罚处罚的法律后果。犯罪是适用刑罚的前提，刑罚是犯罪的法律后果。如果一个行为不应当受到刑罚处罚，也就意味着它不是犯罪。所以，应受刑罚处罚性也是犯罪的一个基本特征。

犯罪的以上三特征是紧密结合的。一定的社会危害性是犯罪最基本的属性，是刑事违法性和应受刑罚处罚性的基础。社会危害性如果没有达到违反刑法、应受刑罚处罚的程度，也就不构成犯罪。因此，这三个特征都是必要的，是任何犯罪行为都必须具有的。

二、犯罪构成

（一）犯罪构成的概念

犯罪构成与犯罪概念是两个既密切联系又有区别的概念。犯罪概念是犯罪构成的基础，犯罪构成是犯罪概念的具体化。犯罪概念回答的是“什么是犯罪?”“犯罪有哪些基本属性?”两个问题，犯罪构成则进一步回答“犯罪是怎样成立的?”“它的成立必须具备哪些法定条件?”也就是说，它所要解决的是成立犯罪的具体标准和规定问题。通过犯罪构成要件的综合，具体说明什么样的行为是危害社会的、违反刑法的、应受刑罚处罚的犯罪行为。也就是说，犯罪概念的各个基本属性是通过犯罪构成来具体说明的。犯罪概念是从总体上划清罪与非罪的界限，而犯罪构成则是分清罪与非罪、此罪与彼罪界限的具体标准。

犯罪构成，是我国刑法所规定的，决定某一具体行为的社会危害性及其程度而成为该行为构成犯罪所必需的一切客观和主观要件的总和。对犯罪构成可理解为：

1. 犯罪构成是一系列主客观要件的总和。任何一个犯罪构成都是包括诸多要件的，这些要件的总和就形成某种罪的犯罪构成。

2. 任何一种犯罪都可以由许多事实特征来说明，但并非每一个事实特征都是犯罪构成的要件，只有对行为的社会危害性及其程度有决定意义而成为该行为构成犯罪所必需的那些事实特征，才是犯罪构成的要件。

3. 行为成立犯罪所必须具备的诸多要件，是由我国刑法所规定的，即诸多事实特征必须经过法律的选择，才能成为犯罪的构成要件。

4. 在立法者看来，正是这些要件的综合，对于说明某行为成立犯罪恰到好处，缺少其中一个要件不行，但再附加些什么也不必要。

（二）犯罪构成的要件

根据法律规定，任何一种犯罪的成立都必须具备四个方面的构成要件，即犯罪客体、犯罪客观方面、犯罪主体、犯罪主观方面。

1. 犯罪客体

犯罪客体是指刑法所保护的而为犯罪行为所侵犯的社会关系。社会关系是人们在生产和生活活动过程中所形成的人与人之间的相互关系，可见社会关系的面很广，作为犯罪客体的社会关系不是一般的社会关系，而是我国刑法所保护的，即《刑法》第十三条所列举的社会关系，它们一旦为犯罪行为所侵犯，就成为犯罪客体。犯罪客体是犯罪构成的必要要件。犯罪行为之所以具有社会危害性，首先是由犯罪侵犯的客体所决定的，一个行为不侵犯任何客体，不侵犯任何社会关系，该行为就不具有社会危害性，则不会构成犯罪。

根据犯罪客体即社会关系的范围和性质不同，在刑法理论上，把犯罪客体分为三类，即一般客体、同类客体和直接客体，它们之间是一般与特殊、共性与个性的关系。犯罪的一般客体，又称犯罪的共同客体，是一切犯罪行为所共同侵犯的客体，即刑法所保护的社会关系整体。犯罪的同类客体，是某一类犯罪行为所共同侵犯的客体，即某一类犯罪行为所共同侵犯的、而为刑法所保护的社会关系，是一般客体的某一部分或某一个方面。犯罪的直接客体，是某一种犯罪行为所直接侵犯的客体，即某一特定犯罪行为所侵害的、而为刑法所保护的社会关系，是同类客体中的某一个具体的社会关系。根据犯罪所侵犯的直接客体的数量不同，直接客体还可以分为简单客体和复杂客体。简单客体又称单一客体，是指一个犯罪行为仅仅侵犯一种具体的社会关系，即只有一个直接客体。复杂客体，又称复合客体，是指一个犯罪行为同时侵犯两种以上的具体社会关系。

2. 犯罪客观方面

犯罪客观方面是指犯罪活动的客观外在表现。行为人的犯罪活动可以分为两个方面：一是主观方面有意识、有意志的思维活动。二是将主观心理活动客观化，即表现为某种特定的犯罪行为，这就是犯罪的客观方面。说明犯罪客观方面的事实特征多种多样，这些事实特征可以归纳为：危害行为、犯罪的时间、地点、方法以及危害结果、危害行为与危害结果之间的因果关系等。其中危害行为是一切犯罪行为构成的必备要件，危害结果是绝大多数犯罪构成的必备要件，犯罪的时间、地点、方法仅仅是某些犯罪构成的必要要件。犯罪的客观方面是一切犯罪构成必备的基本要件，是行为人构成犯罪并进而承担刑事责任的客观基础，它在犯罪构成诸方面要件中占据核心地位。

(1) 危害行为。犯罪首先是人的一种危害行为,没有危害行为,或者没有以行为表现出来,而仅仅有思想活动,不可能危害社会,也就不可能构成犯罪。因此危害行为在整个犯罪构成中占据核心地位。危害行为的表现形式是多种多样的,但它的基本形式只有两种,即作为和不作为。所谓作为,是指积极的行为,是指犯罪人用积极的行为所实施的我国刑法所禁止的危害社会行为,即刑法禁止做而积极去做的情况。作为形式在犯罪中较多见,并且有许多犯罪只能表现为作为形式。所谓不作为,是指消极的行为,是指犯罪人有义务实施并且能够实施某种积极的行为而未实施的行为,即应该做且能够做而不去做的情况。不作为在客观方面需要具备三个条件:第一,行为人负有实施某种积极行为的义务,这是构成不作为犯罪的前提。特定义务一般有三个来源:一是法律明文规定的义务,二是职务上或业务上要求履行的义务,三是由行为人先行的行为而使法律所保护的某种利益处于危险状态所产生的义务。第二,行为人有履行特定义务的可能。如果行为人虽有某种特定义务,但由于某种原因而不具备履行该项义务的实际可能性,则不构成犯罪的不作为。第三,不作为犯罪侵犯了刑法所保护的社会关系。

(2) 危害结果。刑法上的危害结果是指危害行为给犯罪客体即刑法所保护的社会关系造成的损害。如杀人行为造成导致了被害人死亡;伤害行为造成被害人健康受到损害等。我国刑法对危害结果作了种种规定,这些规定反映出在不同犯罪行为中危害结果的不同意义。我国刑法规定的犯罪,多数要求有实际的危害结果;但也有的并不要求发生实际的危害结果,只要实施了刑法分则条文规定的某种行为或者实施了具有发生某种严重后果的危险性行为,即构成犯罪。

(3) 危害行为与危害结果之间的因果关系。一个人只能对自己的危害行为及其造成的危害结果承担刑事责任。因此,当危害结果发生时,要求行为人对该结果负责,就必须查明行为人所实施的危害行为与该结果之间具有因果关系。这种因果关系是在危害结果发生时要求行为人负刑事责任的必要条件。在实践中,对于危害行为与危害结果之间的因果关系,通常并不难确定,但是在某些案件中,由于犯罪情况复杂或者犯罪分子有意制造混乱和假象,查明因果关系就必须依靠科学的分析和论证,有时还要借助科学技术鉴定的手段。

(4) 犯罪的时间、地点和方法。任何犯罪行为都是在一定时间、一定地点、以一定方法或手段实施的。但是,多数犯罪构成并不以特定的时间、地点、方法、手段为要件的,因为时间、地点、方法和手段一般不能决定犯罪的危害性质。然而对于某些犯罪行为而言,是否符合刑法规定的时间、地点、方法手段,决定着该行为是否具有社会危害性以及社会危害性的程度,直接关系着是否构成这些犯罪。在这种情况下,犯罪的时间、地点和方法就是构成犯罪的不可缺少的条件。

3. 犯罪主体

犯罪主体是指实施刑法所禁止的危害社会的行为并且依法应负刑事责任的人。根据我国《刑法》规定,只有达到一定年龄,具备刑事责任能力,实施了犯罪行为的人,才能成为犯罪的主体。犯罪主体应具备:

(1) 犯罪主体首先必须是人。这里的"人"可以是有生命的自然人,也可以是"拟人组织",即我国刑法规定的"单位"。我国刑法规定,公司、企业、事业单位、机关、团体实施了危害社会的犯罪行为,法律规定为单位犯罪的,应当负刑事责任。

(2) 达到刑事责任年龄。刑事责任年龄是指法律所规定的行为人对自己实施的刑法所禁止的危害行为应负刑事责任必须达到的年龄。

犯罪行为人是具备辨认和控制自己行为能力的人，在其主观意志和意愿支配下实施的危害社会的行为，而辨认和控制自己行为的能力决定于行为人的智力和社会知识的发展程度，因而它必然受到行为人年龄的制约。我国刑事立法根据自然人的年龄因素与责任能力的这种关系，确立了刑事责任年龄制度：十六周岁以上为完全刑事责任年龄。我国刑法规定，"已满十六周岁的人犯罪，应当负刑事责任"，即已满十六周岁的人能够构成刑法中的所有犯罪，他们对自己所实施的刑法所禁止的任何危害行为都应当负刑事责任。已满十四周岁不满十六周岁为相对刑事责任年龄。我国刑法规定，"已满十四周岁不满十六周岁的人，犯故意杀人、故意伤害致人重伤或者死亡、强奸、抢劫、贩卖毒品、放火、爆炸、投毒罪的，应当负刑事责任"。已满十四周岁不满十六周岁的人，已经具备了一定的辨别大是大非和控制自己重大行为的能力，即对某些严重危害社会的行为具备一定的辨认和控制能力。因此，刑事立法要求他们对自己实施的严重危害社会的行为负刑事责任。十四周岁以下为完全不负刑事责任年龄。我国刑法规定，"不满十四周岁的人不负刑事责任。"一般而言，不满十四周岁的人尚处于幼年时期，还不具备辨认和控制自己行为的能力，即不具备责任能力。因此，我国法律规定，对于不满十四周岁的人所实施的危害社会行为，概不追究刑事责任，但必要时，可依法责令监护人对之加以管教，也可以视需要对接近十四周岁的实施了严重危害社会行为的人由政府收容教养。

已满十四周岁不满十八周岁的人犯罪，应当从轻或者减轻处罚。因不满十六周岁不予刑事处罚的，责令他的家长或者监护人加以管教；在必要的时候，也可以由政府收容教养。

根据《刑罚修正案（八）》的规定，"已满七十五周岁的人故意犯罪的，可以从轻或者减轻处罚；过失犯罪的，应当从轻或者减轻处罚。"

（3）具有刑事责任能力。刑事责任能力是指辨认和控制自己行为的能力。一般说来，当自然人达到一定的年龄之后，就自然具备了这种能力，但是这种能力可能因年龄原因或者精神状态、生理功能缺陷的原因而不具备、丧失或者减弱。所以我国《刑法》规定：精神病人在不能辨认或者控制自己行为的时候造成危害结果的，经法定程序鉴定确认的，不负刑事责任；间歇性的精神病人在精神正常的时候犯罪，应当负刑事责任；尚未完全丧失辨认或者控制自己行为能力的精神病人犯罪的，应当负刑事责任，但是可以从轻或者减轻处罚。又聋又哑的人或者盲人犯罪，可以从轻、减轻或者免除处罚。醉酒的人犯罪应当负刑事责任。

4. 犯罪主观方面

任何犯罪，都不仅仅是客观上危害社会的行为，这种行为必须是受人的内在主观心理活动所支配，表现出人一定的心理内容。

犯罪主观方面是指犯罪主体对其所实施的犯罪行为及其危害结果的心理状态。犯罪的主观方面是由罪过、犯罪的动机和犯罪目的等因素来表明的，其中，罪过是任何犯罪构成所必备的主观要件，犯罪目的是某些犯罪构成所必备的主观要件。

（1）犯罪人的心理态度。罪过是行为人对自己所实施的行为的危害社会结果所持的一种故意或者过失的心理态度。罪过的表现形式有两种，即故意和过失，当故意或过失表现在一定的危害社会行为的时候，才能认为故意或过失是罪过的形式。

犯罪的故意，是指行为人明知自己的行为会发生危害社会的结果，仍然希望或者放任这种结果发生的一种心理状态。根据认识因素和意志因素的不同，故意可以分为直接故意和间接故意。所谓直接故意是指行为人明知自己的行为会发生危害社会的结果，仍然希望这种结果发生的心理状态。所谓间接故意是指行为人明知自己的行为可能会发生危害社会的结果，仍然放任这种结果发生的心理状态。

犯罪的过失，是指行为人应当预见自己的行为可能会发生危害社会的结果，因为疏忽大意而没有预见，或者已经预见却轻信能够避免的一种心理状态。据此，过失也可以分为两种：过于自信的过失和疏忽大意的过失。所谓过于自信的过失是指行为人预见到自己的行为可能发生危害社会的结果，但轻信能够避免以致发生这种结果的心理状态。过于自信的过失有二个特点：一是行为人预见自己的行为可能会发生危害社会的结果，这是认识因素；二是行为人轻信能够避免这种结果的发生，这是意志因素。所谓疏忽大意的过失，是指行为人应当预见自己的行为可能会发生危害社会的结果，因为疏忽大意而没有预见，以致发生这种结果的心理状态。

过失犯罪法律有规定的才负刑事责任。这就是说，只有过失行为造成了严重后果，而且法律把它规定为犯罪的，才能追究行为人的刑事责任。

行为在客观上虽然造成了损害结果，但是不是出于故意或者过失，而是由于不能抗拒或者不能预见的原因所引起的，不是犯罪。这种情况，刑法理论上称之为意外事件。

(2) 犯罪的目的。犯罪目的，是犯罪主观方面的选择要件。犯罪目的是行为人主观上要通过实施犯罪行为达到某种结果的希望。犯罪目的只存在于直接故意犯罪之中，因为只有在这种犯罪中，才包含希望犯罪结果发生的特点。希望也就意味着犯罪人追求一定结果的目的。至于间接故意犯罪和过失犯罪，由于犯罪的结果并不是犯罪人希望达到的，因此也无所谓犯罪目的。刑法条文中，有的将犯罪目的特别列出，作为犯罪构成的要件，对于这些犯罪而言，犯罪目的就是犯罪构成的必备要件。但对所有犯罪而言，并非每个犯罪，刑法均要求有特定的目的。所以，从犯罪构成而言，犯罪目的是犯罪构成的选择要件。

三、正当防卫与紧急避险

(一) 正当防卫

正当防卫是指为了使国家、公共利益、本人利益或者他人的人身、财产和其他权利免受正在进行的不法侵害，而采取的制止不法侵害的行为。公民享有正当防卫权并不意味着公民可以任意实施防卫。正当防卫是采取牺牲不法侵害者的利益的方法实施的，法律为防止其滥用，严格规定了正当防卫的合法条件。

1. 具有正当防卫意图

正当防卫必须是为了保护国家、公共利益、本人或者他人的人身、财产和其他权利。这是成立正当防卫的首要条件，也是刑法规定正当防卫不负刑事责任的重要根据。如果为了保护非法利益而加害他人，或者为了达到某种目的，故意挑逗对方进行不法侵害，而后借口防卫而加害对方，以及双方都有非法侵犯对方的意图而发生的互相侵害等，因主观上均不具有正当防卫的意图，不属于正当防卫。

防卫起因必须有危害社会的不法侵害行为存在。所谓不法侵害，是指对法律所保护的公共、本人、他人的合法权益的侵害，或者说这种侵害行为为法律所不允许。

2. 具有正当防卫对象

正当防卫必须是对不法侵害的行为人所实施的。正当防卫的目的是制止不法侵害，保护合法权益。因此，防卫行为所造成的损害只能加给不法侵害者本人，而不能加给第三者，否则，就不能达到制止不法侵害的效果和保护合法权益的目的，也就不能成立正当防卫。

3. 明确的正当防卫时间

正当防卫必须是对正在进行的不法侵害所实施的行为。所谓"正在进行的不法侵害"是指这种不法侵害是客观存在的，而不是主观想象的或者推测的，并且这种不法侵害必须是正在进行，不法侵害行为已经开始而且尚未结束，处于实行阶段。这是正当防卫成立的时间条件。对于尚未开始的侵害和已结束的侵害行为，不得实行正当防卫行为。如果实行了所谓的"防卫"行为，在刑法理论上称为"防卫不适时"，即已经失去了实行正当防卫的合法时间条件。

4. 严格的正当防卫限度

防卫限度是指正当防卫不能明显超过必要限度造成重大损害。正当防卫是有益于社会的行为，是合法的，但是防卫的合法性又受到一定限度的制约。正当防卫如果明显超过必要限度造成重大损害的，就是防卫过当，应当负刑事责任。同时我国《刑法》还规定，对正在进行行凶、杀人、抢劫、强奸、绑架以及其他严重危及人身安全的暴力犯罪，采取防卫行为，造成不法侵害人伤亡的，不属于防卫过当，不负刑事责任。这个规定不仅明确了正当防卫超过必要限度的条件是"明显超过"和"造成重大损害"，尤为重要的是它是我国刑法中的绝对正当防卫制度，即对严重危及人身安全的暴力犯罪，没有防卫限度的限制，只要实行防卫行为，无论造成什么后果，都是正当防卫，不负刑事责任。

防卫明显超过必要限度，造成重大损害的，是防卫过当。正当防卫明显超过必要限度，造成重大损害的，应当负刑事责任，但是应当减轻或者免除处罚。

（二）紧急避险

紧急避险是指为了使国家、公共利益、本人或者他人的人身、财产和其他权利免受正在发生的危险，不得已采取的损害另一个较小的合法权益，以保护较大的合法权益的行为。可见，紧急避险是在两种合法利益不能同时保全这种紧急而不得已的情况下，实施的牺牲较小的合法利益以保护更大的合法利益的行为。

紧急避险的特点是：客观上，这种行为是在面临紧急危险而又不得已的情况下实施的，它虽然给国家和人民利益造成了一定的损害，但却保护了国家和人民某种更大的利益，因而实际上也是一种有益于社会的行为。主观上，行为人是为了保全更大合法利益而使另一合法利益可能遭受的损失减少到最低限度，没有罪过心理，因此，从整体上看，它不仅不具有社会危害性，而且是一种有益于社会的行为，不仅不应当承担刑事责任，而且应当受到鼓舞和支持。这正是我国刑法把紧急避险确认为合法行为的目的所在。

紧急避险是采用损害一种合法利益的方法来保全另一种遭到危险的合法利益的行为，因此它必须符合一定的法定条件，才能排除其社会危害性，真正成为对社会有益的、合法的行为。其条件如下。

1. 具有紧急避险意图

紧急避险必须是为了国家、公共利益、本人或者他人的人身、财产和其他权利免受正在发生的危险，才能实行紧急避险。

2. 具有紧急避险起因

避险起因是指合法权益正在遭受损害的危险。紧急危险是现实存在的。对于现实不存在的，而只是由于行为人对事实的认识错误，善意地误认为有危险存在的事实，因而实行了所谓的紧急避险，这在刑法理论上称为假想避险。

3. 明确的紧急避险时间

紧急避险时间必须是面临正在发生的紧急危险，所谓“正在发生的紧急危险”是指危险是立即要造成危害后果的危险，或者危险已经发生而尚未消除，这是“正在发生”的时间含义。如果危险尚未到来或者已经过去，实行所谓的紧急避险，这在刑法理论称为避险不适时。

4. 确定的紧急避险对象

紧急避险所针对的对象不是危险的来源，而是第三人的合法权益，如果行为人的行为是对危险的直接对抗，那么该行为就不是紧急避险。

5. 严格的紧急避险限制

紧急避险必须是在迫不得已的情况下，才允许实施。由于紧急避险是以牺牲较小的合法权益为代价来保护较大的合法权益，因而法律规定，只有在非常紧急、别无选择的情况下才允许实行紧急避险。

6. 紧急避险主体的禁止

紧急避险中关于避免本人危险的规定不适用职务上、业务上负有特殊责任的人。

7. 规定紧急避险的限度

紧急避险不能超过必要的限度造成不应有的损害。紧急避险是以损害一个合法权益来保护另一个合法权益，因此法律对紧急避险行为规定了必要限度。所谓必要限度，应理解为紧急避险所引起的损害结果应小于所避免的损害结果。如果所引起的损害结果等于或大于所避免的损害结果，就有悖于紧急避限的目的和意义，成为对社会有害的行为，也就失去了合法性。

紧急避险行为超过必要限度造成不应有的损害的行为是避险过当，应当负刑事责任，但是应当减轻或者免除处罚。

四、故意犯罪过程中的犯罪状态

故意犯罪过程是指故意犯罪由发生、发展直至完成的全部过程。一般说来，一个完整的故意犯罪，要经过一个犯罪的起意、准备、实行、完成的发展过程。但是犯罪是一个极其复杂的社会现象，各种犯罪在它的发展过程中，由于各种原因，所形成的状态不完全相同，表现为不同的犯罪形态，这就是犯罪预备、犯罪未遂、犯罪中止和犯罪既遂。

（一）犯罪既遂

1. 犯罪既遂的含义

犯罪既遂是指行为人所故意实施的行为已经具备刑法分则规定的某一犯罪构成的全部要件的行为状态。这一概念明确告诉我们，是否认定犯罪既遂，取决于行为人所实施的行为是否具备了我国《刑法》分则规定的某一犯罪的全部构成要件，而并不完全取决于是否达到犯罪目的，也不完全取决于是否发生了预期的犯罪结果。

2. 犯罪既遂的刑事责任

我国《刑法》分则对具体犯罪的规定，是以既遂为标准的。刑法分则规定的各种罪的刑事责任，就是既遂的刑事责任，因此对于既遂犯应当根据其所犯的罪名直接按照刑法分则有关条文的规定定罪判刑。

（二）犯罪预备

1. 犯罪预备的含义

犯罪预备是指为了犯罪准备工具、制造条件的行为状态。其特征是：已经进行犯罪的准备，由于行为人意志以外的原因而未着手实行犯罪。

2. 犯罪预备的刑事责任

我国刑法规定，对于预备犯可以比照既遂犯从轻、减轻或者免除处罚。

（三）犯罪未遂

1. 犯罪未遂的含义

犯罪未遂是指已经着手实行犯罪，由于犯罪分子意志以外的原因而没有完成犯罪的行为状态。

2. 犯罪未遂的条件

犯罪未遂的成立必须具备以下几个条件：(1)犯罪分子已经着手实行犯罪，即犯罪分子开始实行刑法分则规定的某一犯罪构成的客观方面的要件的行为。这是犯罪未遂与犯罪预备的根本区别所在。(2)犯罪没有得逞，即犯罪分子的犯罪行为没有完成刑法分则规定的某一犯罪的全部构成要件，即没有完成犯罪。如刑法分则规定：非法剥夺他人生命是构成故意杀人罪的客观要件，如果杀人犯实行了杀人行为而未造成他人死亡的结果，就是没有完成刑法分则所规定的杀人这一具体的犯罪构成的全部要件，即犯罪没有得逞，所以是故意杀人未遂。由此可见，犯罪没有得逞是犯罪未遂与犯罪既遂的根本区别所在。(3)犯罪没有得逞是由于犯罪分子意志以外的原因造成的。所谓意志以外的原因是指违背犯罪分子本意的其他因素，可以是主观方面的，也可以是客观方面的因素，但应当是足以阻止犯罪分子继续实行犯罪的因素。也就是说，犯罪未遂未具备犯罪构成的全部要件，是违背犯罪分子主观愿望的原因造成的。这一特征是犯罪未遂与犯罪中止的根本区别。

3. 犯罪未遂的刑事责任

对于未遂犯，可以比照既遂犯从轻或者减轻处罚。

（四）犯罪中止

1. 犯罪中止的含义

犯罪中止是指在犯罪过程中，犯罪分子自动放弃犯罪或者自动有效地防止犯罪结果发生的行为状态。

犯罪中止是一种特殊的犯罪形态，它既可以发生在犯罪的准备过程中，也可以发生在犯罪实行过程中，还可以发生在犯罪行为实行终了而结果尚未发生前。犯罪中止也有两种情况：一是自动中止犯罪，即在犯罪过程中犯罪分子自动中止犯罪行为，因而没有发生犯罪结果；二是自动有效地防止犯罪结果的发生。

2. 犯罪中止具备的条件

犯罪中止的成立必须具备以下条件：(1)及时性。即必须是在犯罪过程中停止犯罪行为。也就是说，犯罪中止的行为只能发生在犯罪预备、犯罪实行以及犯罪行为实行终了而犯罪结果尚未发生的犯罪过程中。(2)自动性。即必须是犯罪分子自动停止犯罪。所谓自动停止犯罪是指犯罪分子出于自己的意志而放弃了自己认为当时可以进行下去的犯罪。只有犯罪分子在主观上有自愿放弃犯罪的意图,客观上有自动停止犯罪的行为,才能不使犯罪结果发生,从而也才能成立犯罪中止。(3)彻底性。即必须彻底停止、放弃犯罪。所谓彻底停止犯罪,是指犯罪分子彻底放弃已经实施的某种犯罪。(4)有效性。即必须有效地防止了犯罪结果的发生。如果行为人虽然采取了防止犯罪结果发生的积极措施,但实际并未能阻止结果的发生,不能视为犯罪中止,而是犯罪既遂。

3. 犯罪中止的刑事责任

对于中止犯,没有造成损害的,应当免除处罚;造成损害的,应当减轻处罚。

五、共同犯罪

(一) 共同犯罪的概念和条件

1. 共同犯罪的概念

共同犯罪,简称共犯,是相对于单个人犯罪而言的,是指二人以上共同故意犯罪。可见构成共同犯罪,必须同时具备一定的条件。

2. 共同犯罪的条件

(1) 在犯罪主体上,共同犯罪必须是二人以上且均达到刑事责任年龄、具有刑事责任能力的人。因此,有的危害社会的行为,虽然是多数人共同实施的,但如果其中只有一人达到刑事责任年龄、具有刑事责任能力,不能成立共同犯罪。

(2) 在犯罪的客观方面,各共同犯罪人必须具有共同犯罪的行为。这是共同犯罪人负刑事责任的客观基础。

所谓共同犯罪行为,有两层含义:一是共同犯罪人都共同参与实施了某种犯罪活动,各共同犯罪人的行为都必须是犯罪行为,他们的犯罪行为是紧密联系、互相配合,为了完成同一个共同的犯罪目的而实施的;二是每个共同犯罪人的犯罪行为都是整个共同犯罪活动的有机组成部分,都同犯罪结果之间有因果关系。

(3) 在犯罪主观方面,各共同犯罪人必须具有共同犯罪的故意。

所谓共同犯罪的故意,也有两层含义:一是每个共同犯罪人都不仅认识到自己在实施某种犯罪,而且认识到还有其他共同犯罪人和自己一起在共同实施某种犯罪。这就是说,各个共同犯罪人不仅主观上都有犯意,而且要有犯意的联系,他们之间的犯意相互沟通,彼此协调;二是每个共同犯罪人对他们的共同犯罪行为会发生的犯罪结果,都是明知并且抱着希望或者放任其发生的态度。

综上可见,共同犯罪人主观上的共同犯罪故意和客观上的共同犯罪行为,是共同犯罪的两个显著特征,缺少其中任何一个方面,都不能成立共同犯罪。所以,二人以上共同过失犯罪,不以共同犯罪论处,应当负刑事责任的,按照他们所犯的罪分别定罪处罚。

(二) 共同犯罪的形式

1. 共同犯罪的形式的含义

共同犯罪的形式,是指二人以上共同犯罪的结构或者共同犯罪人之间的结合形式。共同犯罪的形式具有一定的复杂性，从不同角度、用不同的标准，可有不同的分类。

2. 共同犯罪的形式的分类

(1) 从共同犯罪人之间有无分工上划分，可以把共同犯罪分为简单的共同犯罪和复杂的共同犯罪。简单的共同犯罪是指各共同犯罪人都直接实施了某一具体犯罪构成的行为。这种行为可以是同类行为，也可以是不同类行为。复杂的共同犯罪是指各共同犯罪人并不都直接实施某一具体犯罪构成的行为，而是互有明显不同的分工，其中有的实施直接引起犯罪结果发生的行为，是共同犯罪中对犯罪起决定作用的实行犯；有的实施为实行犯罪创造条件的行为，是帮助犯；有的实施教唆他人实行犯罪的行为，是教唆犯，等等。

(2) 从共同犯罪人之间有无组织形式上划分，可以把共同犯罪分为一般的共同犯罪和有组织的共同犯罪即犯罪集团。一般的共同犯罪是指二人以上没有特殊的组织形式的共同犯罪。它的特点是共同犯罪人只是为了实施某种犯罪而事前或临时纠合起来，在完成一次或数次犯罪后，即行解散。犯罪集团是多数人以实施某种或多种犯罪为目的而建立起的犯罪组织，是事前通谋的共同犯罪中的一种特殊形式，是一种有组织的、社会危害性最大的共同犯罪，因此，历来是我国刑法所打击的重点。

(三) 共同犯罪人的种类及其刑事责任

在共同犯罪中各共同犯罪人所处的地位和所起的作用以及对社会的危害程度不同，因而每个人应承担的刑事责任也不一样。为确定各共同犯罪人的刑事责任，正确定罪量刑，需要对共同犯罪人进行分类。

1. 主犯

(1) 主犯的含义。主犯是指组织、领导犯罪集团进行犯罪活动的或者在共同犯罪中起主要作用的犯罪分子。

(2) 主犯的类型。一是在犯罪集团中起组织、领导作用的犯罪分子，即犯罪集团的组织者、领导者；二是在共同犯罪中起主要作用的犯罪分子。

(3) 主犯的处罚。对主犯的处罚原则：对组织、领导犯罪集团的首要分子，按照集团所犯的全部罪行处罚；对于其他主犯，应当按照其所参与的或者组织、指挥的全部罪行处罚。

2. 从犯

(1) 从犯的含义。从犯是指在共同犯罪中起次要或者辅助作用的犯罪分子。从犯在共同犯罪中所处的地位，从属于主犯。从犯的犯罪行为，必须依从于主犯的犯罪行为而起作用。从犯在共同犯罪中，只起促进或者帮助作用，而主犯则起决定性作用。从犯的犯罪行为表现为协助完成犯罪，或者协助隐匿犯罪。其行为是造成危害结果的原因之一，但不是主要原因。

(2) 从犯的种类。一是在共同犯罪中起次要作用的从犯，即次要的实行犯。相对于主犯而言，虽然他直接参加了实施犯罪构成要件的行为，但是罪行较轻、情节不很严重，没有直接造成严重后果。二是在共同犯罪中起辅助作用的从犯，即帮助犯，是指没有直接参加实施犯罪构成要件的行为，而是以供给犯罪工具、指示犯罪目标、窥探被害人行踪、排除障碍、事前应允帮助窝藏、包庇、消灭罪证、窝赃、销赃等方法，为实行共同犯罪活动创造条件。

(3) 从犯的处罚。对从犯的处罚原则：从犯在一定程度上参加了或者帮助了共同犯罪的实施，但他们不是共同犯罪的主要实施者，其行为不是造成共同犯罪危害结果的主要因素，他们的罪行和危害性都比主犯小，所以我国《刑法》第二十七条第二款规定：对于从犯应当从轻、减轻或者免除处罚。

3. 胁从犯

(1) 胁从犯的含义。胁从犯是指被胁迫而参加犯罪活动的犯罪分子。所谓"被胁迫"是指在别人的暴力强制或者精神威胁下,被迫参加共同犯罪。胁从犯主观上明知是在进行犯罪,但在被胁迫之下,不完全自愿地参加了某些犯罪活动,在这种情况下,行为人还有一定的意志自由,因而其行为仍是有意志的,是犯罪行为。客观上在整个犯罪活动过程中处于被动的地位,所起的作用比较小,罪行比较轻。

(2) 胁从犯的处罚。对胁从犯的处罚原则。胁从犯是共同犯罪中社会危害性最小的共同犯罪人。所以我国《刑法》第二十八条规定:对于胁从犯,应当按照他的犯罪情节减轻或者免除处罚。

4. 教唆犯

(1) 教唆犯的含义。教唆他人犯罪的犯罪分子是教唆犯。教唆犯的一个突出特点是本人不亲自实行犯罪,而是故意唆使他人产生、坚定犯罪意图并进而实行犯罪。构成教唆犯必须具备主、客观两方面的要件:在客观方面,必须有教唆他人犯罪的教唆行为,即引起他人实行决意的行为。在主观方面,必须有教唆他人实施犯罪的故意,即只能是故意唆使他人实行犯罪。如果行为人主观上不具有教唆他人犯罪的故意,即使他的言行引起了他人去实行犯罪,也不应认为是教唆犯。

(2) 教唆犯的处罚。对教唆犯的处罚原则:由于教唆犯是教唆他人犯罪,其犯罪意图只有通过被教唆人去实行犯罪才能实现。所以,教唆犯的刑事责任要随着被教唆人的犯罪情况而转移。这就是说,教唆犯的刑事责任具有从属的一面;另一方面,由于教唆犯是犯罪的发动者,教唆犯是否实施教唆行为本身,并不受被教唆人任何约束和限制,因而教唆犯的刑事责任又具有独立的一面。因此,教唆犯的刑事责任是比较复杂的。

按照我国《刑法》第二十九条的规定:第一,被教唆人犯了被教唆的罪,教唆犯应当按照他在共同犯罪中的作用处罚。第二,教唆不满十八周岁的人犯罪的,应当从重处罚。第三,被教唆的人没有犯被教唆的罪,这种情况在刑法理论上叫做教唆未遂,对于教唆犯可以从轻或者减轻处罚。

六、单位犯罪

(一) 单位犯罪的概念

单位犯罪是相对于自然人犯罪而言的一个范畴,是指由公司、企业、事业单位、机关、团体实施的依法应当承担刑事责任的危害行为。单位犯罪的条件:一是犯罪主体包括公司、企业、事业单位、机关、团体;二是只有法律明文规定单位可以成为犯罪主体的犯罪,才存在单位犯罪及单位承担刑事责任的问题,而非一切犯罪均可以由单位构成。

(二) 单位犯罪的处罚原则

对于单位犯罪的处罚,世界各国刑事立法和刑法理论上主要有两种原则:一是双罚制,即单位犯罪的,对单位和直接责任人员均予以刑罚处罚;二是单罚制,即单位犯罪的,只对单位予以刑罚处罚而不对直接责任人员处以刑罚,或者只对直接责任人员予以刑罚处罚而不对单位处以刑罚。

我国《刑法》第三十一条规定："单位犯罪的，对单位判处罚金，并对其直接负责的主管人员和其他直接责任人员判处刑罚。本法分则和其他法律另有规定的，依照规定。"这是我国《刑法》对单位犯罪的处罚原则的规定。根据刑法的规定，对单位犯罪一般实行双罚制，即对单位判处罚金，对直接负责的主管人员和其他直接责任人员判处刑罚。但是，当刑法分则以及其他法律有特别规定不实行双罚制而采取单罚制的，则按特别优于一般的原则适用特别规定。根据刑法分则的规定，对具体的单位犯罪有规定实行单罚制的，而且在单罚制中有只处罚单位的，也有只处罚直接负责的主管人员和其他直接责任人员的。

第三节　刑　罚

一、刑罚的概念和目的

（一）刑罚的概念

刑罚是惩罚犯罪的一种严厉的强制方法。

刑罚与犯罪都是刑法的基本内容，两者联系紧密，犯罪是统治阶级确认的危害统治阶级利益和统治秩序的行为，而刑罚则是统治阶级为了维护自己在政治上的统治和在经济上的利益，用以惩罚犯罪的手段；犯罪是刑罚的前提，刑罚是犯罪的法律后果。刑法如果只规定犯罪，而不规定刑罚，就不成其为刑法，也无法实现其任务。刑法的作用，只有通过对犯罪分子实行刑罚才能实现。

（二）刑罚的目的

刑罚的目的是指国家对犯罪分子适用刑罚的目的，即人民法院对犯罪分子判处刑罚所预期达到的结果。我国刑罚的目的是通过惩罚与教育相结合，改造罪犯，预防犯罪。所谓预防犯罪，包括特殊预防和一般预防两个方面。

1. 刑罚的特殊预防

特殊预防，即预防犯罪分子本人再次犯罪。预防犯罪分子本人再次犯罪，主要是通过刑罚的适用与执行，把绝大多数犯罪分子改造成为自食其力的守法新人，化有害为无害，化消极因素为积极因素。

我国《刑法》规定的各种刑罚方法，除了死刑是剥夺犯罪分子生命的以外，其他大多数刑罚的执行都是采取强制劳动改造的方法。通过强制罪犯从事生产劳动，促使他们去除好逸恶劳的恶习，逐步养成劳动的习惯。同时，在他们进行劳动改造的过程中，刑罚执行机关还向他们进行政治思想教育、文化知识教育和生产技术教育。通过教育使他们不仅学到一定的文化知识和生产技能，重返社会以后有自谋生活的能力，而且思想也有所悔悟。多数罪犯能认识到其犯罪行为给社会造成了危害，受到刑罚处罚是罪有应得，决心重新做人，不再以身试法，从而预防了他们再次犯罪。少数犯罪分子对自己的罪行虽然认识不足甚至没有认识，但他们感受到了刑罚的威力，体验到服刑的痛苦，由于害怕受服刑之苦而不敢再次犯罪。对于这种人，从其思想改造程度上看是不够的，但从刑罚的特殊预防目的来看已经达到。对极少数罪大恶极、不堪改造的犯罪分子，依法判处死刑并立即执行，将他们从社会上加以淘汰，这是特殊形式的一种特殊预防，对他们不是通过改造，而是通过剥夺生命，使其不可能再犯罪。但这不是特殊预防的主要内容，改造犯罪分子成为新人，才是我国刑罚特殊预防的主要内容。

2. 刑罚的一般预防

一般预防，即通过对犯罪分子适用刑罚以警戒社会上不稳定分子，防止他们走上犯罪的道路。

人民法院对犯罪分子适用刑罚，将犯罪与刑罚紧密联系起来，不仅直接地惩罚了犯罪分子，预防其重新犯罪，而且对社会上不稳定分子也起到了警戒和抑制的作用，使他们不敢轻举妄动、以身试法。人民法院通过对犯罪分子判处刑罚，用具体实际的案例说明什么样的行为是法律所禁止的行为，并警告社会上不稳定分子，法不可违，罪不可犯，在我们的国家里，谁犯了罪都逃脱不了刑罚的制裁。这就是用刑罚的威力震慑有可能犯罪的人，促使他们及早醒悟，消除犯罪意念，不重蹈犯罪分子的覆辙，从而预防了犯罪的发生。

3. 刑罚的特殊预防和一般预防的关系

我国刑罚的特殊预防和一般预防是紧密结合，相辅相成的。我们对任何一个犯罪人适用刑罚，都包含着特殊预防和一般预防的目的。因此，人民法院在对犯罪分子判处刑罚时，既要考虑特殊预防的需要，又要考虑一般预防的需要，使判决符合这两方面的要求，决不能强调一方面而忽视了另一方面。如果片面强调刑罚的一般预防，轻罪重判，无罪也判，则会引起犯罪分子的抗拒情绪，不利于对犯罪分子的改造。反之，如果片面强调刑罚的特殊预防，重罪轻判，有罪不判，那就可能使罪犯产生侥幸心理，不利于罪犯悔过自新，不利于警戒社会上不稳定分子，也不利于鼓励人民群众同犯罪做斗争，甚至使法院判决失去社会的支持，损害法律的尊严和执法机关的威望。所以，正确认识和处理特殊预防与一般预防的关系，对于全面实现我国刑罚的目的具有重要的意义。

二、刑罚的体系和种类

(一) 刑罚体系的含义和分类

刑罚体系是指按照一定标准对刑法所规定的各种刑罚方法进行排列而形成的刑罚序列。我国刑罚分为两大类。

我国刑罚分为主刑和附加刑两大类。主刑又分为：管制、拘役、有期徒刑、无期徒刑、死刑；附加刑又分：罚金、剥夺政治权利、没收财产。此外，对于犯罪的外国人，可以独立或者附加适用驱逐出境。

(二) 刑罚的种类

1. 主刑

主刑是对犯罪分子适用的主要刑罚方法。每个主刑间只能独立适用，不能附加适用。一个罪只能适用一个主刑，不能同时适用两个或两个以上的主刑。主刑有以下五种。

(1) 管制。管制是由人民法院判决，对犯罪分子不予关押，但限制一定自由，交由公安机关管束和群众监督改造的刑罚方法。管制是最轻的主刑,其期限为三个月以上二年以下,数罪并罚时最高不能超过三年。管制的刑期,自判决执行之日起计算,判决执行以前先行羁押的,羁押一日折抵刑期二日。在执行期间,被判处管制的犯罪分子:必须遵守法律、行政法规、服从监督;未经执行机关批准,不得行使言论、出版、集会、结社、游行、示威自由的权利;按照执行机关的规定,报告自己的活动情况;遵守执行机关关于会客的规定;离开所居住的市、县或者迁居,应当报经执行机关批准。参加劳动的按同工同酬处理。

根据《刑法修正案(八)》的规定,判处管制,可以根据犯罪情况,同时禁止犯罪分子在执行期间从事特定活动,进入特定区域、场所,接触特定的人;对判处管制的犯罪分子,依法实行社区矫正。

(2) 拘役。拘役是短期剥夺犯罪分子人身自由,并就近强制实行劳动改造的刑罚方法。拘役的期限为一个月以上六个月以下,数罪并罚时最高不能超过一年。拘役的刑期,自判决执行之日起计算,判决执行以前先行羁押的,羁押一日折抵刑期一日。拘役由公安机关就近执行,在拘役期间,被判处拘役的犯罪分子可以每月回家一至二天;参加劳动的,可以酌量发给报酬。

(3) 有期徒刑。有期徒刑是剥夺犯罪分子一定期限的人身自由,并强制劳动改造的刑罚方法。有期徒刑的刑期为六个月以上十五年以下。数罪并罚时有期徒刑总和刑期不满三十五年的,最高不能超过二十年;总和刑期在三十五年以上的,最高不能超过二十五年。有期徒刑的刑期,自判决执行之日起计算,判决执行以前先行羁押的,羁押一日折抵刑期一日。被判处有期徒刑的犯罪分子,在监狱或者其他执行场所执行,凡有劳动能力的,都应参加劳动,接受教育和改造。

有期徒刑是我国刑法中适用范围最广泛的一种刑罚,由于它的最低期限到最高期限幅度大,适用面宽,既适用于较重的犯罪,又适用于较轻的犯罪,便于人民法院根据不同的犯罪性质、情节和社会危害程度,对犯罪分子判处不同期限的徒刑。所以,我国《刑法》分则条文中,凡规定法定刑的,都规定了有期徒刑。由此可见,有期徒刑在我国刑罚体系中占有极为重要的地位。

(4) 无期徒刑。无期徒刑是剥夺犯罪分子终身自由,强制劳动改造的刑罚方法。被判处无期徒刑的犯罪分子,在监狱或者其他执行场所执行;凡有劳动能力的,都应当参加劳动,接受教育和改造。

无期徒刑是仅次于死刑的一种严厉的刑罚方法。它适用于那些罪行严重,需要与社会永久隔离,但又不必判处死刑的犯罪分子。刑法规定这一刑种,既能有效打击犯罪,又能更好地贯彻少杀政策,缩小死刑的适用面。

(5) 死刑。死刑是剥夺犯罪分子生命的刑罚方法,是我国刑法中最为严厉的一种刑罚方法,也是世界各国最古老的、最严厉的一种刑罚。我国刑法对死刑的适用作了严格的限制性规定。

死刑的适用的限制性规定。第一,死刑适用范围的限制:死刑只适用于罪行极其严重的犯罪分子。第二,死刑适用对象的限制:死刑只适用于罪行极其严重的犯罪分子,然而对罪行极其严重的犯罪分子不是都能适用死刑,犯罪的时候不满十八周岁的人犯和审判的时候怀孕的妇女,不适用死刑;审判的时候已满七十五周岁的人,不适用死刑,但以特别残忍手段致人死亡的除外。第三,死刑核准程序的限制:死刑除依法由最高人民法院判决的以外,都应当报请最高人民法院核准。第四,保留死刑缓期执行制度,以控制死刑的实际适用范围:对于应当判处死刑的犯罪分子,如果不是必须立即执行的,可以判处死刑同时宣告缓期两年执行。

2. 附加刑

附加性又称从刑,是补充主刑适用的刑罚方法,它既可以随主刑附加适用,也可以独立适用。附加刑有以下三种。

(1) 罚金。罚金是人民法院判处犯罪分子向国家缴纳一定数额金钱的刑罚方法。罚金是一种轻刑,独立适用一般只适用于轻微犯罪,附加适用主要适用于较重的犯罪。对于罚金,数额不大,或者数额虽然较大,但缴纳并无困难的一次缴纳;数额较大,无法一次缴纳的,可以限定时间分期缴纳;犯罪分子期满不缴纳的,人民法院可以强制缴纳;如果犯罪分子由于遭遇不能抗拒的灾祸缴纳确是有困难的,可以酌情减少或免除处罚。

(2) 剥夺政治权利。剥夺政治权利是指剥夺犯罪分子参加国家管理和政治活动权利的刑罚方法。

剥夺政治权利的内容:选举权和被选举权;言论、出版、集会、结社、游行、示威自由的权利;担任国家机关职务的权利;担任国有公司、企业、事业单位和人民团体领导职务的权利。

剥夺政治权利的期限:判处管制附加剥夺政治权利的,剥夺政治权利的期限与管制的期限相等,同时执行;对于被判处死刑、无期徒刑的犯罪分子,应当剥夺政治权利终身;死刑缓期二年执行或者无期徒刑减为有期徒刑的,应当把附加剥夺政治权利的期限改为三年以上十年以下;其他剥夺政治权利的期限为一年以上五年以下。

剥夺政治权利的刑期计算:单独适用剥夺政治权利的,从判决确定之日起计算;判处死刑、无期徒刑附加剥夺政治权利终身的,从主刑执行之日起计算;判处有期徒刑、拘役,附加剥夺政治权利的,从主刑执行完毕之日或者从假释之日起计算,剥夺政治权利的效力当然施用于主刑执行期间;判处管制附加剥夺政治的,与管制同时执行。

被剥夺政治权利的犯罪分子,在执行期间,应当遵守法律、行政法规和国务院、国家公安部门有关监督管理的规定,服从监管,不得行使被剥夺的政治权利。

(3) 没收财产。没收财产是将犯罪分子个人所有财产的一部或全部强制无偿地收归国有的刑罚处罚。在判处没收财产的时候,应当对犯罪分子个人及其扶养的家属保留必需的生活费用;在判处没收财产的时候,不得没收属于犯罪分子家属所有或应有的财产,没收财产以前犯罪分子所负的正常债务,需要以没收财产偿还的,经债权人请求,应当偿还。

3. 驱逐出境

驱逐出境是强迫犯罪的外国人离开中国国(边)境的刑罚处罚。驱逐出境作为一种刑罚处罚,不适用于犯罪的本国人,不具有普遍适用的性质。我国《刑法》没有将其列在一般附加刑的体系中,而在主刑和附加刑之外,专条规定了驱逐出境这一刑罚。

驱逐出境可以独立适用,也可以附加适用。单独判处驱逐出境的,从判决确定之日起执行;附加判处驱逐出境的,从主刑执行完毕之日起执行。

(三) 非刑罚处罚方法

非刑罚处罚方法,是指对犯罪人适用的非刑罚性质的处罚方法,作为刑罚处罚的重要补充方法。它同样是犯罪的法律后果,是犯罪人为自己的犯罪行为承担刑事责任的表现形式之一。根据我国刑法的规定,非刑罚处罚方法主要有:赔偿经济损失、训诫、责令具结悔过、赔礼道歉和赔偿损失等。

三、刑罚的具体运用

（一）量刑

量刑是人民法院对于犯罪分子依法裁量决定刑罚的活动。

人民法院的刑事审判工作有两个基本环节：一是定罪；二是量刑。定罪是在查清案件事实的基础上，解决行为人的行为是否构成犯罪和构成什么罪的问题。量刑则是在定罪的基础上解决对犯罪分子是否判处刑罚、判处何种刑罚。定罪与量刑有着密切的联系，定罪是量刑的前提，量刑是定罪的归宿。定罪不准就谈不上量刑适当；有时定罪虽然准确，但量刑不当，同样会造成错案。因此，量刑是否适当，是衡量刑事审判工作质量的一个重要标准。

（二）量刑的情节

量刑的情节是指人民法院对犯罪分子量刑时，作为决定处罚轻重或者免除处罚根据的各种情况。量刑情节分法定情节和酌定情节两种。

1. 法定情节

法定情节是指刑法明文规定的情节，它包括依照刑法总则规定的对各种犯罪共同适用的情节，以及依照刑法分则规定对特定犯罪适用的情节。法定情节既有从重处罚的情节，也有从轻、减轻、免除处罚的情节。

（1）从重处罚。从重处罚是指在法定刑的限度内，判处相对较重的刑罚。

（2）从轻处罚。从轻处罚是指在法定刑的限度内，判处相对较轻的刑罚。

（3）减轻处罚。减轻处罚是指判处低于法定最低刑的刑法。

（4）免除处罚。免除处罚是指对犯罪分子作有罪宣告，但免除其刑罚处罚。免除处罚以行为人的行为构成犯罪，应受刑罚处罚为前提条件，只是因为情节轻微，不需要判处刑罚，或者具有其他法定的免除处罚情节，才予以免除处罚。

2. 酌定情节

酌定情节是根据立法精神从审判实践中总结出来的，由人民法院灵活掌握、酌情适用的情节。审判实践中，常见的酌定情节主要有：犯罪动机；犯罪手段；犯罪的时间、地点；犯罪侵害的对象；犯罪分子的一贯表现；犯罪后的态度等。

（三）累犯

累犯是指因犯罪受过一定刑罚处罚的人，在刑罚执行完毕或者赦免以后，在法定期限内又犯一定之罪的犯罪分子，分为一般累犯和特别累犯。

1. 一般累犯

一般累犯是指被判处有期徒刑以上刑罚的犯罪分子，刑罚执行完毕或者赦免以后，在五年以内再犯应当判处有期徒刑以上刑罚之罪的犯罪分子，但是过失犯罪和不满十八周岁的人犯罪的除外。一般累犯的构成条件是：

（1）前罪和后罪都必须是故意犯罪。

（2）前罪和后罪必须是被判处和应当判处有期徒刑以上刑罚的犯罪。这里说的“被判处有期徒刑以上刑罚”，是指人民法院最后确定的宣告刑为有期徒刑以上刑罚。“应当判处有期徒刑以上刑罚”，是指所犯后罪根据事实和法律规定应当判处有期徒刑以上刑。

（3）后罪发生的时间必须是在前罪的刑罚执行完毕或者赦免以后的五年内。所谓“刑罚执行完毕”，是指主刑执行完毕，不包括附加刑在内。

2. 特别累犯

特别累犯是指危害国家安全、恐怖活动犯罪、黑社会性质的组织犯罪的犯罪分子，在刑罚执行完毕或者赦免以后，再犯上述任一类罪的犯罪分子。

对于累犯应当从重处罚，且不得宣告缓刑和假释。

（四）自首和立功

1. 自首

自首是指犯罪以后自动投案，如实供述自己的罪行，并接受审查和裁判的行为。自首的成立必须具备三个条件：

（1）自动投案。自动投案即指犯罪分子在犯罪以后，犯罪事实未被司法机关发现以前，或者犯罪事实虽被发现，而犯罪分子还未被察觉以前，或者犯罪事实和犯罪分子均已被发觉，但犯罪分子尚未被司法机关传唤、询问或者尚未被采取强制措施的时候，自动向有关机关投案。

（2）如实供述自己的罪行。犯罪分子投案后，只有如实供述自己的罪行，才足以证明其悔罪伏法，为司法机关追诉其犯罪提供客观依据，使追诉得以顺利进行。因此，如实供述自己的罪行是自首成立的一个重要条件，也是自首的本质特征。如实供述自己的罪行，是指犯罪分子按照实际情况彻底交代自己的全部罪行。如果犯罪分子避重就轻，作虚假交代，就不是如实供述自己的罪行。

（3）必须愿意接受审查和裁判。愿意接受审查和裁判，即必须听候、接受司法机关的侦查、起诉和审判，不能逃避，才能成立自首。犯罪分子将自己的人身置于司法机关的现实控制之下，是其悔罪的具体表现，也是国家对其从宽处理的重要根据。

被采取强制措施的犯罪嫌疑人、被告人和正在服刑的罪犯，如实供述司法机关还未掌握的本人其他罪行的，以自首论。

对于自首的犯罪分子，可以从轻或者减轻处罚；对于犯罪较轻的，可以免除处罚。

根据《刑法修正案（八）》的规定，犯罪嫌疑人虽不具备自首情节，但是如实供述自己罪行的，可以从轻处罚；因其如实供述自己罪行，避免特别严重后果发生的，可以减轻处罚。这是刑法关于坦白的规定，是对“坦白从宽”原则的具体化和规范化。

2. 立功

立功通常是指犯罪分子检举揭发他人犯罪行为，查证属实或者提供重要线索从而得以侦破其他案件等情况。有立功表现的，可以从轻或者减轻处罚；有重大立功表现的，可以减轻或者免除处罚。

（五）数罪并罚

1. 数罪并罚的概念和特征

（1）数罪并罚的含义。数罪并罚是指一人犯数罪，人民法院对其所犯的各种罪分别定罪量刑以后，依照法定的原则，除判处死刑和无期徒刑外，在总和刑期以下、数刑中最高刑期以上，酌情决定应执行的刑罚。

(2) 数罪并罚的特征。根据我国刑法的规定，数罪并罚具有以下几个特征：

第一，一人犯数罪。数罪并罚的前提是一人犯有数罪。如果一个人的行为不构成数罪，则不能为了加重对其处罚而适用数罪并罚。

第二，数罪的内容。数罪是指判决宣告以前一人犯数罪，或者判决宣告以后刑罚执行完毕以前，发现被判刑的犯罪分子还有“漏罪”，或者判决宣告以后在刑罚执行过程中，被判刑的犯罪分子又犯新罪。只有符合这三种情况的数罪，才能适用数罪并罚。

第三，数罪并罚的定罪量刑。在对数罪分别定罪量刑的基础上，决定应执行的刑罚。数罪并罚不是对数罪所判刑罚的简单相加，而是对犯罪分子所犯数罪，依照刑法分则有关条文规定，分别一一定罪量刑，然后根据数罪并罚所应遵循的原则，决定执行的刑罚。对于数罪中有一罪或数罪应当判处无期徒刑或者死刑(含死刑缓期两年执行)的案件，也应当对各罪分别定罪量刑，然后决定执行其中最高的刑罚。对于附加刑同样应当分别量刑，这样才能看出它是针对哪个罪适用的。

2. 数罪并罚的原则

数罪并罚的原则是指对一人所犯数罪合并处罚所依据的原则。简单地说，就是对数罪怎样实行并罚。我国《刑法》规定：判决宣告以前一人犯数罪的，除判处死刑和无期徒刑的以外，应当在总和刑期以下、数罪中最高刑期以上，酌情决定执行的刑期，但是管制最高不能超过三年，拘役最高不能超过一年，有期徒刑最高不能超过二十五年。如果数罪中有判处附加刑的，附加刑仍须执行。根据这一规定，对不同的刑种采取不同的并罚原则。

(1) 对判处死刑和无期徒刑的，采取吸收原则。即数罪中有一罪判处死刑或者无期徒刑，其他的罪判处有期徒刑、拘役或管制，只执行死刑或者无期徒刑，其他主刑被吸收而不执行。

(2) 对判处有期徒刑、拘役或管制的，采取限制加重原则。即在数刑中的总和刑期以下、数刑中的最高刑期以上，酌情决定执行的刑期。

(3) 对判处附加刑的，采取附加刑与主刑并科的原则。即数刑中主刑不论执行死刑、无期徒刑、有期徒刑、拘役或管制，如有判处附加刑的，附加刑仍须执行。

3. 适用数罪并罚的三种不同情况

根据我国《刑法》的规定，适用数罪并罚有以下三种情况：

(1) 判决宣告以前一人犯数罪的并罚。一人犯数罪在判决宣告以前都被发现的，依照刑法规定的数罪并罚原则，决定执行的刑罚。

(2) 判决宣告以后发现“漏罪”的并罚。判决宣告以后，刑罚执行完毕以前，发现被判刑的犯罪分子在判决宣告以前还有其他罪没有判决的，应当对新发现的罪作出判决，把前后两个判决所判处的刑罚，依照刑法规定的数罪并罚原则，决定执行的刑罚。已经执行的刑期，应当计算在决定执行的刑期以内。这种计算方法称为“先并后减”。

(3) 判决宣告以后又犯新罪的并罚。判决宣告以后，刑罚执行完毕以前，被判刑的犯罪分子又犯罪的，应当对新犯的罪作出判决，把前罪没有执行完毕的刑罚和后罪所判处的刑罚，依照刑法规定的数罪并罚的原则，决定执行的刑罚。已经执行的刑期，不应当计算在决定执行的刑期以内。这种计算方法称为“先减后并”。

（六）缓刑、减刑、假释

1. 缓刑

（1）缓刑的含义。缓刑是指对原判刑罚有条件地不执行的一项刑罚制度。我国《刑法》中的缓刑，是指被判处拘役、三年以下有期徒刑，确实不致再危害社会的犯罪分子，在一定的考验期内，如果没有再犯新罪，缓刑考验期满，原判的刑罚就不再执行的一项刑罚制度。根据《刑法修正案（八）》的规定，对其中不满十八周岁的人、怀孕的妇女和已满七十五周岁的人，应当宣告缓刑。

（2）缓刑的条件。适用缓刑的条件：第一，必须是被判处拘役或者三年以下有期徒刑的犯罪分子。第二，必须确有悔罪表现，不予关押也不至再危害社会的犯罪分子。第三，必须不是累犯和犯罪集团的首要分子。

（3）缓刑的考验期限。缓刑的考验期限是指对于被宣告缓刑的犯罪分子进行考察的期限。人民法院在宣告缓刑的同时，应当确定适当的缓刑考验期。我国《刑法》根据原判刑罚的不同种类，规定了不同的考验期限：拘役的缓刑考验期限为原判刑期以上一年以下，但是不能少于二个月；有期徒刑的缓刑考验期限为原判刑期以上五年以下，但是不能少于一年。缓刑考验期限自判决确定之日起计算。

在缓刑考验期间，被宣告缓刑的犯罪分子，应当遵守法律、行政法规，服从监督；按照考察机关的规定报告自己的活动情况；遵守考察机关关于会客的规定；离开所居住的市、县或者迁居，应当报经考察机关批准。被宣告缓刑的犯罪分子，在缓刑考验期限内，由公安机关考察，所在单位或者基层组织予以配合，如果没有法定情形的，缓刑考验期满，原判的刑罚就不再执行，并公开予以宣告。被宣告缓刑的犯罪分子，在缓刑考验期限内犯新罪或者发现判决宣告以前还有其他罪没有判决的，应当撤销缓刑，实行数罪并罚。被宣告缓刑的犯罪分子，在缓刑考验期限内，违反法律、行政法规或者国务院公安部门有关缓刑的监督管理规定，情节严重的，应当撤销缓刑，执行原判刑罚。

2. 减刑

（1）减刑的含义。减刑是指被判处管制、拘役、有期徒刑、无期徒刑的犯罪分子，在刑罚执行期间有悔改或者立功表现，而适当减轻其原判刑罚的制度。减刑是适当调整已经判决确定的刑罚的一种方法，因此，适用减刑必须有一定的限制条件，使之既有利于鼓励犯罪分子努力加速改造，又不致损害人民法院判决的稳定性和国家法律的严肃性。

（2）减刑的条件。根据我国《刑法》规定，适用减刑必须符合以下条件：第一，犯罪分子被判处管制、拘役、有期徒刑和无期徒刑。第二，犯罪分子在刑罚执行期间，认真遵守监规，接受教育改造，确有悔改表现或有立功表现。第三，减刑有一定的限度。减刑以后实际执行的刑期，判处管制、拘役、有期徒刑的，不能少于原判刑期的二分之一；判处无期徒刑的，不能少于十三年；对限制减刑的死缓犯，缓刑执行期满依法减为无期徒刑的，不能少于二十五年，缓刑执行期满后依法减为二十五年有期徒刑的，不能少于二十年。

3. 假释

（1）假释的含义。假释是指对被判处有期徒刑的犯罪分子，执行原判刑期二分之一以上；被判处无期徒刑的犯罪分子，实际执行十三年以上刑期。由于认真遵守监规，接受教育改造，确有悔改表现，不致再危害社会，而附有条件地将其提前释放的一项刑罚制度。

(2) 假释的条件。假释所附条件是：第一，必须是被判处有期徒刑或无期徒刑的犯罪分子，但对于累犯以及因杀人、爆炸、抢劫、强奸、绑架、放火、爆炸、投放危险物质或者有组织的暴力性犯罪被判处十年以上有期徒刑、无期徒刑的犯罪分子，不适用假释。第二，必须是已经执行了一部分刑罚的犯罪分子，被判处有期徒刑的犯罪分子，执行原判刑期的二分之一以上，被判处无期徒刑的犯罪分子实际执行十三年以上刑期，才能适用假释。第三，必须是在刑罚执行期间却有悔改表现，不致再危害社会的犯罪分子。

(3) 假释的考验期。假释是有条件地提前释放，并不排除继续执行尚未执行完毕的刑罚的可能性。因此，适用假释需要有一定的考验期，根据我国《刑法》的规定：有期徒刑的假释考验期限为未执行完毕的刑期；无期徒刑的假释考验期限为十年。假释的考验期从假释之日起计算。

被宣告假释的犯罪分子，在假释考验期内，应当遵守法律、行政法规，服从监督；按照监督机关的有关的规定报告自己的活动情况；遵守监督机关关于会客的规定；离开所居住的市、县或者迁居，应当报经监督机关批准。假释考验期满，就认为原判刑罚已经执行完毕。在假释考验期限内，被假释的犯罪分子有违反法律、行政法规或者国务院、公安部门有关假释的监督管理规定的行为，尚未构成新的犯罪的，应当依法撤销假释，收监执行未执行完毕的刑罚；在假释考验期限内，再犯新罪或者发现判决宣告前还有其他罪没有判决的，撤销假释，实行数罪并罚。

(七) 追诉时效

1. 追诉时效的含义

追诉时效是指经过一定的期限，对刑事犯罪不得追诉的一项法律制度。追诉时效时间的长短，是与犯罪行为的社会危害性大小、刑罚的轻重相适应的。社会危害性大、法定刑重的犯罪，追诉期限就长一些；反之，社会危害性小、刑罚轻的犯罪，追诉期限就短一些。

2. 追诉时效的规定

我国刑法规定，犯罪经过下列期限不再追诉：

法定最高刑为不满五年有期徒刑的，经过五年；

法定最高刑为五年以上不满十年有期徒刑的，经过十年；

法定最高刑为十年以上有期徒刑的，经过十五年；

法定最高性为无期徒刑、死刑的，经过二十年，如果二十年以后认为必须追诉的，须报请最高人民检察院核准。

3. 追诉期限的计算

追诉期限从犯罪之日起计算；犯罪行为有连续或者继续状态的，从犯罪行为终了之日起计算；在追诉期限以内又犯罪的，前罪追诉的期限从犯后罪之日起计算。

在人民检察院、公安机关、国家安全机关立案侦查或者人民法院受理案件以后，逃避侦查或者审判的，不受追诉期限的限制；被害人在追诉期限内提出控告，人民法院、人民检察院、公安机关应当立案而不予立案的，不受追诉期限的限制。

第四节 《刑法》分则概述

我国《刑法》分则根据犯罪所侵犯的同类客体和社会危害程度，将400多种具体的犯罪归纳为10类，依次排列，即《刑法》分则十章所规定的：危害国家安全罪；危害公共安全罪；破坏社会主义市场经济秩序罪；侵犯公民人身权利、民主权利罪；侵犯财产罪、妨害社会管理秩序罪；危害国防利益罪；贪污贿赂罪；渎职罪；军人违反职责罪。《刑法》分则对每一类犯罪进行了科学的排列，构成了我国《刑法》分则的体系。

一、危害国家安全罪

危害国家安全罪是指以推翻人民民主专政的政权和社会主义制度为目的的，危害中华人民共和国的行为。

危害国家安全罪的主要特征是：犯罪客体是人民民主专政的政权和社会主义制度。客观方面必须有危害中华人民共和国的行为。犯罪主体既有一般主体，也有特殊主体，即中国公民或国家机关工作人员。主观方面必须出于故意，而且必须具有推翻人民民主专政的政权和社会主义制度的目的。

我国《刑法》分则第一章第一百零二条至一百一十二条对危害国家安全罪作了规定。

二、危害公共安全罪

危害公共安全罪是指故意或过失地实施危害不特定多数人的生命、健康和重大公私财产安全的行为。

危害公共安全罪的主要特征是：犯罪客体是社会的公共安全，即不特定多数人的生命、健康和重大公私财产的安全。客观方面必须实施危害或足以危害公共安全的行为。犯罪主体多数是一般主体，少数是特殊主体即国家工作人员或业务、职务上的特定人员；就主体年龄而言，一般须年满十六周岁，但已满十四周岁不满十六周岁的人可以成为放火罪、爆炸罪、投放危险物质罪的主体。主观方面具有故意或者过失。

我国《刑法》分则第二章第一百一十四条至一百三十九条对危害公共安全罪作了规定。

三、破坏社会主义市场经济秩序罪

破坏社会主义市场经济秩序罪是指违反国家财政经济管理法规，破坏社会主义市场经济管理活动，危害国计民生，使社会主义市场经济遭受严重损害的行为。

破坏社会主义市场经济秩序罪主要特征是：犯罪客体是社会主义市场经济管理的制度和正常活动。客观方面表现为违反国家财政经济管理法规，破坏国家经济管理活动的行为。犯罪主体多为一般主体，少数为特殊主体。主观方面绝大多数必须出于故意，一般具有盈利或获取其他非法利益的目的，个别犯罪由过失构成。

我国《刑法》分则第三章第一百四十条至二百三十一条对破坏社会主义市场经济秩序罪作了规定。

四、侵犯公民人身权利、民主权利罪

侵犯公民人身权利、民主权利罪是指侵犯公民人身权利和其他与人身直接有关的权利，以及非法剥夺或者妨害公民自由行使依法享有的管理国家事务和参加政治活动权利的行为。

侵犯公民人身权利、民主权利罪的主要特征是：犯罪客体是公民的人身权利、民主权利和其他权利，包括公民的生命、健康、自由、人格和名誉的权利，公民的选举权、批评权、控告权、申诉权、通信自由权、宗教信仰自由权等，以及与公民人身有关的权利。客观方面表现为实施了非法侵犯公民人身权利、民主权利和其他权利的行为。犯罪主体多数为一般主体，少数为特殊主体，即司法工作人员、国家工作人员或邮政工作人员等；就主体年龄而言，一般须年满十六周岁，但已满十四周岁不满十六周岁的人可以成为故意杀人罪、故意伤害致人重伤或者死亡罪、强奸罪等罪行的犯罪主体。主观方面除过失致人死亡罪、过失致人重伤罪以外，均只能由故意构成。

我国《刑法》分则第四章第二百三十二条至二百六十二条对侵犯公民人身权利、民主权利罪作了规定。

五、侵犯财产罪

侵犯财产罪是指将公私财物非法攫取、挪用或者故意予以毁坏，侵犯财产所有权的行为。侵犯财产罪的主要特征是：犯罪客体是公共财产和公民私人财产所有权。客观方面表现为行为人实施了非法攫取、挪用或者毁坏公私财产权利的行为。犯罪主体大多是一般主体，只有少数为特殊主体即要求具有公司、企业单位等人员的特定身份；就主体年龄而言，一般须年满十六周岁，但已满十四周岁不满十六周岁的人可以成为抢劫罪的主体。主观方面必须是出于故意，主要表现为以非法占有为目的或者以非法毁灭、损坏为目的而侵犯公私财物。

我国《刑法》分则第五章第二百六十三条至二百七十六条对侵犯财产罪作了规定。

六、妨害社会管理秩序罪

妨害社会管理秩序罪是指妨害国家机关的管理活动，破坏社会秩序的行为。

妨害社会管理秩序罪的主要特征是：犯罪客体是社会管理秩序，它包括社会秩序、生产秩序、工作秩序、教学秩序和人民群众的生活秩序，涉及国家对社会各方面的管理活动，但仅限于《刑法》分则其他各类犯罪客体以外的为犯罪行为所侵害的社会关系。客观方面必须实施了妨害国家机关的管理活动，破坏社会秩序的行为。犯罪主体绝大多数是一般主体，只有极少数是特殊主体；就主体年龄而言，一般须年满十六周岁，但已满十四周岁不满十六周岁的人可以成为贩卖毒品罪的主体。主观方面都必须出于故意，其中有些犯罪还必须以盈利为目的。

我国《刑法》分则第六章第二百七十七条至三百六十七条对妨害社会管理秩序罪作了规定。

七、危害国防利益罪

危害国防利益罪是破坏国家军事管理,危害国家国防利益的行为。

危害国防利益罪主要特征是:犯罪客体是国家的国防利益。客观方面实施了破坏国家军事管理,危害国防利益的行为。犯罪主体多数是一般主体,少数要求具有特殊条件。主观方面多数是出于故意,部分也可以是出于过失。

我国《刑法》分则第七章第三百六十八条至三百八十一条对危害国防利益罪作了规定。

八、贪污贿赂罪

贪污贿赂罪是指国家工作人员利用职务上的便利,非法占有、使用公私财物,损害国家工作人员职务行为廉洁性的犯罪,是国家工作人员利用职务上的便利实施的贪利型犯罪的总称。

贪污贿赂罪主要特征是:犯罪客体是国家工作人员职务行为的廉洁性和公私财产所有权。客观方面表现为利用职务上的便利,非法占有、使用公私财物的行为。主观方面只能是故意。犯罪主体绝大多数要求具备特殊身份即国家工作人员,少数犯罪可以由一般主体构成。

我国《刑法》分则第八章第三百八十二条至三百九十六条对贪污贿赂罪作了规定。

九、渎职罪

渎职罪是指国家工作人员利用职务上的便利或者玩忽职守,妨害国家机关的正常活动,致使国家和人民利益遭受重大损失的行为。

渎职罪的主要特征是:犯罪客体是国家机关的正常活动。客观方面表现为国家机关工作人员利用职务上的便利实施的渎职行为和玩忽职守行为。犯罪主体是特殊主体,即只能由国家机关工作人员构成。主观方面,既有故意,也有过失,其中多数是故意。

我国《刑法》分则第九章第三百九十七条至第四百一十九条对渎职罪作了规定。

十、军人违反职责罪

军人违反职责罪是指中国人民解放军的现役军人,违反军人职责,危害国家军事利益的行为。

军人违反职责罪的主要特征是:犯罪客体是国家的军事利益,即国家在国防建设、作战行动、军事物资保障、军事机密、军事科学研究等方面的利益。客观方面实施了违反军人职责、危害国家军事利益的行为。犯罪主体是特殊主体,即军人。只有具备军人身份才有军人职责,才可能构成军人违反职责的犯罪。主观方面多数是出于故意,少数出于过失。

我国《刑法》分则第十章第四百二十条至第四百五十一条对军人违反职责罪作了规定。

此外，刑法修正案对《刑法》分则的部分内容作了修改，增加、删除或变更了部分罪名。

第五节　本章知识点、例题与习题、习题解答、思考题、案例分析

一、本章知识点

刑法的概念、任务和适用范围；犯罪的概念和犯罪的构成条件；正当防卫和紧急避险；故意犯罪的阶段和共同犯罪；我国现行刑法对犯罪及刑罚处罚的各种规定；我国刑法对具体犯罪的规定。

二、例题与习题

（一）判断题

1. 王某因犯罪被判处有期徒刑八年，但依法律规定王某在监狱服刑期间仍享有选举权。

2. 犯罪的本质特征是具有社会危害性，所以一切具有社会危害性的行为都是犯罪。

3. 并非一切社会关系都能成为犯罪客体，刑法以外的法律所保护的社会关系就不能成为犯罪客体。

4. 犯罪的行为与结果有一项发生在我国领域内的，才能认为是在我国领域内犯罪。

5. 对审判时怀孕的妇女不适用死刑，是指怀孕期间不能执行死刑，等该妇女分娩后方可执行死刑。

6. 犯罪分子章林，盗窃了邻居黄红的一辆自行车，章林所窃得的这辆自行车，在犯罪构成中，叫“犯罪客体”。

7. 醉酒的人因神志不清，是无刑事责任能力的人，所以，他们犯罪，不负刑事责任。

8. 违法行为不一定是犯罪行为，但犯罪行为必定是严重违法行为。

9. 不作为的犯罪行为是以行为人负有道德义务为前提。

10. 单位犯罪的，对单位判处罚金，对直接负责的主管人员和其他直接责任者判处刑罚。

11. 本来不存在不法侵害，由于防卫人认识上的错误，误认为存在不法侵害，因而错误地实施正当防卫，造成他人无辜损害，在刑法理论上称为“不适时防卫”。

12. 在客观上虽然有可能继续实施犯罪，但由于犯罪分子本身的原因，误认为犯罪不可能继续进行了，从而被迫停止了犯罪，也应认为是犯罪中止。

13. 犯罪的直接故意是指明知自己的行为会发生危害社会的结果，并放任这种结果的发生；犯罪的间接故意是指明知自己的行为会发生危害社会的结果，并希望这种结果的发生。

14. 过失犯罪应当负刑事责任。

15. 犯罪中止必须具备以下条件：及时性、有效性、自动性、彻底性。

16. 犯罪中止存在于故意犯罪过程中的任何一个阶段。

17. 主刑是对犯罪分子使用的主要刑罚方法，它既可独立适用，又可附加适用。

18. 死缓不是一个独立的刑种，而是死刑执行的一项制度。

19. 附加剥夺政治权利的刑期，从徒刑、拘役执行完毕之日或者从假释之日起计算，剥夺政治权利的效力当然施用于主刑执行期间。

20. 犯罪中止是指行为人已经着手实施犯罪，因意志意外的原因而未得逞的。

（二）不定项选择题

1. 明知自己的行为可能发生危害社会的结果，仍放任这种结果的发生是（　　）。
A. 直接故意犯罪　　B. 间接故意犯罪
C. 过于自信的过失犯罪　　D. 疏忽大意的过失犯罪

2. 在一架正飞越于美国领空的中国民航飞机上，一个伊朗公民杀死了一个德国公民，犯了杀人罪，该犯的犯罪行为应适用（　　）。
A. 中国法律　　B. 德国法律　　C. 伊朗法律　　D. 美国法律

3. 投毒杀人，当被害人服毒后尚未死亡之前，犯罪人悔悟，并积极采取措施进行抢救，但抢救措施未生效，被害人死亡，这种行为属于（　　）。
A. 犯罪未遂　　B. 犯罪预备　　C. 犯罪既遂　　D. 犯罪中止

4. 章某因犯危害国家安全罪被判处有期徒刑十年，剥夺政治权利三年，判决自 1997 年 1 月 1 日起生效，章犯的剥夺政治权利的附加刑刑期应为（　　）。
A. 2007 年 1 月 1 日——2009 年 12 月 31 日
B. 1997 年 1 月 1 日——2009 年 12 月 31 日
C. 1997 年 1 月 1 日——1999 年 12 月 31 日

5. 犯罪分子甲某，盗窃了居民张大妈的一台彩电，从而侵犯了张大妈的财产关系，这在犯罪构成中，就叫（　　）。
A. 犯罪客观方面　　B. 犯罪主体　　C. 犯罪客体　　D. 犯罪主观方面

6. 甲偷乙的财物，因害怕被追究，过了一段时间又偷偷地送回，这是（　　）。
A. 犯罪未遂　　B. 犯罪中止　　C. 犯罪既遂

7. 盗窃犯正在室内行盗，忽听门外有人咳嗽，误以为主人回来，因而停止行窃，跳窗逃走，这是（　　）。
A. 犯罪既遂　　B. 犯罪未遂　　C. 犯罪中止

8. 刑罚分为主刑和附加刑两大类，主刑又分为（　　）。
A. 拘留　　B. 管制　　C. 取保候审　　D. 拘役
E. 有期徒刑　　F. 无期徒刑　　G. 死刑　　H. 死缓

9. 刑法上的不作为是指（　　）。
A. 消极行为　　B. 危害性不大的行为
C. 无意识行为　　D. 消极的不实施应当实施的行为

10. 特别累犯（　　）的犯罪分子在刑罚执行完毕或者赦免以后，在（　　）再犯本罪的，都以累犯论处。
A. 组织邪教，一年　　B. 危害国家安全，任何时候

C. 判处有期徒刑十年　　D. 危害国家利益，限制时间

11. 24 岁的青工小张非常喜欢邻居家 4 岁的男孩小涛。一日，小张带小涛到一座桥上玩，小张提着小涛的双手将其悬于桥栏，小涛边喊“害怕”边挣扎，小张手一滑，小涛掉入河中，小张急忙去救，小涛已溺水而死。从刑法理论上看，小张对小涛的死亡结果在主观要件上所持的态度是属于（　　）。

A. 间接故意　B. 疏忽大意的过失　C. 过于自信的过失　D. 意外事件

12. 犯罪时已满十四周岁不满十六周岁的（　　）。

A. 完全负刑事责任　B. 相对负刑事责任　C. 完全不负刑事责任

13. 某甲与乙有仇，欲寻机报复。一日某甲知某乙一人在家，便携匕首前往。途中遇联防人员巡逻，甲某深感害怕，折返家中。甲某的行为属于（　　）。

A. 犯罪预备　B. 犯罪中止　C. 犯罪未遂　D. 不构成犯罪

14. 根据刑法的规定，下列人员中哪些人员不适用死刑：（　　）。

A. 犯故意伤害致死罪犯罪时已满十六周岁不满十八周岁的人

B. 审判时怀孕的妇女

C. 犯罪时怀孕的妇女

15. 被告人张某在市郊僻静处遇一青年妇女，突然将该妇女抱住，正欲实施强奸，这时附近走出两个男人，于是被告人被迫停止了犯罪。被告人的行为是（　　）。

A. 犯罪未遂　B. 犯罪中止　C. 不构成犯罪

16. 某护士在给一病孩注射青霉素时，忘记了做皮试，致小孩过敏死亡。某护士的行为属于（　　）。

A. 过于自信的过失　B. 疏忽大意的过失

C. 间接故意犯罪　D. 意外事件

三、习题解答

（一）判断题

1. √；2. ×；3. √；4. √；5. ×；6. ×；7. ×；8. √；9. √；10. √；11. ×；12. ×；13. ×；14. ×；15. √；16. ×；17. ×18. √；19. √；20. ×。

（二）不定项选择题

1. B；2. A；3. C；4. B；5. C；6. C；7. B；8. BDEFG；9. D；10. B；11. C；12. B；13. B；14. AB；15. A；16. B。

四、思考题

1. 刑法的概念及其基本原则。
2. 犯罪的概念及基本特征。
3. 犯罪构成的概念及其要件。
4. 正当防卫与紧急避险的异同。
5. 累犯的概念和条件。

6. 犯罪的预备、未遂与中止的联系与区别。
7. 刑罚的概念和种类。
8. 适用缓刑、减刑和假释的条件。

五、案例分析

案例一

1. **案情**：甲男与乙女系夫妻关系，生有一女丙(18个月)。甲有外遇丁女，欲与其妻乙离婚，达到与丁女结婚的目的，其妻不同意。甲为达到与丁女结婚的目的，遂产生杀死乙女的犯罪意图。甲知道其妻常与女儿丙一同吃饭。某日甲购得砒霜，欲毒死其妻，将毒物下在其妻所食用的食物里后离家。结果，乙与女儿丙一起吃饭，乙和丙双双中毒身亡。

2. **问题**：对乙和丙的死亡，甲所持怎样的心理态度？甲的行为构成了什么罪？

3. **提示**：刑法关于故意的规定是：行为人明知自己的行为会发生危害社会的结果，并且希望或者放任该结果的发生。其中希望结果发生的是直接故意，放任结果发生的是间接故意。结合本案，从甲对乙之死亡与对丙之死亡所持的态度进行分析。

4. **分析**：甲明知在其妻的食物中下毒会导致其妻吃下有毒食物会中毒死亡的结果，仍然希望其妻尽快吃下有毒食物，导致中毒身亡这种结果的发生，符合我国《刑法》关于犯罪的故意的规定，是直接故意，构成故意杀人罪。甲明知在其妻的食物中下毒，其妻可能与其女一起吃饭，导致其女也中毒死亡的结果，但甲杀妻心切，对其女可能中毒死亡的结果持不关心、听之任之的态度。如果这天其女与其妻一起吃饭，其女倒霉，如不与其妻一起吃饭，其女就可逃过一劫，其女的死亡与否均不违背甲的愿望。最后因乙与其女一起吃饭，也导致了其女死亡的结果发生，这符合我国《刑法》关于犯罪故意的规定，甲对其女的死亡所持的间接故意的主观心理态度，构成故意杀人罪。

案例二

1. **案情**：甲男与乙女系夫妻关系，生有一女丙(18个月)。甲有外遇丁女，欲与其妻乙离婚，其妻不同意。甲为达到与丁女结婚的目的，遂产生杀死乙女的犯罪意图。甲知道其妻常与女儿丙一同吃饭。某日甲购得砒霜，欲毒死其妻，将毒物下在其妻所食用的食物里后离家。乙在吃饭的时候，与女儿一同吃，结果，乙和丙双双中毒。但甲离家后越想越害怕，于是赶紧回家，将中毒的乙和丙送往医院抢救，结果乙得救了，丙却没能救活。

2. **问题**：对乙和丙，甲的行为属于什么状态？甲的行为构成了什么罪？

3. **提示**:故意犯罪的停止状态是指在故意犯罪的发生、发展、完成过程中,由于主观或客观的原因使犯罪停止下来而形成的各种状态。由于停止的时间以及原因不同形成不同的状态,其中在既遂之前由于行为人主动放弃犯罪,并且有效防止犯罪结果发生的是犯罪中止。结合本按的具体情况分析甲的行为状态。

4. **分析**:甲下毒后,在被害人未发生死亡即杀人既遂之前,由于害怕而欲中止犯罪,当发现被害人已将含有毒物的食物食用后,即将被害人送往医院抢救,最终将被害人乙救活了,避免了乙死亡这个犯罪结果的发生,符合犯罪中止成立的时间性、自动性、有效性、彻底性条件,是故意杀人罪(中止)。对于丙,虽经甲送往医院抢救,但终未救活,没有避免丙死亡结果的发生,不符合犯罪中止成立的条件,相反符合犯罪既遂的条件,构成杀人罪(既遂)。最终甲的杀人中止行为被杀人既遂行为所吸收,构成杀人罪(既遂)。

第四章 民 法

教学目的

通过教学使学生了解和掌握以下知识点：我国民法调整的对象、主要原则和基本制度、了解民事法律关系及其构成、民事法律关系主体的权利能力和行为能力、民事法律行为和代理的法律规定、民事权利——物权、债权和人身权的基本含义和构成、民事责任的构成及其种类以及民事诉讼时效等。通过理论教学和教学案例，使学生基本掌握我国民法的主要内容，加强自身的民事法律意识，能够分析和处理一般民事纠纷和案件，自觉处理好身边的民事法律关系。

第一节 民法的概念和调整对象

一、民法的概念

我国民法是调整平等主体的公民之间、法人之间以及公民和法人之间的财产关系和人身关系的法律规范的总称。民法是我国社会主义法律体系中的一个独立的法律部门，是调整民事法律关系的基本法。它涉及国民经济各行各业、各个领域的发展，它涉及法人和其他各类组织的经济活动、民事活动，它涉及所有公民的衣食住行、生老病死。可以说民法是内容最广、使用频率最高的法律部门之一。随着我国社会主义市场经济的发展和深入，我国民法的地位和作用将会越来越重要。

二、民法调整的对象

《中华人民共和国民法通则》(以下简称《民法通则》)规定，我国民法是调整平等主体的公民之间、法人之间、公民和法人之间的财产关系和人身关系。这一规定，对我国民法的调整对象作了明确而又十分科学的概括。

《民法通则》中的财产关系是指人们在物质资料生产、分配、交换和消费过程中所形成的以财产为直接内容的经济关系。具体地说，包括财产所有关系和财产流转关系。财产的占有、使用、收益和处分是财产所有关系的基本内容，从表现形式上看，财产所有关系反映的是静态的财产关系，而财产的交换、分配与财产的流转关系密切相关，财产流转关系反映的是动态的财产关系。如甲从乙处购买货物，货物的所有权便从乙处转移到了甲处。财产所有关系和财产流转关系在民法的“财产所有权制度”“债权制度”“知识产权制度”“赔偿请求制度”“财产继承制度”等方面都得到了充分的体现和反映。这是我国民法调整对象的主要部分。

《民法通则》中的人身关系是指与人身不可分离而又不具有直接财产内容的社会关系。如姓名、名誉、肖像、身体健康、创作、发明等而发生的关系。虽然这些关系本身不具有财产内容，但在一定条件下，它又与财产关系密切相关，可以成为财产关系发生的前提。如享有版权、专利权的人可以获得稿酬、专利使用费。因此，这些人身关系也是我国民法的调整对象。在《民法通则》的“民事权利制度”“侵权民事责任制度”“知识产权制度”中，这些关系也得到了充分反映。

民法所调整的财产关系和人身关系既有联系，又有区别。两者的联系在于：作为民法的调整对象，两者都是平等主体间的社会关系。两者的区别主要体现在：第一，财产关系以一定的物质利益为内容，而人身关系则以特定的人身利益（即非物质的利益）为内容；第二，财产关系的主体可依法或依约定而变更，而人身关系则因特定的人身利益与特定主体的不可分离性，而不得变更。

三、民法的基本原则

民法的基本原则是我国民事法律的灵魂和指导思想，是我国民事立法、司法、法律解释以及公民、法人进行民事活动必须共同遵循的基本准则。根据《民法通则》的规定，民法的基本原则可以概括为以下几方面。

（一）当事人地位平等原则

当事人地位平等原则是指民事关系的主体在民事活动中的法律地位平等，这是民法的最基本特征。平等原则主要体现在以下几方面：(1)当事人互不隶属、依附，各自独立自主；(2)当事人之间平等享受权利和平等承担义务，权利义务是对等和一致的；(3)当事人通过平等协商设立权利义务，任何一方不能把自己的意志强加于对方；(4)国家依法平等地保护当事人的合法权益，当事人的民事诉讼地位平等。

（二）自愿、公平、等价有偿、诚实信用的原则

1. 自愿原则

自愿原则是指民事关系的主体在民事活动中的意思表示应当出于内心意愿，不允许强迫、威胁、干涉等违背对方意愿而进行民事活动，否则，该民事活动则是无效的。

2. 公平原则

公平原则是指民事关系主体在进行民事活动中，承担民事责任应当公平合理，也就是民事关系主体享有民事活动的机会均等。如有重大误解或显失公平而为的民事行为，受损害一方有权要求变更或撤销。

3. 等价有偿原则

等价有偿原则是指民事关系主体在民事活动中，相互实现经济利益时，应以等价交换为原则，不能无偿占有对方的财产或占有对方的劳务。

4. 诚实信用原则

诚实信用原则是指民事关系主体在民事活动中，应当实事求是，讲究信誉，信守诺言，严格履行法定或约定的义务。任何粗制滥造，获取暴利，假冒伪劣产品，以次充好，短斤缺两等行为都有违诚实信用原则。

（三）保护公民和法人的合法民事权益原则

保护公民和法人合法民事权益原则是指民事关系主体的合法民事权益受国家法律保护。公民和法人合法的民事权益包括财产所有权、相邻权、债权、知识产权、继承权等。公民和法人通过享有和行使这些民事权利，就能取得一定的权益，实现自己进行民事活动的目的。任何公民和法人非法侵害了其他公民、法人的合法权益，都要受到法律追究，并承担相应的民事责任。

（四）民事活动必须遵守国家法律和政策原则

民事活动必须遵守国家法律和政策原则是指一切民事活动必须遵守法律。法律没有规定的，应当遵守国家政策。公民和法人在进行民事活动中，必须遵守法律，包括两方面的内容：(1)民事活动的内容要遵守法律规定。如法律规定，所有人不明的埋藏物、隐藏物的所有权属国家所有，公民或法人发现后不得侵占、哄抢、私分。再如，拾得遗失物、漂流物或者失散的饲养动物，应当归还失主等等。(2)民事活动的形式要符合法律规定。如不动产的买卖必须按规定到有关部门办理手续，否则就是民事活动的形式不符合法律规定。

（五）尊重社会公德和社会公共利益原则

社会公德就是人们在社会公共生活中应当共同遵循的基本道德。违背社会公德的民事活动既不具有法律效力，也不受法律保护。公民在民事活动中，不得损害社会公共利益、不得扰乱社会经济秩序，否则，也是无效民事行为。

（六）民法基本原则的功能

1. 立法准则的功能

民法基本原则的立法准则功能，是指民法基本原则在民事立法中的指导作用和约束力。民事立法必须在一定的原则指导下进行，没有一定的原则指导，民事立法就难以准确体现立法的宗旨，也难以达到立法的目的。

2. 行为准则和审判准则的功能

民法的行为准则功能和审判准则功能，是指民法基本原则在民事活动和民事审判中的指导作用和约束力。民法基本原则虽然具有非规范性和不确定性的特点，但它却体现了民法的精神实质和价值取向,对整个民事法律制度有着统帅作用。在我国目前民事立法尚不完善、存在着诸多缺陷的情况下,民法基本原则对民事活动和民事审判就起着重要的指导作用。

3. 弥补民事法律规范缺陷的功能

弥补民事法律规范缺陷的功能,是指民法基本原则在民事法律规范存在缺陷的情形下,可起到弥补其缺陷的作用。民法基本原则实质上就是原则性民法规范,是具体民法规范的补充。

第二节　民事法律关系

一、民事法律关系概述

(一) 民事法律关系的概念

民事法律关系是指公民之间、法人之间以及公民和法人之间发生的符合民事法律规范,具有民事权利和民事义务内容的社会关系。在现实生活中,随时都发生着大量的具体的社会关系,其中只有通过民法确认的某些社会关系才是民事法律关系,如所有权关系、债权关系、继承权关系、著作权关系等。把社会关系上升为法律关系,是国家组织社会生产和稳定生产关系必须采取的一项措施。社会生产和社会生活中某些关系一旦为民事法规所确认,上升为民事法律关系,这种关系所确认的民事权利和民事义务就可以由国家强制力保证其实现。如恋爱关系不属于民事法律关系,而婚姻关系则是民事法律所确认的一种民事法律关系。

(二) 民事法律关系的特征

民事法律关系和其他社会关系相比,有其自身的特征:(1)它是一种由民事法律所确认的平等主体之间发生的社会关系。(2)它是平等主体之间以民事权利和义务为内容的社会关系。(3)它是以国家强制力保证其实现的社会关系。

二、民事法律关系的构成要素

(一) 民事法律关系的主体

民事法律关系的主体是指参与民事法律关系、享受权利和承担义务的当事人。在我国能够成为民事法律关系主体的主要是:公民和法人。国家只有在特殊情况下,才能成为民事法律关系的主体,如国家发行国库券等。

在民事法律关系中,大多数情况是一个权利主体和一个义务主体对应。但也有不少情况是一方为一个人,另一方为多数人或双方都是多数人,尽管如此,他们的法律地位是平等的。

（二）民事法律关系的内容

民事法律关系的内容是指民事法律关系的主体所享有的民事权利和承担的民事义务。当事人之间的权利和义务关系是民事法律关系的核心。多数情况下，当事人双方都享有权利，同时又都承担义务。但也有些例外，如甲乙双方通过合同约定：甲借给乙一万元钱，甲乙之间就形成了借贷的民事法律关系。甲有权要求乙还钱，乙有义务把钱还给甲。这种权利义务关系，就是借贷这一民事法律关系的内容所在，不同的民事法律关系中的权利和义务内容是不同的。

（三）民事法律关系的客体

民事法律关系的客体，也称为标的，它是指民事权利和民事义务共同指向的具体对象。通常认为可以成为民事法律关系客体的有物、行为智力成果和人身利益。

(1) 物。物是指现实存在的并具有经济价值的物品。它既包括天然的物，又包括劳动创造的物。作为民事法律关系客体的物，是具有法律意义的物，物是民事法律关系中最主要、最普通的客体。如所有权法律关系中的客体一般都是物；继承权关系中的客体一般也多是物；债权关系中的客体主要的还是物。

(2) 行为。行为是指人们的活动，是权利人行使权利和义务人履行义务进行的活动。它包括劳务和服务，如债权关系中的承揽、运送、保管等。

(3) 智力成果。智力成果是指人们脑力劳动的成果。如某项发明、某一著作等。智力成果是知识产权和技术转让等合同的客体。

(4) 人身利益。人身利益主要是人身权法律关系的客体。

三、民事法律事实

1. 民事法律事实的概念和特征

民事法律事实，是指能够引起民事法律关系发生、变更或消灭的客观现象或事实，简称法律事实。

民事法律事实有两个特征：(1)民事法律事实是一种客观现象或事实而非主观意识；(2)民事法律事实能引起民事法律关系的产生，变更和消灭。并非任何事实都能成为法律事实，只有为法律规定或承认的并能产生民事后果的那些事实，才能成为法律事实。

民事法律事实是建立民事法律关系的前提或基础，民事法律关系是法律事实的必然的法律后果。法律事实在民事法律关系的理论中占有重要的地位。

2. 法律事实的分类

法律事实可分为事件和行为两大类。

事件是指与当事人意志无关的那些客观现象，即当事人无法预见或控制的事实。主要有：(1)自然人死亡的事实。它能引起主体资格的消灭，继承关系的发生等；(2)发生自然灾害和意外事故的事实。它可引起合同关系的变更或解除以及免除民事责任等法律后果；(3)时间经过的法律事实，它可以引起一定的请求权的发生或消灭。

行为是指与人们意志有关的那些法律事实，是受人的意志所支配的活动。大多数行为都是有目的、有意识的，但过失行为或无意发生法律后果的行为也可能引起民事法律关系的产生。行为可分为合法的行为与违法的行为，其中合法的行为是指符合国家法律规定或为国家法律所认可的行为，在民法上主要表现为民事法律行为。民事法律行为是最重要的法律事实。

第三节　民事主体

一、公民（自然人）

公民是指具有一国国籍的自然人。《民法通则》中规定的公民仅指中国公民，不包括外国公民。中国公民就是具有中华人民共和国国籍的人。公民与自然人不完全相同。自然人是基于自然状态出生的人，自然人既包括我国公民，也包括外国人和无国籍人。作为民事法律关系主体的公民，必须具有民事权利能力和民事行为能力。

（一）公民的民事权利能力

1. 公民的民事权利能力的概念

公民的民事权利能力是指公民依法享有民事权利和承担民事义务的能力或资格。公民只要具备民事权利能力，就具有作为民事权利主体的资格。公民的民事权利能力不是天赋的，而是法律赋予的。公民的民事权力能力既包括享受民事权利的资格，也包括承担民事义务的资格，即“任何公民享有法律规定的权利，同时必须履行法律所规定的义务。”

2. 公民民事权利的开始和终止

《民法通则》规定，公民从出生时起到死亡时止具有民事权利能力，依法享有民事权利，承担民事义务。这一规定表明，我国公民的民事权利能力是“始于出生，终于死亡。”

(1) 公民民事权利的开始。公民的民事权利能力始于出生。所谓出生，就是胎儿从母体中分离出来。它应符合两个条件，一是“出”，二是“生”。我国以胎儿完全脱离母体并能独立呼吸为标准，如果胎儿已完全脱离母体，独立存在，但并未独立呼吸就不是出生，而是死体。

(2) 公民民事权利的终止。公民的民事权利能力是同公民民事主体资格一致的，公民只有在死亡时才丧失民事主体资格。因此，公民的民事权利能力也在死亡时终止。所谓死亡就是人的生命的终结。法律上所讲的死亡，包括自然死亡和宣告死亡两种：

① 自然死亡即瞳孔放大，呼吸停止，心脏停止跳动。死亡时间一般应以医院出具的死亡证上标明的死亡时间为准。

② 宣告死亡是通过一定的法律条件和程序，由人民法院对失踪公民推定死亡的一种法律制度。宣告死亡的条件有三：一是公民下落不明需要达到法律规定的期限；二是必须有利害关系人申请；三是由人民法院宣告死亡。《民法通则》第二十三条规定，公民有下列情形之一的，利害关系人可以向人民法院申请宣告他死亡：下落不明满四年的；因意外事故下落不明的，从事故发生之日起满两年的；战争期间下落不明的，下落不明的时间从战争结束之日起计算。

由于宣告死亡是推定死亡，所以对被宣告死亡的人，仍然存在着两种可能性：即真的死亡或没有死亡。如果被宣告死亡的人实际上没有死亡,这样的人在法律上的地位怎样呢?《民法通则》规定,有民事行为能力的人在被宣告死亡期间实施的民事法律行为有效。被宣告死亡的人如果重新出现或确知他没有死亡,经本人或者利害关系人的申请,人民法院应当撤销对他的死亡宣告。被撤销死亡宣告的人,有权请求返还依照继承法应当由他继承的财产,相关公民或者组织,应当返还原物;原物不存在的,应给予适当补偿。

(二) 公民的行为能力

1. 公民的行为能力的概念

公民的民事行为能力是指公民通过自己的行为独立地行使民事权利与承担民事义务,并对自己的行为,承担法律责任的能力和资格。

公民的民事权利能力和行为能力是既有联系又有区别的。它们都是法律赋予、不容剥夺和侵犯的。民事行为能力是以民事权利能力为前提的,而民事行为能力又是实现民事权利能力的条件。两者的主要区别是公民的民事权利能力是人人都有,是普遍的、无条件的,而公民的民事行为能力则不是人人都有,它取决于公民的年龄,智力和精神健康状况等因素,由此产生对客观事物的识别和判断能力。无民事行为能力的人实施的民事行为是无效的。

2. 公民的行为能力的种类

以公民的年龄、智力和精神健康状况为标准,可将公民的民事行为能力分为三种情况:

(1) 完全行为能力。它是指能够通过自己独立的行为进行民事活动的能力。《民法通则》规定,年满十八周岁以上的公民是成年人,具有完全行为能力,可以独立进行民事活动,是完全民事行为能力人。十六周岁以上不满十八岁的公民,以自己的劳动收入为主要生活来源的,视为完全民事行为能力人。

(2) 限制民事行为能力。它是指公民具有的、不完整的、受到一定限制的民事行为能力。《民法通则》规定,年满十周岁以上的未成年人和不能完全辨别自己行为的精神病人是限制民事行为能力人,可以进行与他年龄、智力或精神状况相适应的民事活动,其他民事活动由他的法定代理人代理或需征得他的法定代理人的同意。

(3) 无民事行为能力。它是指公民不具有以自己的独立行为取得民事权利、承担民事义务的能力。《民法通则》规定,不满十周岁的未成年人和不能辨别自己行为的精神病人是无民事行为能力人,由他的法定代理人代理其民事活动。例如:七岁的儿童,从其父亲处继承了一幢房屋,这个儿童和其他公民一样,享有财产权的权利能力,他通过继承,实际上取得了房屋的所有权,但他要行使出租该幢房屋的权利时,由于他是无行为能力的人,就必须通过他的法定代理人办理房屋租赁事宜。

(三) 监护制度

监护制度是为保护无民事行为能力人和限制民事行为能力人的合法权益的一种法律制度。监护人一般都是被监护人的法定代理人。

1. 监护人的主要职责

监护人的主要职责是:

(1) 保护被监护人的人身、财产和其他合法权益;

(2) 负责对监护人抚养教育;

(3) 代理被监护人进行民事活动，包括代理诉讼。

2. 监护人的设置

监护人的设置有两种方式：一是法定监护；二是指定监护。

(1) 法定监护。法定监护是在法律规定的人员中直接规定监护人。《民法通则》规定，未成年人的监护人首先是其父母、父母死亡或者丧失监护能力的可以由有监护能力的祖父母、外祖父母、兄、姐以及关系密切的其他亲属、朋友担任。没有以上监护人的，由未成年人的父母所在单位或者未成年人住所地居民委员会、村民委员会或民政部门担任监护人。对无民事能力、限制民事行为能力的精神病人的监护，首先是配偶，其次是父母、成年子女、其他近亲属以及关系密切的其他亲属、朋友。没有以上监护人的由其所在单位或者所在地的居民委员会，村民委员会或者民政部门担任监护人。

(2) 指定监护。指定监护是指没有法定监护人或者对担任监护的人有争议的，由有关部门或人民法院指定监护。

二、法人

1. 法人的概念及条件

法人是指具有民事权利能力和民事行为能力、依法独立享有民事权利和承担民事义务的组织。

法人是一种社会组织，这是它与公民的根本区别。但并不是所有社会组织都是法人。只有具备了法定条件的社会组织才能取得法人资格，从而以法人身份进行民事活动。

作为法人应当具备以下条件。

(1) 依法成立。法人的成立必须有法律依据。一是直接根据国家有关法律或者行政法规成立的组织，如依照《人民法院组织法》成立的各级人民法院等；二是依照国家机关的行政命令成立的组织。如依照国务院或国务院有关部门的决定成立的企业事业单位；三是依照法律规定的其他程序才能成立，如企业法人必须经主管机关核准登记并公告，才能成为法人。

(2) 有必要的财产或经费。法人必须具备法律所规定的财产和经费，才能取得法人资格。这些财产或经费，是法人独立进行生产、经营、开展业务活动的物质基础，也是法人独立承担民事责任的物质保障。法人的财产和经费，必须符合国家规定的与其生产或服务规模相适应的资金数额，包括固定资产和流动资金。

(3) 有自己的名称、组织机构和场所。法人的名称、组织机构和场所是法人进行民事活动的重要条件。法人的名称和公民的姓名一样，是法人进行民事活动中使用的名称。法人的名称受到国家法律的保护，其名称权和以名称制造的产品受到盗用、假冒侵害时，该法人有权向人民法院提起诉讼，要求停止侵害、恢复名誉、消除影响、赔礼道歉，并可以要求赔偿损失。

法人的组织机构和场所是指法人的内部组织系统和法人对内对外组织生产、经营、开展业务活动和民事活动的场所。未经批准，既无资金、设备，又无生产、工作场所的“皮包公司”应予以取缔。

(4) 能够独立承担民事责任。能够独立承担民事责任主要是指法人应当独立核算，自负盈亏，能够以自己的名义和以自己经营管理的或者自己所有的财产独立承担民事责任，而不是依靠自己的上级组织或者其他组织、个人来承担民事责任。同时还包括法人能够独立地以自己的名义起诉,独立地参加民事诉讼活动,并承担民事诉讼中的法律责任。

2. 法人的民事权利能力和民事行为能力

(1) 法人的民事权利能力。法人的民事权利能力始于法人成立,终于法人消灭。法人的民事权利能力取决于其性质、活动范围和所担负的社会职责。法人只能在法律、法规核准登记的范围内活动。

(2) 法人的民事行为能力。法人的民事行为能力始于法人成立,终于法人消灭。法人的民事行为能力和它的民事权利能力在范围上一致。法人的民事行为能力是由法人的法定代表人或其代理人来实现的。法人的法定代表人是指由法律规定的、对外代表法人的人或集体,如厂长、经理、管理委员会、理事会。

3. 法人的变更

法人的变更是指法人在性质、组织机构、经营范围、财产状况以及名称、住所等方面的重大变更。法人变更时,应依法向登记机关申请办理变更登记,并应在指定的报刊上进行公告,让他人知晓,否则不能产生变更的效力。法人组织机构上的变更主要表现为法人的合并、分立等,前者如两个法人合并为一个法人,后者如一个法人分立为两个法人。《民法通则》第四十四条规定:"企业法人分立、合并,其权利和义务由变更后的法人享有和承担。"

4. 法人的终止

法人的终止是指法人丧失了法律上的人格。我国民法通则第四十五条规定,"企业法人由于下列原因之一终止:(一)依法被撤销;(二)解散;(三)依法宣告破产;(四)其他原因。"

三、合伙

合伙是指两个以上公民按照协议,各自提供资金、实物、技术等,合伙经营,共同劳动。

合伙的特征:(1)合伙基于公民间的合伙合同产生,须有两个以上的公民签订合伙协议。(2)合伙人共同出资。共同出资是合伙人共同经营的物质条件。合伙人可以资金、实物等有形资产作为自己的出资,也可以技术等无形资产作为自己的出资。(3)合伙人共同劳动、共同经营。但是并非所有的合伙都具有这一特征。

实践中许多合伙的合伙人只出资金、实物或技术,而不参与经营、劳动,但参与合伙盈余分配并承担亏损,仍应视为合伙;合伙人有共同的经济利益与风险。合伙经营积累的财产,归合伙人共有;合伙人对合伙债务承担连带责任。

四、个体工商户

个体工商户是指公民在法律规定的范围内,依法核准登记并取得营业执照,从事工商业经营的经济单位。其特点是以其家庭成员为主,用自有的手工工具等生产资料和资金向社会提供商品和劳务,我国民法在个体工商户遵守国家政策法律的前提下保护其正当经营、合法收益和资产。

个体工商户具有如下特征:(1)个体工商户的主体是个体劳动者;(2)个体工商户从事在法律允许范围内的工商经营活动;(3)个体工商户须依法核准登记。

五、农村承包户

农村集体经济组织的成员，在法律允许的范围内，按照承包合同规定从事商品经营的，为农村承包户。农村承包户是相对独立的商品生产经营者，独立经营，自负盈亏，通过与集体签订承包合同，对其承包的土地和其他生产资料享有使用权和收益权。

农村承包经营户具有下列特征：(1)农村承包经营户为农村集体经济组织的成员；(2)农村承包经营户在法律允许的范围内从事商品生产、经营活动；(3)农村承包经营户是通过各种承包合同发生的。

《民法通则》第二十九条规定："个体工商户、农村承包经营户的债务，个人经营的，以个人财产承担；家庭经营的，以家庭财产承担。"必须说明的是：(1)以公民个人名义申请登记的个体工商户和个人承包的农村承包经营户，用家庭共有财产投资，或者收益的主要部分供家庭成员享用的，这些情况实属家庭成员共同投资或共享收益。其债务应以家庭共有财产清偿。(2)在夫妻关系存续期间，一方从事个体经营或者承包经营的，其收入为夫妻共有财产，债务亦应以夫妻共有财产清偿。(3)个体工商户、农村承包经营户的债务，如以其家庭共有财产承担责任时，应当保留家庭成员的生活必需品和必要的生产工具。

第四节 民事法律行为和代理

一、民事法律行为

(一) 民事法律行为的概念、特征

1. 民事法律行为的概念

民事法律行为是民事主体设立、变更、终止民事权利和民事义务的合法行为。它是最重要的民事法律事实，是各种民事权利义务产生、变更或消灭的最为普遍的、最为重要的依据。

2. 民事法律行为的特征

(1) 它是民事主体实施的行为。

(2) 它是以行为人的意思表示为条件的。意思表示是指民事主体将其期望发生某种民事效果的内心意志表示于外部的行为。民事主体只有把其内心意思表示于外部，其内心意思才有可能获得法律意义。

(3) 它是合法行为。我国民法对民事法律行为的实施主体、实施内容和方式均有严格的要求和规定。因此凡是符合这些要求的民事法律行为就必然产生合法的法律效果。

(4) 它是能够引起行为人预期的法律后果而实施的行为。

(二) 民事法律行为的有效条件

民事法律行为的有效条件是指民事行为合法有效所必备的条件。可分为实质条件和

形式条件。

1. 民事法律行为的实质条件

(1) 行为人具有相应的行为能力。行为人包括公民、法人和其他社会组织等。对公民来说,只有成年人、精神正常的人才具有完全的行为能力,才能独立地进行民事法律行为。限制行为能力人只有在法律规定的范围内进行某种为满足日常生活需要的法律行为,其他的法律行为则必须由其法定代理人代理,或者必须征得法定代理人同意和追认方能有效。

对法人来说,在其实施民事法律行为时,其行为应同其生产经营、业务活动范围相适应。反之,法律禁止其生产经营、业务活动范围的民事行为视为不具有相应的民事行为能力,其行为当属无效。

(2) 行为人的意思表示必须真实、自愿。行为人为法律行为必须出于本人的自愿,他的意思表示也必须真实,表里如一。这是确认法律行为是否有效的一项重要原则。任何经受威胁、欺诈、强迫命令或重大误解而构成的法律后果,都是违背真实自愿的原则,因而也就会导致民事行为无效的后果。

(3) 不违反法律和社会公共利益。民事法律行为从本质上讲必须是一种合法的民事行为;只有合法才能得到法律的保护,才能产生行为人预期的法律后果。民事法律行为除应不违反法律外,还应不违反社会公共利益。

2. 民事法律行为的形式

民事法律行为的形式是指行为人内在意思表现于外部行为的表现形式。《民法通则》规定:民事法律行为可以采用书面形式、口头形式或者其他形式。法律规定为特定形式的,应当依照法律规定。由此可见,民事法律行为的形式可分为三种。

(1) 书面形式。书面形式是指行为人以文字的方式进行思表示。书面形式是民事法律行为的一种重要形式。也是法律所提倡的形式。其优点是有文字依据,易于查证其内容,便于履行和监督、检查,便于解决可能发生的争议;缺点是比较繁琐,费时间,对当事人有一定文化要求。

民事法律行为除可以适用口头形式的情况外,一般都宜采用书面形式。书信、电报、电传、签订书面合同以及修改合同的文书、电报、图表等,均是书面形式。

(2) 口头形式。口头形式是指行为人以口头语言的方式进行意思表示的民事法律行为。口头形式包括当场交谈和通过电话交谈。凡法律没有规定采用书面或特定形式的民事法律行为,均可采用口头形式。

口头形式主要用于数额不大或数额虽大,但可当场清结的民事法律行为。其优点是简便易行,其缺点是没有文字根据,一旦发生争执,往往难以证明其真实性。因此,数额较大,有时间性,内容较复杂的民事法律行为,即使法律对其形式未作规定,也以书面形式为佳。

(3) 其他形式。其他形式是指除口头形式和书面形式以外的形式。它包括默示形式、视听资料形式等。

默示形式是指行为人没有明确意思表示,其内在意思以逻辑推理的方法或按照生活习惯推定的方法得知的民事法律行为。默示可分为作为的默示和不作为的默示。前者如当房屋租赁合同期满后,承租人仍按原租金额交给出租人,出租人也仍如数接收。承租人虽未明确表示续租,出租人也未明确表示同意,但从双方的行为可以推定双方实际上同意延长房屋租赁合同的期限;后者如继承开始后,继承人没有做出放弃继承的表示,就视为接受继承的意思表示。默示作为法律行为只有在法律明文规定或在双方当事人约定的情况下才能适用。

视听资料形式，是指行为人以录像、录音磁带等音像手段反映的形象。音像或电子计算机磁盘反映的内容等进行意思表示的形式。以视听资料形式进行意思表示是现代科学发展的结果，其先进性、科学性和准确性的特点是显而易见的。

（三）无效的民事行为和可撤销的民事行为

1. 无效的民事行为

无效的民事行为是指不具备民事法律行为应具备的有效条件，因而不具有法律约束力的民事行为。《民法通则》规定下列民事行为无效：

(1) 无民事行为能力人实施的民事行为；

(2) 限制民事行为能力人依法不能独立实施的民事行为；

(3) 一方以欺诈、胁迫或者乘人之危的方法损害国家利益的民事行为；

(4) 恶意串通损害国家、集体或者第三人利益的民事行为；

(5) 违反法律或者社会公共利益的民事行为；

(6) 以合法形式掩盖非法目的的民事行为。

2. 可撤销的民事行为

可撤销的民事行为是指行为人对行为内容有重大误解或者行为结果显失公平等。一方当事人有权请求人民法院或者仲裁机关予以变更或者撤销的民事行为。这种法律行为之所以可以撤销是由于行为人的意思表示违反了自愿、真实的原则。这种法律行为处于相对的不稳定状态，被撤销的民事行为从行为开始起就无效。可撤销的法律行为有以下几种。

(1) 行为人对行为有重大误解的民事行为。重大误解是指行为人因对行为的性质、对方当事人、标的物的品种、质量、规格和数量等发生错误认识，使行为的后果与自己的意思相悖，并造成较大损失的行为。

(2) 显失公平的民事行为。显失公平的民事行为是一方当事人利用优势或对方没有经验，致使双方的权利与义务明显违反公平、等价有偿原则的行为。

(3) 欺诈、胁迫、乘人之危的民事行为。欺诈的民事行为是指因受对方当事人欺诈而陷入错误，从而做出不真实的意思表示的民事行为；胁迫的民事行为是指行为人因受他人的以现实的危害行为的逼迫或预告将要实施危害的胁迫而陷于恐惧，从而以不真实意思表示而为的民事行为；乘人之危的民事行为是指行为人利用他人的为难处境或紧迫需要，强迫对方接受某种明显不公平的条件并做出违背其真实意志的意思表示。

二、代理

（一）代理的概念和特征

1. 代理的概念

代理是指代理人在代理权限内，以被代理人的名义同第三人实施的法律行为，其后果直接由被代理人承担的民事法律行为。

2. 代理的特征

(1) 代理人必须在被代理人授予的代理权限内进行民事活动；

(2) 代理人以被代理人的名义实施的民事法律行为；

(3) 代理人是同第三人实施的民事法律行为；

(4) 代理行为的法律后果直接由被代理人承担。

(二) 代理制度的意义

代理是一种重要的民事法律制度。公民和法人在商品经济高度发展的社会中，不可能所有的民事活动都要和都能亲自去参与、去处理，而可以通过委托别人代为进行。

代理制度的建立和不断完善，可以使公民和法人得以突破智力、能力、健康、时间和地域上种种条件的局限，而能在十分广阔的领域内，以至可以超越国界进行民事活动，以实现自己的民事权益。

(三) 代理的种类

1. 委托代理

委托代理是指代理人的代理权是基于被代理人授权的意思表示而产生的代理。委托代理是代理制度中最重要、运用最广泛的一种代理形式。如公民委托他人买卖、租赁、借贷，与法人签订购销、承揽等合同。

被代理人向代理人委托授权的方式有口头形式和书面形式两种。

(1) 口头形式的委托代理。公民之间一般金额不大的经济事务可以用口头委托。

(2) 书面形式的委托代理。书面形式法人之间的经济事务，都应当采取书面形式。书面委托的形式一般称委托书或代理书，它是代理权的证明。它必须包括以下内容：代理人的姓名、代理的事项、代理的权限和期限等。最后，被代理人还要签名、盖章。在代理活动中，代理人应出示代理证书，以证明自己的代理资格。

2. 法定代理

法定代理是指由法律根据一定的社会关系而直接规定的代理。在法定代理中，代理人享有的代理权是由法律直接规定的，与被代理人的意志无关。法定代理根据的社会关系，主要指父母子女之间的血缘关系，收养关系；配偶之间的婚姻关系等。

设定法定代理的目的是为了保护无行为能力人和限制行为能力人的利益，使他们可以享受民事权利和履行民事义务。

3. 指定代理

指定代理是指根据人民法院或者其他单位的指定行使代理权的代理。指定代理中的被代理人应是无民事行为能力或限制行为能力的公民。

在我国，有权指定代理人的除人民法院外，其他单位还包括：一是未成年人所在单位或精神病人的所在单位；二是未成年人或精神病人住所地的居民委员会或村民委员会。

(四) 无权代理

1. 无权代理的概念

无权代理是指没有代理权而以他人的名义进行代理活动的民事行为。其产生原因如下：(1)没有代理权而为代理行为；(2)超越代理权限而为代理行为；(3)代理权终止后而为代理行为。

2. 无权代理的法律后果

(1) 由被代理人承担民事责任。从原则上讲,无权代理行为对“被代理人”不产生法律效力。但在下列情况下,由被代理人承担民事责任:一是经过被代理人追认。被代理人在认为无权代理行为符合自己的愿望或利益时则有权追认。其追认具有溯及力,一经追认,其代理关系即被认为自始有效;二是“本人知道他人以自己的名义实施民事行为而不作否认表示的,视为同意”,因而对“他人以自己的名义实施的民事行为”承担民事责任。

(2) 无权代理人承担赔偿责任。除“(1)”所说的情况外,无权代理行为应由无权代理人承担责任,无权代理人对无权代理行为给相对人和被代理人造成的财产损害均应承担赔偿责任。

(五) 表见代理

表见代理是指行为人虽无代理权,但由于本人的行为,造成了足以使善意第三人相信其有代理权的表象,而与善意第三人进行的、由本人承担法律后果的代理行为。

表见代理实质上是无权代理,是广义无权代理的一种。若无权代理行为均由被代理人追认决定其效力的话,会给善意第三人造成损害,因此,在表见的情形之下,规定由被代理人承担表见代理行为的法律后果,更有利于保护善意第三人的利益,维护交易安全,并以此加强代理制度的可信度。

第五节 民事权利

一、民事权利的含义和种类

(一) 民事权利的含义

民事权利是指民事主体依照法律规定或者合同约定,根据自己的意志为一定行为或不为一定行为,以实现自己某种利益的可能性。

(二) 民事权利的种类

民事权利包括五种:物权、债权、继承权、知识产权、人身权。这五大权利又可分为财产权和人身权两大类。其中前三种属于财产权,知识产权则具有二重性,既具有财产权的性质,又具有人身权的性质。

二、物权

(一) 物权的概念和特征

物权,是权利主体在法律规定的范围内,直接支配其物,并排除他人干涉的民事权利。物权具有以下法律特征。

(1) 物权是一种对世权。它的权利主体总是特定的人,而义务主体则是不特定的人。

也就是说，物权权利主体以外的一切人，都是物权关系的义务主体，都负有不得侵犯他人的物权的义务。物权从本质上讲它是人与人之间的关系，而非人对物的关系。

(2) 物权的客体是特定的独立之物，不包括行为和精神财富。具体地说：①物权的客体是物，即有体物。②物权的客体——物是特定的、独立的。物权人只有对独立的特定物才有可能行使直接支配的权利。

(3) 物权的内容是对物的直接管领和支配。物权权利主体实现其权利，只要符合法律规定，不需要他人积极地为相应的协助行为；物权义务主体的义务就是不干涉物权人行使其权利的不作为。

(4) 物权是绝对权，具有独占性和排他性。所谓独占性是指同一物上不能有内容互不相容的两个物权。即使在共有的场合，由于共有人对标的物的权利具有量的限制，实质上也只有一个物权。所排他性是指物权作为一种支配权，具有排除他人干涉的性质。

(5) 物权具有追及力和优先权。所谓物权的追及力，是指物权的标的物无论辗转落入何人之手，物权人都可以追及其物，向实际占有人主张其权利。所谓优先权，是指同一物上有数种权利时，物权具有较其他权利优先行使的权利。具体地说，物权优先于债权；有担保的权利，优先于无担保的权利；先设定的物权，优先于后设定的物权。

(6) 物权保护方法的广泛性。物权受到侵害时，既可适用返还原物、停止侵害、排除妨碍、消除危险、恢复原状等物上请求权，还可适用赔偿损失、返还不当得利等债权的方法保护物权。

（二）所有权的概念和特征

1. 所有权的概念

所有权是指所有人依法对自己的财产享有占有、使用、收益和处分的权利。

2. 所有权的特征

(1) 所有权是物权中最基本、最完善的物权。所有权是其他民事法律关系的出发点和归宿。在物权中，只有所有权具有占有、使用、收益和处分四项完整的权能，其他如抵押权、留置权等物权，都只有其中的部分权能。所有权人对属于他的财产，除法律另有规定的以外，享有完全的支配权。

(2) 所有权是绝对权。所有人不需要他人以积极的行为加以协助，只要他人不加干涉，所有人自己便能实现其所有权。所有权的义务主体是除所有人以外的一切人。他们所承担的义务是不得非法干涉所有权人行使所有权。

(3) 所有权是对世权。所有权的对世权是针对除权利人以外的世界上一切人而言的民事权利。在所有权关系中，权利主体是特定的，即所有人，而义务主体不是特定的，即除所有人以外的世上的任何人都是所有权的义务主体。在所有人行使所有权时，任何他人都负有不侵犯其所有权的义务。

3. 所有权的内容

所有权包括占有、使用、收益、处分四个方面的内容，这四个方面的内容称为所有权的四项权能。

(1) 占有。占有是所有权人对于财产实际持有或控制的权利。占有通常是所有人行使。所有权人可以自己占有财产，也可以由非所有人占有，非所有人占有分为合法占有和非法占有。前者如承租人占有租赁物，后者如小偷占有赃物。

(2) 使用。使用是按照财产的性能和用途对财产加以利用。使用是为了实现物的使用价值。如人们居住房屋,收看电视等。使用权一般是由所有人自己行使,也可以由非法所有人行使。非所有人根据法律或约定使用他人财产是合法使用,否则,为非法使用。

(3) 收益。收益是收取财产在使用过程中所产生的利益。收益也称孳息。孳息分为法定孳息和自然孳息。前者如银行利息、股票红利、出租房屋的租金,后者如果树结出的果实、鸡生出的蛋。收益权一般也由所有人行使,也可由非所有人依法或按约行使。

(4) 处分。处分是指所有人对其财产的处置,决定财产事实上或法律上命运的权利。这是所有权内容的核心,是所有权最基本的权能。处分可以分为事实上的处分和法律上的处分。前者如把属于自己的房屋拆除、生活上消耗食物等。后者如甲某将属于自己的物品转让给乙某。由于处分权是决定财产命运的一种权利,因此这一权能通常只能由所有权人自己行使,非所有人没有合法的根据不得随意处分他人所有的财产。

4. 所有权的保护

财产所有权的保护是指国家通过司法和行政程序保障所有人在法律许可的范围内对其所有的财产行使占有、使用、收益和处分权利的制度。这是所有权法律制度中必不可少的组成部分。根据《民法通则》以及其他民事法律、法规的规定,我国民法对所有权的保护有以下特殊的方法:

(1) 确认所有权。在所有权的归属问题发生争议,处于不确定状态的时候,所有人可以向人民法院提起诉讼,请求确认所有权。

(2) 恢复原状。所有人的财产因受非法侵害遭到破坏时,如果有恢复的可能,所有权人有请求人民法院责令加害人恢复原状,不能恢复原状的,则由加害人赔偿损失。

(3) 返还原物。所有人的财产被他人非法占有时,只要能够返还原物的,应要求返还原物,不能返还原物的,则要求占有人赔偿损失。

(4) 排除妨碍、消除危险。所有人虽占有所有物,但由于他人的非法侵害,使所有人无法充分地行使其占有、使用、收益和处分权利时,所有人有权请求人民法院责令侵权人排除妨碍、消除危险。如甲乙两家为隔壁邻居,乙房危险有随时倒塌的可能,乙房倒塌势必损毁甲房甚至造成伤亡,这时甲有权请求法院或其他相关单位责令乙将危房排除。

(5) 赔偿损失。所有人的财产因他人的不法侵害而灭失或损坏时,有权要求赔偿损失。

5. 相邻关系

相邻关系,是指两个以上相互毗邻的不动产所有人或者占有、使用人,在行使不动产的占有、使用、收益和处分权时,相互之间应当给予便利或者接受限制而发生的权利、义务关系。

其法律特征如下:(1)相邻关系总是发生在两个权利主体之间。权利主体既可以是自然人也可以是法人(含联营体);既可以是不动产所有人,也可以是不动产的非所有人。(2)相邻关系的内容是相邻人间的权利、义务,相邻一方有为维护其合法权益而行使方便的权利,他方负有提供这种便利的义务。(3)相邻关系是在不动产相毗邻或相近的特定条件下对财产的使用而发生的。它不仅会因占有、使用不动产而发生,而且还会因截水、排水、通风、采光、眺望、蒸汽、烟尘、臭气、噪声、垃圾等所发生的不同影响而发生。这种来自邻人的侵害,既可以是财产上的,也可能是人身上的。(4)相邻关系实质上是对财产所有或占有人、使用人行使所有权或占有、使用权的合理延伸和必要的限制。

处理相邻关系应遵循的原则为:(1)有利生产、方便生活;(2)团结互助、公平合理。

三、债权

(一) 债权的概念

1. 债的含义

债是指按照合同的约定或者依照法律的规定，在当事人之间产生特定的权利义务关系。享有权利的一方称为债权人，负有义务的一方称为债务人。民法意义上的债的概念与民间生活上的债的概念是不同的，后者一般仅指借贷关系引起的债。如甲借了乙的钱，就是甲欠了乙的债。民法意义上的债不仅包括因借贷引起的债，还包括买卖、租赁、运输、保险、赠予等合同引起的债和因侵权赔偿不当得利、无因管理等引起的债。因此，民法意义上的债的概念的外延，远比民间生活中"债"的概念的外延大。

2. 法中的债权与所有权的区别

债这种民事法律关系与所有权民事法律关系，最明显的区别在于：在债的关系中，债权人和债务人都是特定的；而在所有权关系中，权利主体是特定的，而义务主体则是不特定的；债的关系的客体可能是物，也可能是行为或智力成果；而所有权关系的客体都是物。

(二) 债发生的根据

债是一种民事法律关系。民事法律关系的发生离不开一定的法律事实，凡能够引起债的关系发生的法律事实，称为债的发生根据。作为债的发生根据的法律事实有以下几种：

1. 因合同发生的债

合同是民事主体之间设立、变更、终止民事权利义务关系的协议。合同行为的结果是在当事人之间确定特定的民事权利和民事义务。因此合同的成立，也就意味着当事人之间发生债的关系。合同行为是债发生最常见、最普通的法律事实。合同关系是日常经济交往中最多、最普遍的民事法律行为。合同之债是全部债权关系的核心。

2. 因侵权行为发生的债

因侵权行为造成损害时，加害人与受害人之间即发生了特定的权利义务关系。这种特定主体之间的权利义务关系，是一种债的关系。如侵犯公民、法人的专利权、商标权，受害人有权要求加害人立即停止侵害，赔偿损失。再如侵害公民身体健康、加害人应赔偿受害人医药费、误工费、营养费；造成死亡的，还应支付丧葬费以及死者生前所抚养的人的必要生活费。这里受害人是债权人，加害人是债务人。受害人(包括其合法继承人)有请求加害人赔偿的权利，加害人负有赔偿的义务。

3. 因不当得利发生的债

凡没有法律上的根据或合同的约定而得到某种利益，使他人受到损害的称为不当得利。民法通则规定，没有合法根据取得利益，造成他人损失的，应当将取得的不当利益返还受损失的人。如甲到银行取款 1 000 元，而业务员误把百元钞票当作拾元钞票给付 100 张，实际支付了 10 000 元，甲应当把多得的 9 000 元返还给银行。在这种法律关系当中，不当得利人为债务人，权益受损的一方为债权人。

4. 因无因管理发生的债

凡未经委托，也没有法定或约定的义务上的根据而为他人管理事务叫作无因管理，无因管理人为债权人，受益人为债务人，无因管理人有权要求受益人偿付因无因管理而支付的必要费用。

5. 因缔约过失发生的债

缔约过失之债是指在合同订立过程中，一方因违背其依据的诚实信用原则所产生的义务，而致另一方的信赖利益的损失，并应承担损害赔偿责任。它是一种新型的责任制度，具有独特和鲜明的特点：只能产生于缔约过程之中；是对依诚实信用原则所负的先合同义务的违反；是造成他人信赖利益损失所负的损害赔偿责任；是一种弥补性的民事责任。

6. 因单方允诺发生的债

单方允诺之债是指表意人向相对人做出的为自己设定某种义务，使相对人取得某种权利的意思表示。它是表意人单方的意思表示，单方允诺的内容是为自己设定某种义务，使相对人取得某种权利。单方允诺一般向社会上不特定的人发出。单方允诺的主要类型是悬赏广告、设立幸运奖等。

（三）债的担保

债的担保是指依照法律规定或依照当事人约定，债的当事人采取的保证债务履行的民事法律行为。其意义和作用在于保障债务人履行债务，充分保障债权人的债权，促进经济流转，保障正常经济秩序。

《担保法》规定我国债的担保形式有抵押、质押、留置、保证、定金五种。

1. 抵押

抵押是指在债的关系中，债务人或者第三人以提供一定的财产作为抵押物，当债务人不履行债务时，债权人有权依照法律的规定将抵押物折价或者从变卖抵押物的价款中优先得到偿还。

2. 质押

质押又称质押权，是指债务人或第三人将其动产或权利移转给债权人占有，债务人不履行债务时，债权人可依法从该动产或权利中优先受偿的制度。其中，设立质权的债务人或第三人是出质人，享有质权的债权人是质权人。移转给质权人的动产为质物。

3. 留置

留置是指在债的关系中，权利人按合同约定占有义务人的财物，义务人不履行债务，并超过约定期限时，占有人有权留置该项财产，并依照法律的规定，可以将留置的财产折价或以变卖，该财产的价款占有人有权优先得到偿还。

4. 保证

保证是指由债务人以外的第三人作保证人向债权人担保债务人履行债务的一种担保措施。债务人不履行债务时，按照约定由保证人履行或者承担连带责任，保证人履行债务后有权向债务人追偿。

5. 定金

定金是指在债的关系中，当事人一方依法定或约定，可以向对方预先付给一定数量的金额作为担保。债务人履行债务后，定金可抵作价款或返还给债务人。如果交付定金的一方不履行债务，他就无权要求接受定金的一方返还定金；接受定金的一方不履行债务的，应当双倍返还定金。

（四）债的履行

1. 债的履行的概念

债的履行是指债务人全面地、正确地履行债所规定的义务，使债权人的权利得到完全的实现。债的履行包括以下两层含义：

第一，完全正确履行。所谓完全履行，是指当事人履行全部债务，不能部分地履行、部分地不履行；所谓正确的履行亦指适当履行，即履行债务须符合法律的规定和合同的约定，由适当的履行主体以适当的方式在适当的时间，适当的地点履行债务。

第二，债的履行是债务人的义务，但债权人也有协助履行的义务。债的履行实际上是债务人依照法律规定和合同约定为一定行为或不为一定行为，但如无债权人的协助，履行目的也不能达到。因债权人的原因使债务不能履行的，债务人一般不承担责任；因债权人的过错致使债务人受损失的，债权人也应承担民事责任。

2. 债履行的原则

(1) 实际履行原则。实际履行是指当事人应严格按照规定的标的履行债。简单之债按照确定的标的履行；选择之债按照选定的标的履行。

实际履行原则对合同之债的履行具有重要的意义。第一，合同当事人须严格按照约定的标的履行，不能以其他标的代替；第二，合同当事人一方不履行合同时，他方当事人可以要求继续实际履行。

(2) 协作履行原则。协作履行是指债的当事人在债的履行中应相互协作，讲求诚实信用。

协作履行原则对合同之债的履行也有特殊的意义。第一，债的当事人各方都应严格按照规定或约定的条件履行自己的义务；第二，债权人应尽量协助债务人履行义务，为债务人履行义务创造必要的条件；第三，遇有不能按原规定履行的情况时，应按法律规定或合同的约定采取积极措施，并做出处理；第四，发生纠纷时，各自主动承担责任而不互相推诿。

(3) 经济合理的原则。这一原则要求当事人履行债务时，要讲求经济效益，要从整体和国家的利益出发。

(4) 适当履行原则。即当事人应按照法律的规定或合同的约定全面、正确的履行债务，故又称全面履行或正确履行。

四、人身权

（一）人身权的概念和特征

1. 人身权的概念

人身权是指法律赋予民事关系主体与其人身不可分离，而又没有直接经济内容的民事权利。

人身权可分为人格权和身份权。人格权是法律确认的人身所固有的权利，如生命健康权、姓名权、肖像权、名誉权等；身份权是基于一定的地位、身份而产生的人身权，如监护权、婚姻自主权等。人身权与公民个人或者法人的人身不可分离，一般不得转让，并受宪法、刑法、民法、行政法等法律的保护。

2. 人身权的特征

(1) 人身权与人身不可分离，具有专属性；

(2) 人身权没有直接财产内容，不能用金钱来衡量其价值；

(3) 人身权与财产权密切联系，在一定条件下可以产生财产权；

(4) 人身权具有不可侵犯性，权利主体以外的一切人都负有不侵害的义务。

(二) 人身权的种类

1. 人格权

人格权是指民事主体具有法律上的独立人格所必须享有的民事权利。公民的人格权包括生命健康权、姓名权、肖像汉、名誉权、身体权、隐私权等。法人的人格权包括名称权和名誉权。

人格权自民事主体产生(公民出生、法人成立)时起即当然享有。人格权是公民或法人均享有的民事权利。

2. 身份权

身份权是指民事主体因具有特定身份而依法享有的民事权利。身份权是基于各种特定身份发生的，即以具有特定身份为前提。

公民的身份权主要有：荣誉权、著作权、发明权、发现权、专利权以及基于监护人身份的监护权等。法人可享有的身份权主要是荣誉权以及知识产权中的身份权。

人格权与身份权的主要区别有：(1)人格权自民事主体产生(即公民出生、法人成立)时，就当然享有，而身份权只有在民事主体具有特定身份时才能享有。(2)人格权是公民或者法人同等享有的权利，而身份权则只有取得某种特定身份的公民或法人才能享有，每个公民和法人享有的身份权是各不相同的。

(三) 人身权的法律保护

(1) 停止侵害。适用于侵害人身权的行为尚在进行的情况。

(2) 消除影响、恢复名誉。适用于侵害人身权的行为给受害人造成不良后果的情况，在什么范围内造成不良后果，就在什么范围内消除影响，恢复名誉。

(3) 赔礼道歉。侵权人向受害人认错，承认其侵害了受害人的人身权利并表示歉意。赔礼道歉可以是书面的，也可以是口头的。

(4) 赔偿损失。适用于因侵害他人人身权的行为给受害人造成损失的情况，包括财产损害赔偿和精神损害赔偿。

五、知识产权

(一) 知识产权的概念

人类的财产按其性质、形态来区分，一般可分为三类：动产、不动产、知识产权。可以自一地移至另一地的物体为动产，一般不能移动的地产、建筑物和道路等为不动产，它们都有自身的物质形态。

知识产权是法律赋予权利人就其在科学技术、文学艺术等领域里所独创的智力成果所享有的专有权。知识产权是一种无形财产，有“知识财产权”或者“智慧所有权”之意。知识产权有广义和狭义之分，广义的知识产权包括人类就其一切智力创造的成果依法享有的权利。狭义的知识产权即传统意义上的知识产权，主要包括工业产权和版权（即著作权）两部分。其中，工业产权又包含专利权、商标权等。本节中的知识产权是传统意义上的知识产权。

（二）知识产权的法律特征

1. 无形性

知识产权是一种无形的财产，其客体是经国家主管机关确认、授权并予以法律保护的智力成果。由于它没有具体的形态和不占据任何空间，所以使用知识产品就不像物质产品那样会引起损耗甚至消灭，也并不只限于在某一场合由特定主体使用；处分知识产品无须像处分物质产品那样必须交付实物。只要知识产品公之于社会，便可因得到社会的广泛使用而给所有权人带来经济利益。

但正是这一特征，使知识产品往往容易脱离所有权人的占有和实际控制，而被他人未经许可而非法占有和无偿使用。知识产权这一特征，会给知识产权的交易、法律保护和侵权的认定带来比物质产品在相同情况下复杂得多的困难。这一特征把它同一切有形财产及人们就有形财产享有的权利区别开来。

2. 专有性

专有性，又称独占性或排他性。它是指某项智力成果一经国家主管机关确认和授权就属于创造该知识产品的权利主体所享有，除权利人同意或法律有特别规定外，其他任何人都不能享有或使用这项权利，否则就构成侵权。

对同一项智力成果不允许有两个以上知识产权并存。当然权利人对这种权利可以自己享用，也可以许可他人使用，并从中收取相应的报酬。

3. 地域性

知识产权具有严格的地域性或领土性。依照一个国家或地区的法律获得承认和保护的知识产权，一般只有在该权利产生的领域内具有法律效力，而不受其他国家或地区法律的承认和保护，只有在双边条约或共同参加的知识产权保护的国际公约的国家或地区之间才存在特定的知识产权国际保护。否则，要想在其他国家或地区获得承认和保护，还必须向该国（或该地区）进行申请并获得批准。这与有形财产不同，获得某国法律承认的有形财产，其他国家或地区一般都会予以承认，有形财产的所有权是没有国界限制的。

随着科学技术的进步和国际贸易的发展，知识产权越来越多地进入国际市场，为了解决知识产权的地域性与国际贸易之间的矛盾，在双边国际保护的互惠原则和国际公约中也以国民待遇原则和最低限度保护原则等保护知识产权。

4. 时间性

各国法律对知识产权都规定一定的期限，权利人只有在法律规定的期限内才享有专有权，超过法律规定的保护期限，权利就自行消灭，该项知识产权即成为整个人类社会的共同财富，任何人都可以无偿使用，而不存在侵权责任。

各国法律根据知识产权的性质、特征和本国实际情况，对著作权、专利权、商标权都规定有长短不一的保护期限。而有形财产权则无时间的限制，只要该有形财产存在，财产所有人可永远享有。

（三）知识产权的范围

知识产权的范围十分广泛。根据1967年7月14日在斯德哥尔摩签订，并于1970年4月26日生效的《建立世界知识产权组织公约》中规定，知识产权主要包括：

（1）关于文学、艺术和科学作品的权利；

（2）关于表演艺术家的演出、录音和广播的权利；

（3）关于人类在一切领域的发明的权利；

（4）关于科学发现的权利；

（5）关于工业品外观设计的权利；

（6）关于商标、服务商标、厂商名称和标记的权利；

（7）关于制止不正当竞争的权利；

（8）在工业、科学、文学或艺术领域里一切其他源自智力活动所产生权利。

根据我国《民法通则》第五章第三节规定，我国知识产权包括：著作权、专利权、商标权、发明权、发现权以及其他科技成果权。

六、继承权

（一）继承权的概念和特征

继承权是指继承人依法承受被继承人所遗留的个人合法财产的权利。

继承权的特征：

（1）继承权与财产所有权相联系；

（2）继承权与特定身份相联系；

（3）继承权的实现与一定的法律事实相联系；

（4）继承权不得转让。

（二）继承权丧失

继承权丧失是指本具有继承资格的人因违法行为，而丧失作为继承人的资格，不再享有继承遗产的权利。

继承权丧失有以下特点：

第一，继承权丧失不仅适用于法定继承也适用于遗嘱继承；

第二，丧失继承权是一种民事制裁，继承权是一种民事财产权，所以丧失继承权是一种民事制裁；

第三，继承人丧失继承权必须符合《继承法》第七条规定的条件。公民的继承权受法律保护，不能随意剥夺，只有公民有《继承法》规定的严重违反人伦道德的罪行或严重不道德的行为才丧失继承权；

第四，继承权丧失仅具有相对性。

也就是说丧失继承权并不意味着继承人从此失去了对一切被继承人的继承权，而仅仅是丧失了对特定继承人的继承权。因为继承权本身是个相对的概念，即只存在对某个被继承人的继承权，而不存在对全体被继承人的总的继承权。继承人对某个被继承人有依法应丧失继承权的行为时，仅丧失对该被继承人的继承权，而不影响其对其他被继承人的继承权。如某人故意杀死了父亲，便丧失了对其父的继承权，但他仍有权继承其母亲和妻子的遗产。

根据我国法律规定，继承人有下列行为之一的，丧失继承权：

(1) 故意杀害被继承人的；

(2) 为争夺遗产而杀害其他继承人的；

(3) 遗弃被继承人的，或者虐待被继承人情节严重的；

(4) 伪造、篡改或者销毁遗嘱，情节严重的。

第六节 民事责任

一、民事责任的概念和特征

(一) 民事责任的概念

民事责任是指民事法律关系主体对违反合同，侵犯他人合法权益或者不履行其他民事义务的行为应当承担的法律责任。民事责任是一种法律责任，它是实现民事权利和履行民事义务的法律保证。

(二) 民事责任的特征

民事责任同其他法律责任相比，有以下特征：

1. 民事责任是民事主体对其违约、侵权和不履行其他民事义务的行为所承担的责任。民事责任的这种法律责任，实质是对违反民事法律规定的一种制裁性质的强制手段。

2. 民事责任主要是财产性的责任。民法主要是调整财产关系的。因此，民事责任主要是财产责任。此外，还有诸如赔礼道歉，消除影响，恢复名誉等非财产性的民事责任。

3. 民事责任是一方当事人向对方当事人承担的责任。民法是调整平等民事法律关主体的财产和人身关系的。一方当事人违反民事义务，必然侵害了对方的民事权利，从而在当事人之间产生特定的民事权利义务关系。民事法律关系的这一特点，决定了民事责任一方当事人向对方当事人承担法律责任，而不是向国家承担法律责任。

4. 民事责任在法律允许的条件下可以由当事人协调确定和解决。如：甲将乙的财产损坏了，甲就应承担损坏乙的财产的民事责任。这时，甲乙双方可根据具体情况，由当事人自己协调解决。如甲乙双方在协商达不成一致意见的情况下，民事责任的确定仍然由人民法院或仲裁机关做出。

二、民事责任构成要件

构成民事责任一般必须具备以下构成要件：

（一）必须有损害事实

损害事实是违法的作为和不作为导致的客观结果，这是构成民事责任的首要条件。损害事实有财产损害和人身损害。前者如财产的毁损、灭失等，后者如对人身的伤害，也包括对人的精神损害以及与人身相联系的财产权利的损害。

（二）行为必须具有违法性

违法行为是构成民事责任的决定性条件，行为的违法性可以是作为和不作为，凡是依法禁止的行为，民事法律关系主体就在法律上负有不作为的义务；凡法律或依法订立合同要求履行的行为，行为人在法律上负有作为的义务

（三）民事违法行为与损害事实之间有因果关系

民事违法行为和损害之间，只有存在着因果关系，即内在的必然联系时，违法行为人才承担民事责任，如果某种后果和当事人的行为没有因果关系、不是违法人引起的，那么行为人就对该后果不承担责任。

（四）行为人主观上必须有过错

行为人在实施某种行为时，主观上要有过错。只有主观上存在着过错，才能要求其承担民事责任，这是承担民事责任的主观条件。主观上的过错包括：故意和过失。如果行为人主观上既无故意、又无过失，除法律有明文规定者外，不承担民事责任。

三、违反合同的民事责任

（一）违反合同的民事责任的概念和特征

1. 违反合同的民事责任的概念

违反合同的民事责任又叫违约责任，是指合同当事人因过错不履行合同义务，或者履行合同义务不符合约定条件而应当承担的民事责任。

2. 违反合同的民事责任的特征

违反合同的民事责任具有以下特征：

(1) 它是以特定的有效的合同关系为基础；

(2) 它是以侵犯当事人的债权为条件；

(3) 违反合同的民事责任是发生在特定主体之间的民事责任；

(4) 违反合同的民事责任是属财产性的责任；

(5) 违反合同的民事责任可以由当事人双方在法律允许的范围内，在合同中约定。

（二）承担违反合同民事责任的方式

1. 赔偿损失

赔偿损失是承担违反合同后果的原则，也是违约人承担民事责任的主要形式。凡是违约方给对方造成损害的，除了法律规定的可以免除责任的情况外，都应承担损害赔偿的

责任。

损害赔偿的责任范围根据《民法通则》第八条的规定,“当事人一方违反合同的赔偿责任,应当相当于另一方因此所受到的损失”。因此,违反合同当事人的赔偿责任范围,应包括另一方因违反合同所受到的直接损失和间接损失的总和。

2. 支付违约金

支付违约金是指法律或者合同规定的当事人一方在不履行或未按照双方约定的条件履行合同时,承担的向对方支付一定金额的民事责任。其特点是,只要有违反合同的行为,不论是否给对方造成经济损失的,都应支付违约金。至于违约金的数额,有法律规定的依照法律规定,如果没有法律规定的,双方可以在合同中约定。如果由于违约已给对方造成损失超过违约金的,还应进行赔偿,以补偿违约金的不足部分。

3. 继续履行

继续履行是指当事人一方不履行合同义务或者履行合同义务不符合约定条件,在承担赔偿损失或支付违约金的民事责任后,应当承担的继续履行原合同义务的民事责任。只要另一方当事人要求继续履行合同,并且又有继续履行的必要和可能,违反合同的一方当事人仍应继续履行未尽的义务。

4. 采取补救措施

采取补救措施是指在违反合同的事实发生后,为防止损失发生或扩大,而由违约方承担的修理、重作、更换等措施。适用补救措施必须具备以下条件:

(1) 只有在合同不适当履行时适用;

(2) 采取补救措施确有可能;

(3) 采取补救措施并不免除承担赔偿损失、违约金等民事责任。

四、侵权的民事责任

(一) 侵权的民事责任的概念和特征

1. 侵权的民事责任的概念

侵权的民事责任是指行为人实施了侵权行为造成他人财产、人身权利损害所应承担的民事责任。在侵权的民事责任关系中,实施侵权行为的行为人称为致害人,又称侵害人或加害人。因侵权行为遭受财产权和人身权利损害的人称为受害人。

2. 侵权的民事责任的特征

侵权的民事责任具有以下特征:

(1) 在侵权行为发生前,当事人之间一般不存在特定的权利和义务关系;

(2) 侵权的民事责任,一般适用过错责任原则;

(3) 侵权的民事责任的构成一般以损害事实的存在为前提;

(4) 承担侵权民事责任的方式,既包括财产性责任方式,也包括非财产性责任方式。如:赔礼道歉,恢复名誉等。

(二) 一般侵权民事责任及其种类

1. 一般侵权民事责任的含义

一般侵权民事责任,是行为人因故意或过失,侵犯他人的财产权和人身权,所造成的损害应由行为人承担民事责任。侵权民事责任有一般侵权民事责任和特殊侵权民事责任之分，两者的构成要件和归类原则也就不同。

2. 一般侵权民事责任的构成要件

一般侵权民事责任的构成要件有四项：

(1) 有损害事实；

(2) 行为具有违法性；

(3) 侵权行为与损害事实之间有因果关系；

(4) 行为人主观上有过错。

3. 一般侵权民事责任的种类

(1) 侵犯财产所有权的民事责任；

(2) 侵害公民生命、健康权的民事责任；

(3) 侵害公民姓名权、肖像权、名誉权、荣誉权和法人名称权、名誉权、荣誉权的民事责任；

(4) 侵犯知识产权的民事责任。

(三) 特殊侵权行为民事责任及种类

1. 特殊侵权的民事责任的含义

特殊侵权行为民事责任不须具备一般侵权行为民事责任的全部构成要件，而采取无过错原则或推定过错原则，一般都由法律直接规定哪些行为属特殊侵权行为。

2. 特殊侵权行为民事责性的种类

我国《民法通则》规定，特殊侵权行为民事责性的种类有：

(1) 国家机关或者国家机关工作人员在执行职务中，侵犯公民、法人的合法权益，造成损害的民事责任；

(2) 产品质量不合格造成他人损害的民事责任；

(3) 高度危险作业造成损害的民事责任；

(4) 违反国家环保法有关规定，污染环境造成他人损害的民事责任；

(5) 施工未放置明显标志和采取安全措施而造成他人损害的民事责任；

(6) 建筑物或悬置物塌落，造成他人损害的民事责任；

(7) 饲养的动物造成他人损害的民事责任；

(8) 无民事行为能力的人、限制民事行为能力的人造成他人损害的民事责任。

(四) 承担民事责任的方式

1. 承担民事责任的方式的含义

承担民事责任的方式是指应负民事责任的行为人或责任人承担民事责任的具体形式。

2. 承担民事责任的方式

《民法通则》规定有以下形式：

(1) 停止侵害；

(2) 排除妨碍；

(3) 消除危险；

(4) 返还财产；

(5) 恢复原状；
(6) 修理、重作、更换；
(7) 赔偿损失；
(8) 支付违约金；
(9) 消除影响、恢复名誉；
(10) 赔礼道歉。

五、民事诉讼时效

(一) 民事诉讼时效的概念和种类

1. 民事诉讼时效的概念

民事诉讼时效是指民事法律规定的关于保障权利人向人民法院提起诉讼以实现自己权利的有效期限。在诉讼时效届满前的一定时间内，权利人有权依诉讼程序请求人民法院保护自己的权利，要求义务人履行义务。诉讼时效届满后，除特殊情况人民法院准许延长时效的外，权利人虽然可以提起诉讼，但其实体权利已得不到法律的保护，因而也就丧失“胜诉权”。

2. 民事诉讼时效建立的意义

民事诉讼时效建立的意义在于：

(1) 有利于社会经济秩序的稳定；

(2) 有利于督促权利人及时主张自己的民事权利；

(3) 有利于人民法院及时、正确地审理民事案件。

3. 民事诉讼时效的种类

民事诉讼时效的种类分为一般诉讼时效和特殊诉讼时效两种。

(1) 一般诉讼时效。一般诉讼时效是指民法上统一规定的适用于没有特殊诉讼时效期间规定的各种民事关系的诉讼时效期间，其期间为两年。

(2) 特殊诉讼时效。特殊诉讼时效是指由民法或单行法规特别规定的民事关系的诉讼时效期间。

诉讼时效为一年的情况有：

① 身体受到伤害要求赔偿的；

② 出售不合格的商品未声明的；

③ 延付或拒付租金的；

④ 寄存财物被丢失或毁损的。

此外，法律对诉讼时效另有规定的，依照法律规定。

(二) 诉讼时效的起算、中止、中断与延长

1. 诉讼时效的起算

诉讼时效的起算是指诉讼时效期间的开始，诉讼时效期间从权利人知道或应当知道其权利被侵害时计算；如不知道权利被侵害的，保护期限为二十年。

2. 诉讼时效的中止

诉讼时效中止是指诉讼时效进行期间，由于某种法定事由的出现，致使权利人无法行

使请求权，因而法律规定暂停诉讼时效的进行，待阻碍事由消失后，诉讼时效又继续进行计算。这样规定的目的是使权利人能够有足够的时间和条件行使请求权以保护其合法民事权益。根据法律规定，发生时效中止的时间为诉讼时效期间的最后六个月内。

3. 诉讼时效的中断

诉讼时效的中断是指在诉讼时效进行之中，因发生某种法定事由，致使已经经过的诉讼时效期间全归无效，诉讼时效期间应重新计算的制度。

4. 诉讼时效的延长

诉讼时效的延长是指人民法院根据具体情况，认为权利人未行使权利确有正当理由，可依法适当延长其诉讼时效期限。

第七节　本章知识点、例题与习题、习题解答、案例分析

一、本章知识点

我国民法调整的对象、主要原则和基本制度；了解民事法律关系和其构成；民事法律关系的主体的权利能力和行为能力；民事法律行为和代理的法律规定；民事权利——物权、债权和人身权的基本含义和构成；民事责任的构成及其种类以及民事诉讼时效等。

二、例题与习题

(一) 判断题

1. 具有民事行为能力的人必须具有民事权利能力。同样，具有民事权利能力的人都具有民事行为能力。

2. 民法调整的人身关系的特点在于：(1)与特定人的人格和身份不能分离；(2)其本身与财产没有任何关系。

3. 公民的权力能力的实现有赖于其行为能力，无行为能力的人因没有行为能力，就无法实现法律赋予的权利能力。

4. 民事行为能力的公民在其被宣告死亡之后，虽在法律上其民事主体资格已丧失，但其实施的民事法律行为仍应具法律效力。

5. 我国公民的民事权利能力除因年龄不同的而不同外，一律平等。

6. 法人必须有独立支配的资金和财产，但有独立支配的资金和财产的单位不一定是法人。

7. 只要行为人的意思表示真实自愿，这个法律行为就应该是有效的。

8. 不合法的行为不是民事法律行为，因为它不能产生行为人预期的法律后果。

9. 不当得利之债与侵权之债的区别在于：不当得利之债的他人财产利益的损害结果，并不是由于得利人的违法行为造成的，而是由于利益受损人自己的误解或者过错造成的。

10. 合同是债发生的最普遍的法律事实。

11. 法律上的债是指日常生活中的借贷关系。

12. 行为人对行为内容有重大误解，是无效民事行为。

13. 我国民法通则不仅规定了公民享有人身权，也规定了法人享有人身权。因此，凡公民享有的人身权，法人也同样享有。

14. 人身权以特定的精神利益为内容，与财产权益毫无联系。

15. 无过错责任就是不问行为人有无过错，只要造成他人损害的，就要承担民事责任。

16. 所有权法律关系权利主体是特定的，义务主体是不特定的。

17. 对于无权代理，被代理人均可不承担责任。

18. 无效民事行为，从行为被确认为无效时起没有法律效力。

19. 死亡宣告被人民法院撤销，如果其配偶尚未再婚的，夫妻关系从死亡宣告之日起自行恢复；如果其配偶再婚后又离婚或者再婚后配偶又死亡，则从其配偶离婚或者再婚后的配偶死亡起，夫妻关系自行恢复。

20. 无效民事行为，是指行为人对行为内容有重大误解，或者行为结果显失公平。

(二) 不定项选择题

1. 刘某现年十七周岁，父母双亡，主要靠自己打工维持生活。刘某(　　)。
   A. 是完全民事行为能力人　　B. 可被视为完全民事行为能力人
   C. 是限制民事行为能力人　　D. 是相对民事行为能力人
2. 根据《民法通则》的规定，无民事行为能力进行民事活动要具有法律效力应(　　)。
   A. 与其智力和精神健康状况相适应　　B. 通过法定代理人
   C. 通过委任代理人　　D. 通过法定代理人或委托代理人
3. 刘某被宣告死亡后重新出现，原由其子继承的两间房屋已卖给了余某，对此两间房屋(　　)。
   A. 刘某有权要求余某返还房屋
   B. 刘某无权要求余某返还房屋，但刘子应把卖房款返还刘某
   C. 刘某有权要求刘子将卖房款退还或返还房屋
   D. 刘某既无权要求返还房屋，也无权要求返还房屋出卖的价款
4. (　　)的行为属于可变更、可撤销的民事行为。
   A. 恶意串通、损害第三人利益　　B. 行为人对行为内容有重大误解
   C. 乘人之危　　D. 因受欺诈而为
5. 王某刚满十六岁时，即自初中辍学进入了其父亲所在的工厂当临时工，每月收入 300 多元，除交给父母一部分作为生活费外，其余全都积攒下来，不到一年时间就有了 1 000 多元的积蓄。在未征得父母同意的情况下，王某自作主张买了一套西服，花了近 1 000 元，由于父母反对，王某决定向商场退货，但商场不同意退货。根据《民法通则》的规定，(　　)。
   A. 王某的行为是无效的民事行为，商场应当退货
   B. 王某的行为是可撤销的民事行为，王某有权退货
   C. 王某的行为是可变更的民事行为，王某有权要求退货
   D. 王某的行为符合民事法律行为成立要件，是有效的民事行为，商店有权不予退货

6. 代理人超越代理权限的行为，其法律后果应(　　)。

A. 由代理人承担

B. 由被代理人承担

C. 由代理人和被代理人共同承担

D. 经被代理人追认后，被代理人才承担责任

7. 申请宣告死亡的利害关系人顺序是(　　)。

A. 父母、子女、配偶、兄弟姐妹　　B. 兄弟姐妹、配偶、父母、子女

C. 子女、配偶、父母、兄弟姐妹　　D. 配偶、父母、子女、兄弟姐妹

8. 下列行为中不能委托代理的是(　　)。

A. 立遗嘱　　B. 商标注册登记　　C. 收养子女　　D. 纳税

E. 卖房屋　　F. 结婚登记

9. 从民事法律关系的主体上看，作为债的主体(　　)。

A. 债权人是不特定的，债务人是特定的　　B. 双方都是不特定的

C. 债权人是特定的，债务人是不特定　　D. 债权人和债务人都是特定的

10. 10 周岁以上的未成年人以及不能完全辨认自己行为的精神病人，按照民法规定称为(　　)。

A. 限制行为能力人 B. 无行为能力人　　C. 完全行为能力人

11. 甲将走失的山羊一只领回家中饲养，两个月后以 60 元卖给乙。乙在回家途中，羊被主任丙认出，向乙索讨，两人争执不下，告到法院，根据民法规定(　　)。

A. 山羊归丙，甲退还乙 60 元，丙付给甲两个月的饲养费

B. 山羊归丙，丙付给乙 60 元

C. 乙将山羊退还给甲，并向甲索还 60 元，丙向甲讨回山羊

12.《民法通则》规定，公民在下落不明满(　　)，可由(　　)向(　　)申请宣告其死亡。

A. 一年　　B. 两年　　C. 三年　　D. 四年

E. 四年或二年(以外事故情况下)　　F. 利害关系人　　G. 父母或配偶

H. 债权人　　I. 所在单位　　J. 民政部门　　K. 公安机关

L. 检察院　　N. 人民法院

13. 无因管理是根据法律规定产生的债，无因管理人有权要求受益人给付(　　)。

A. 报酬　　B. 支出的一切费用

C. 收益中的合理部分　　D. 支出的必要费用

14. 有可能担任无行为能力人或限制行为能力人的精神病人的监护人的有(　　)。

A. 朋友　　B. 父母　　C. 配偶　　D. 成年女子

15. 下列行为中(　　)属于意思表示不真实的行为。

A. 丁某租房开赌场

B. 汪某不慎买了假货

C. 李某以 6 000 元买了张某一幅齐白石的画

D. 刘某在病危时向于某借 5 000 元，年利率 50%

三、习题解答

（一）判断题

1. ×；2. √；3. ×；4. √；5. ×；6. √；7. ×；8. √；9. √；10. √；11. ×；12. ×；13. ×；14. ×；15. ×；16. √；17. ×18. ×；19. ×；20. ×。

（二）不定项选择题

1. B；2. B；3. B；4. B；5. D；6. AD；7. D；8. ACF；9. D；10. A；11. A；12. EFN；13. D；14. BCD；15. BD。

四、思考题

1. 什么是民法？它的调整对象主要指什么？
2. 什么是法人？如何判断一个社会组织是否为法人？
3. 何为民事法律关系？它的构成要件主要有哪些？
4. 如何理解民事法律行为？民事法律行为有效成立的条件有哪些？
5. 什么是代理？谈谈代理的构成特征和代理的种类。
6. 什么是所有权和债权？两者有何异同？
7. 什么是违反合同的民事法律责任和侵权的民事法律责任？各举一例说明。
8. 如何理解民事诉讼时效的起算、中止、中断和延长？

五、案例分析

案例一

1. **案情：**李甲的儿子李乙，时年3岁。某日早8时许，李乙在院内边玩边吃馒头。同院赵丙家饲养的老公鸡尾随李乙啄食落地馒头渣，不时昂头啄食他手中的馒头，不幸将李乙的左眼球啄破。李甲将李乙送往医院医治，将左眼球摘除。住院期间共花800元，装配假眼球（包括嗣后更换），估算约需1 200元（估数切合实际），共2 000元。李甲要求赵丙支付。赵丙以“鸡不是伤人的动物”和“也不是我驱使鸡啄的”为由拒付。李甲遂以李乙的法定代理人身份诉至人民法院，要求赵丙承担民事责任。

2. **问题：**赵丙应否承担此民事责任？法律根据是什么？

3. **分析意见：**按照民法通则规定，饲养的动物造成他人损害的，动物饲养人或者管理人应当承担民事责任。由于受害人的过错造成损害的，动物饲养人或者管理人不承担民事责任；由于第三人的过错造成损害的，第三人应承担民事责任。本案中李乙的左眼被赵丙饲养的公鸡啄瞎，受害人李乙只有三岁，也非第三人的过错造成的损害，故应由老公鸡的饲养人赵丙承担此民事责任，支付李乙的医疗费，装换假眼球等费用 2 000 元。

案例二

1. **案情**：张某年满十七岁，是某厂临时工，月收入 3 000 元。张某未征得家长同意，把自己的自行车卖给同厂工人王某。之后张某因患精神分裂症，被宣告为无民事行为能力人，其父据此诉请法院确认自行车的买卖无效。

2. **问题**：法院应如何处理该案，为什么？

3. **分析意见**：张某、王某间的买卖合同有效。法院不应支持张父的请求。理由如下：(1)订约时张某属于年满十六周岁以上不满十八周岁，以自己的劳动收入为主要生活来源的公民，应视为完全民事行为能力人。(2)张某患精神分裂症，被宣告为无民事行为能力人是订约后发生的，不影响合同的效力。

案例三

1. **案情**：某市一家制鞋厂，于 2000 年 4 月，以人造牛皮为面料批量生产健身鞋，以每双 30 元的价格，出售给某百货公司 5 000 余双。但是，由于这批鞋无论从工艺设计，还是到制作都存在着明显的问题。因此消费者买去使用后不久，鞋面就开裂无法再穿了。于是顾客纷纷要求退货。

可是制鞋厂在收到退货后，不是研究改进，而是又将这批鞋卖给了另一百货公司，而且这次他们学“聪明”了，在与百货公司所签订的合同中明确写明：“该鞋尚属试制阶段，工艺还不成熟，因而低价处理销售，每双 15 元，如消费者在使用过程中产生鞋面爆裂等问题，由需方负责。”百货公司购进这批鞋后，又转售给其他商店销售。但不久大家又纷纷要求退货，而鞋厂则理直气壮地以合同已有明确的约定为由拒不退货，于是诉之法院。

法院受理后，即请有关的专家作出鉴定，确认该鞋的鞋面材料抗撕性能极差，属于不合格产品，无使用价值。于是法院判决认为，鞋厂和百货公司明知这批鞋是无使用价值的劣质产品，但为了牟利，多次转手、出售，侵害了消费者的利益，违反了社会公德，损害了社会公共利益，尽管合同中明确规定了“销售后鞋面发生爆裂，由需方负责”的条款，但合同还是无效。

2. **问题**：该案中主要民事责任由谁来承担？责任人违反了哪些民法规定？

3. **分析意见：**

(1) 社会公共利益是全体社会成员的共同利益。法律保护社会公共利益，也就是保护全体人民的共同利益，保护每一个公民的自身利益。在商品生产和商品交换的条件下，社会公共利益与公民和法人的个体利益之间仍然是相对分离的，这就需要通过民法规范协调社会公共利益和公民、法人之间的利益，避免片面强调某一方面的利益而漠视另一方的利益。

(2) 我国的产品生产应符合中华人民共和国标准化管理的有关法律，如所生产的产品不符合有关规定的标准或无使用价值，就会损害社会的公共利益。

(3) 在民事法律行为中，尊重社会公共利益是法律行为的有效条件之一，民法通则第五十八条第五款明确规定，违反社会公共利益的民事行为无效；第四十九条也明确规定，企业法人从事损害社会公共利益的行为，将依法追究企业法人及其法定代表人的责任。

案例四

1. **案情：**甲在某公园游览时，丢失价值500元的进口手表一块。乙拾得后将表交给公安机关招领。招领期满后，公安部门依法对该表进行拍卖，被丙购得。丙在商店购物时，该表被小偷偷去，丁从小偷处购得此表后不久又遗失，被人拾得交给公安机关，公安机关招领失物时，丁、丙、甲均到公安机关认领该表，三人发生争议，诉诸法院。

2. **问题：**谁有权取得该表？为什么？

3. **分析意见：**该表应返还丙，甲、丁无权取得该表。理由如下：(1)该表虽是甲的，但经招领而未去认领，且依法被拍卖，其所有权被强制消灭。(2)丙从拍卖场所购得此表，是合法取得，拥有该表的所有权，他对该表的所有权不因手表被盗而消灭。(3)丁虽为该表支付了价，但由于是从小偷处购入的，无论是善意还是恶意，均有返还原物的义务。

第五章 婚姻法与继承法

教学目的

通过教学,使学生了解和掌握以下知识点:亲属和亲属法的概念、特点和种类,亲系和亲等及其计算,亲属关系的法律效力;婚姻法的基本原则、结婚的条件和法定程序,事实婚姻及无效婚姻和可撤销婚姻,家庭关系和收养关系,离婚及其法定条件,涉外及华侨和港澳同胞的婚姻适用;我国继承法的基本原则、法定继承、遗嘱继承和遗赠以及涉外继承。通过理论教学和教学案例,以达到能理解、运用和基本处理各类婚姻和继承的法律关系。

第一节 亲属法

一、亲属概述

(一)亲属的概念

1. 亲属的概念

亲属是指因婚姻、血缘和收养而产生的一种特定的社会关系。如因婚姻形成的夫妻关系,因出生而产生的父母子女、兄弟姐妹关系,因收养而发生的养父母与养子女的关系等为亲属关系。

2. 亲属的特点:

(1) 亲属的形成分为自然形成和人为形成两种。自然形成的亲属是因血缘而产生的,如因出生形成的父母子女关系、兄弟姐妹关系。人为形成的亲属是依法律规定而产生,如结婚产生的夫妻关系,收养形成的养父母与养子女关系等。人为形成的亲属关系可以依法解除,而自然形成的亲属关系一般不能解除。

(2) 亲属有固定的身份和称谓,除法律规定外,不得任意解除和变更。亲属之间的身份和称谓大多是自然形成的,具有永久性。而法律所确定的身份关系和称谓,如夫妻关系、收养关系则可因法定事由依法解除。

(3) 一定范围的亲属之间有法律规定的权利与义务。如夫妻间、父母子女间、养父母与养子女间有扶养、抚养和赡养以及相互继承遗产等权利义务,彼此的行为受到法律制约。

(二) 亲属的种类和范围

1. 亲属的种类

(1) 配偶。男女因婚姻而成为夫妻,双方互为配偶。配偶是因结婚产生的亲属关系,它是血亲的源泉,婚姻的基础。

(2) 血亲。血亲是指具有血缘关系的亲属。血亲可以分为自然血亲和拟制血亲。自然血亲是以血缘为纽带,可以世代延续的亲属,如婚生子女、非婚生子女、同父母的兄弟姐妹、同父异母或同母异父的兄弟姐妹等;拟制血亲是因法律的确认而形成的亲属,如夫妻关系、收养关系、监护关系。拟制血亲,本无自然血缘关系,但法律赋予其与血缘关系同等的权利义务,故又称法定血亲。

(3) 婚亲。婚亲是指因婚姻关系而产生的亲属。即由于结婚使男女一方与对方的亲属所形成的亲属关系。婚亲又可分为以下三类:

① 血亲的配偶。如儿媳、女婿、兄嫂、姐夫、妹夫、叔伯母、姑父、舅母、姨父。侄媳、侄女婿、甥婿、甥女婿等。

② 配偶的血亲。从夫方来说,是妻子的血亲,如岳父母、妻子的兄弟姐妹等;从妻方来说,是丈夫的血亲,如公婆、丈夫的兄弟姐妹等。

③ 配偶的血亲的配偶。主要是连襟、妯娌等。

2. 亲属的范围

亲属以夫妻或父母为联结中心,上下各代延续,左右血统联系无穷,从而使亲属的范围极为广泛。由于各民族风俗习惯和各国具体国情的不同,各国对亲属范围的规定很不一致,大致有两种方式:一是限定主义,即法律对亲属的范围作了明确的规定,如日本民法典规定,血亲以六亲等为限;二是不限定主义,即法律没有明确规定亲属的范围,而是在各种法律关系中,对亲属适用的范围加以具体规定。

我国现行法律对亲属的范围未作限定。但在不同情况下各有具体规定,如我国婚姻法规定,直系血亲和三代以内旁系间禁止结婚,三代内直系血亲和同胞兄弟姐妹间有相互扶养的义务。又如继承法规定,夫妻以及子女间有相互继承遗产的权利等。

二、亲系和亲等

(一) 亲系

1. 亲系的概念

亲系是指亲属之间的血缘联系。由于亲属间血缘联系的状况和特点不同,对亲属系统可以作各种不同的划分,如按亲属关系性别计算的不同,可分为男系亲和女系亲;按血缘来源的不同，可以分为父系亲和母系亲；按亲属间的辈分来分，可分为长辈亲和晚辈亲；按亲属间血缘关系的亲疏远近的不同，又可分为直系亲和旁系亲。

2. 亲系的划分

根据现行各国立法来看，通常将亲系仅作直系亲和旁系亲之分。

(1) 直系亲。直系亲可分为直系血亲和直系姻亲两种。直系血亲是指具有直接血缘关系的亲属，即生育自己的长辈亲属和由自己所生育的晚辈亲属，如祖父母、外祖父母、孙子女、外孙子女；直系姻亲是指直系晚辈亲属配偶和配偶的直系长辈亲属，即配偶一方的直系血亲为另一方的直系姻亲，如儿媳与公婆、女婿与岳母等均为直系姻亲。

直系血亲与直系姻亲之间的区别在于：直系血亲因出生的事实而形成，而直系姻亲则由婚姻中介而形成，亲属之间无血缘关系。

(2) 旁系亲。旁系亲也可分为旁系血亲和旁系姻亲两种。旁系血亲是指具有间接血缘关系的亲属，即与自己同出一源的血亲，如兄弟姐妹同源于父母，堂兄弟姐妹同源于祖父母等；旁系姻亲是指配偶一方的旁系血亲为另一方的旁系姻亲，如姐夫、内弟、弟媳均为旁系姻亲。由此可见，姻亲的旁系划分是以配偶或配偶的亲系为重心来区分为直系姻亲和旁系姻亲的。

(二) 亲等

1. 亲等的含义

亲等是计算亲属相互之间亲疏远近的标准单位。依照亲等的不同等级，便可确定亲属相互之间亲疏远近的程度。

2. 亲等的计算

亲等的计算方法主要有：罗马法的亲等计算方法和寺院法的亲等计算方法。世界各国大多采用罗马法的亲等计算方法，也有少数国家采用寺院法亲等计算方法。我国基本上采用罗马法的计算方法，但又有所差异。

(1) 罗马法的亲等计算方法。

① 直系血亲的计算方法是：从己身往上或往下数，每一世代为一亲等，世代数即直系血亲的亲等数，己身不算在内。如从己身往上数，父母为一世代，则为一亲等；祖父母为二世代，故为二亲等。从己身往下数，子女为一世代，故为一亲等；孙子女为二世代，故为二亲等，以此类推。

② 旁系血亲的计算方法是：从己身往上数至同源的直系血亲，再从同源的直系血亲下数至要计算的亲属，上下代数相加，即为旁系血亲的亲等数。如要计算自己与同胞兄弟姐妹的亲等数，则首先找出同源直系血亲父母与己为一亲等，父母同自己的兄弟姐妹亦属一亲等，则自己同同胞兄弟姐妹的亲等数为二亲等。

(2) 寺院法的亲等计算方法。

① 寺院法中的直系血亲亲等计算方法。寺院法中的直系血亲亲等计算方法与罗马法直系血亲亲等的计算方法完全相同。

② 寺院法旁系血亲的亲等计算方法是：从己身上数至同源的直系血亲，再从同源的直系血亲下数至要计算亲等的亲属，如果上数的世代数和下数的世代数相同，则相同数为亲等数；如世代数不同，则取其世代数多的为亲等数，如计算自己同兄弟姐妹之间的亲等，因其同源的直系血亲和自己为一世代，同源的直系血亲和自己的兄弟姐妹也为一世代，故自

己同兄弟姐妹为一亲等。

(3) 我国的亲等计算方法。我国现行婚姻法规定，血亲关系的亲疏远近是用"代"来表示的。

① 计算直系血亲。计算直系血亲的世代，以一辈为一代，即己身为一代，向上数至父母为两代，数到祖父母、外祖父母为三代，其他直系血亲依此类推。

② 计算旁系血亲。计算旁系血亲的世代，则根据旁系血亲之间的同源关系的代数来确定，如同源父母的兄弟姐妹为两代以内旁系亲，同源于祖父母的堂兄弟姐妹为三代以内旁系血亲。我国婚姻法规定，三代以内旁系血亲禁止结婚。

三、亲属法的概念、特征及亲属关系的法律效力

（一）亲属法的概念和特征

1. 亲属法的概念

亲属法是调整亲属之间权利义务关系的法律。它主要规定亲属之间身份关系的产生、变更和消灭，以及基于这种关系产生的民事权利和义务。亲属法涉及家家户户，关系到每个公民的切身利益。我国目前尚无亲属法，但亲属法的主要内容包含于我国现行的《中华人民共和国婚姻法》(以下简称《婚姻法》)、《中华人民共和国收养法》(以下简称《收养法》)、《中华人民共和国继承法》(以下简称《继承法》)、《民法通则》之中。具体来讲，我国《婚姻法》规定了婚姻关系的准则等；《收养法》规定了收养关系的基本内容等；《继承法》规定了亲属范畴的重要内容等；《民法通则》规定了监护和涉外亲属关系的法律适用等。此外，《中华人民共和国国籍法》《中华人民共和国户口登记条例》和《中华人民共和国民事诉讼法》《中华人民共和国刑事诉讼法》等法律对上述规定也有所涉及。以上这些法律规定，共同组成了我国的亲属法的基本内容。随着我国社会主义法制的日益健全，亲属法的内容将日臻完善，并有可能制定民法亲属篇。

2. 亲属法的特征

根据亲属的性质和特点可以看出，亲属法有如下特征：

(1) 调整对象的特定性和调整对象身份的多样性。亲属法只对产生于一定范围的亲属之间的权利义务关系进行调整。但亲属法中所调整的对象，就其身份而言，又具有多样性，如一个人既可以是父亲，又可以是儿子，同时又可以是兄长和丈夫等。以不同身份出现时，其权利义务的内容也不相同。

(2) 调整范围的限定性和适用上的广泛性。一方面，亲属法调整的亲属关系只限定于一定的亲属之间，如我国《婚姻法》规定的亲属范围只包括配偶、父母子女、兄弟姐妹、祖父母、外祖父母、孙子女和外孙子女。另一方面，亲属关系是人类社会中极为普遍存在的一种社会关系，几乎每一个人都处于一定的亲属关系之中，亲属法又无例外地适用于一切公民

(3) 亲属法具有明显的伦理性。伦理就是人际间的道德准则。各种人际关系都有伦理性，而亲属关系比其他人际关系具有更为深刻的伦理性，因此，调整亲属关系的亲属法，必然带有很强的伦理性，这也是亲属法区别于其他法律的一个重要特征。

(4) 亲属法调整的行为具有要式性。亲属法为了确保当事人关于身份行为的意思表示的真实性，各国亲属法都规定相关当事人之间的身份行为必须为要式行为。如我国《婚姻

法》规定,结婚的男女双方必须亲自到婚姻登记机关进行结婚登记。

(二)亲属关系的法律效力

亲属关系一经调整,一定范围的亲属之间就依法产生一系列法律上的权利义务关系,彼此之间要承担一定的法律责任,这就是亲属关系的法律效力,其具体体现是:

1. 在婚姻法上的效力。一定的亲属有互相扶养的义务;有法定的共同财产;有相互继承遗产的权利;对一定范围内的亲属间还有禁止结婚的规定等。

2. 在民法上的效力。一定的亲属须为无民事行为能力或限制民事行为能力的人的监护人或法定代理人;按照一定的关系,确定法定继承人的顺序以及代位继承,被继承人的子女先于被继承人死亡,由被继承人的晚辈直系血亲代位继承等。

3. 在刑法上的效力。某些犯罪(如重婚罪、虐待罪、遗弃罪)的认定须以一定的亲属关系为条件;某些犯罪(如虐待家庭成员罪)须亲属告诉才处理。

4. 在诉讼法上的效力。有以一定亲属为回避原因的规定;有以一定亲属为被告辩护人的规定;也有以一定亲属经被告同意可提起上诉的规定等。

第二节　婚姻法

一、婚姻法概述

(一)婚姻家庭的概念

1. 婚姻家庭的含义

婚姻家庭是人类两性和血缘关系的社会形式。婚姻是为当时的社会制度所确认的,男女两性互为配偶的结合。它因结婚而发生,又因配偶一方死亡或离婚而终止。家庭是由婚姻和血缘(或收养关系)而形成的社会形式。

婚姻和家庭是既有联系又有区别的两种社会关系。婚姻是家庭产生的前提,家庭是婚姻成立的结果。婚姻构成最初的家庭关系,由此产生父母子女、兄弟姐妹等其他家庭成员之间的关系。由婚姻组成的家庭是社会机体的细胞,它不仅起着调节两性关系的重要作用,而且还担当着多方面的社会职能,其中的主要职能有:人口再生产的职能、组织经济生活的职能、家庭教育的职能。

2. 婚姻家庭的自然属性和社会属性

婚姻家庭的自然属性是指婚姻家庭赖以形成的自然因素。如男女两性的生理差别,人类固有的性的本能,以及通过自身的繁衍而形成的血缘联系等。自然属性是婚姻家庭区别于其他社会关系的重要特征,没有这些自然因素,婚姻家庭就无从产生。生理学、生物学的领域内的某些自然规律对人类的婚姻家庭同样也起着作用,因此,任何时代、任何国家的婚姻立法都不能无视这些自然因素而随心所欲。如确定法定婚龄必须考虑人的生理发育程度;以出生作为父母子女关系赖以发生的法律事实等。

婚姻家庭的社会属性是指社会制度赋予婚姻家庭的本质属性。婚姻家庭虽以两性和血缘联系为其产生的条件，但它不是自然的产物，而是社会的产物。作为社会关系特定形式的婚姻家庭，它的形成和发展取决于社会物质条件，取决于社会制度。婚姻家庭同社会诸关系有着密切的内在联系，它依存于一定的社会结构，具有一定的社会内容。婚姻家庭中的物质社会关系和思想社会关系，是与一定的社会经济基础和上层建筑、意识形态相适应的，婚姻家庭的本质和发展规律，只有从社会制度及其发展变化中才能得到科学的解释。因此，我们必须正确认识婚姻家庭的自然属性和社会属性的关系。

（二）婚姻法的概念和特点

1. 婚姻法的概念

婚姻法的概念有广义和狭义之分。狭义的婚姻法专指调整婚姻关系的法律规范，其内容不涉及婚姻以外的其他事项；广义的婚姻法调整的对象不以婚姻关系为限，还包括基于婚姻关系而产生的家庭关系，也称婚姻家庭法。我国的《婚姻法》是广义上的婚姻法，它是规定婚姻家庭关系的发生和终止，以及婚姻家庭主体之间的权利和义务的法律规范的总称。我国《婚姻法》的调整对象，从范围上看，既包括婚姻关系，又包括家庭关系；从性质上看，既包括婚姻家庭关系方面的人身关系，又包括婚姻家庭方面的财产关系，其中人身关系是主要的、起决定作用的，财产关系从属于人身关系。

2. 我国《婚姻法》的特点

我国《婚姻法》具有以下几个主要特点：

（1）普遍性。《婚姻法》适用的范围极其广泛，它关系到千家万户和男女老少。因为人人都是现实的或未来的婚姻家庭关系的主体，所以我国《婚姻法》是适用于全体公民的普通法，而不是只适用于部分公民的特别法，其普遍性仅次于宪法。

（2）伦理性。婚姻家庭关系和其他社会关系相比，具有明显的伦理性，社会主义法律与社会主义道德的一致性在婚姻家庭领域里表现得尤为明显。法律为婚姻双方规定的权利义务都是社会主义道德的必然要求；违背社会主义道德的要求，滥用权利或不履行义务，都是《婚姻法》严格禁止的。

（3）强制性。婚姻法中大部分是强制性规范。当一定的法律事实（如结婚、出生、收养、离婚、死亡等）发生后，便引起了相应的法律后果，这种后果是由法律严格规定的，当事人不得自行改变或通过约定加以改变。当然，婚姻法中也有部分任意性规范，可由当事人加以选择，但必须以婚姻法的有关原则和有关规定为依据。

（三）我国《婚姻法》的基本原则

1. 婚姻自由原则

婚姻自由是我国婚姻法的首要原则，也是宪法赋予公民的一项基本权利。婚姻自由是指婚姻当事人有权根据法律的规定，完全按照本人意愿缔结或解除婚姻关系，而不受任何人的强制和干涉的自由。

婚姻自由包括结婚自由和离婚自由两个方面。结婚自由是指男女双方有依法缔结婚姻关系的自由权。离婚自由是指夫妻双方的任何一方都有要求解除婚姻关系的自由权。实行结婚自由是为了使无配偶者能够出于自己的自由意志依法缔结婚姻关系；实行离婚自由是为了使感情确已破裂的夫妻能够依法解除婚姻关系。结婚自由是婚姻自由的主要方面，离婚自由是对结婚自由的重要补充，二者互相结合构成了婚姻自由的完整内容，它从两个不同的角度保证婚姻家庭的建立和巩固。

婚姻自由是相对的，而不是绝对的，必须受法律和道德的约束；同时，婚姻自由的实现程度与一定的社会条件相联系。结婚、离婚自由都必须符合社会主义的道德和法律，既要坚持结婚离婚自由，但同时又要反对轻率结婚离婚和借“结婚自由”玩弄异性的行为。

2. 一夫一妻制原则

一夫一妻制是指一男一女结为夫妻的婚姻制度。它包括两层含义：一是任何人均不得同时有两个或两个以上的配偶，禁止一切一夫多妻或一妻多夫的结合；二是已婚者在婚姻终止，即配偶死亡或离婚之前，不得再行结婚。在现实生活中，我们既要严厉禁止重婚纳妾的违法行为，也要坚决反对和抵制通奸、姘居等婚外两性关系，取缔卖淫、嫖娼活动，这都是维护和巩固一夫一妻制的必然要求。

3. 男女平等原则

男女平等原则是指男女两性在婚姻家庭关系的各个方面都具有平等的权利和义务。婚姻法中对夫妻和其他男女家庭成员的法律地位和彼此之间的权利义务作了一系列对等的规定。实行男女平等原则是社会主义婚姻家庭制度的基本特征，没有男女平等就没有真正的婚姻自由，也不可能真正实现一夫一妻制。

4. 保护妇女、儿童和老人合法权益的原则

保护妇女的合法权益是男女平等原则的必要补充。受旧社会长期遗留下来的重男轻女、男尊女卑的影响，男女两性在政治、经济、文化和家庭生活中存在很多实际上的差异。同时，由于妇女在生理上有不同于男子的特殊性，不能仅仅在法律上规定男女平等的原则，还必须对妇女各种合法权益给予特殊的法律保护，坚决制止歧视、虐待妇女和其他侵犯妇女人身和财产权益的行为。

保护儿童和老人的合法权益是社会主义伦理道德的必然要求。保护儿童的合法权益既是巩固和发展家庭关系的需要，也是振兴国家和民族，培养、造就社会主义事业接班人的需要。老人为社会和家庭贡献了毕生精力，到了晚年有权分享社会发展的物质和精神成果，获得社会和家庭应有的尊敬和照顾。正因为如此，我们要坚决制止虐待、遗弃老人以及溺婴，拐卖、贩卖儿童等违法犯罪行为。

5. 实行计划生育原则

以婚姻为基础的家庭是人口再生产的社会形式，宏观上的社会人口再生产，在微观上是通过婚姻家庭主体的生育行为实现的。计划生育是我国的一项基本国策，它要求人类自身的再生产和社会的物质资料的生产相适应。少生、优生和适当晚育，是计划生育工作的基本要求。将计划生育作为婚姻法的基本原则，正是为了从婚姻家庭制度方面保障计划生育工作的顺利展开。实行计划生育是夫妻双方的共同义务。

二、结婚

（一）结婚的法定条件

结婚是男女双方依法定的条件和程序确定夫妻关系的法律行为。我国婚姻法规定的结婚条件，包括结婚的必备条件和结婚的禁止条件。前者是结婚必须具备的条件，后者是结婚必须排除的条件。

1. 结婚的必备条件

结婚的必备条件又称结婚成立的实质要件，主要包括：

(1) 男女双方必须完全自愿。不允许任何一方对他方加以强迫或任何第三者加以干涉。这是婚姻自由和男女平等原则的具体体现，也是结婚必须具备的首要条件。

(2) 必须达到法定年龄。法定年龄是指法律上规定的准予结婚的最低年龄。我国结婚法定年龄为：男不得早于22周岁，女不得早于20周岁。晚婚晚育应给予鼓励。

(3) 必须符合一夫一妻制。即婚姻当事人都必须在无配偶(即未婚、已离婚或丧偶)的情况下才能结婚。

2. 结婚的禁止条件

《婚姻法》规定，有下列情况之一者禁止结婚：

(1) 直系血亲和三代以内的旁系血亲，禁止结婚。直系血亲是指和自己有直接血缘关系的亲属，包括生育自己和自己生育的上下各代的亲属。三代以内的旁系血亲是指同源于祖父母、外祖父母的三代以内的旁系亲属。包括：兄弟姐妹，伯、叔与侄子、侄女，舅、姨、甥、甥女，堂兄弟姐妹、表兄弟姐妹。禁止一定范围内的近亲结婚，可避免把男女双方生理上的弱点和缺陷遗传给下一代，符合优生学的要求，也符合社会伦理道德的要求。

(2) 患麻风病未经治愈或患其他医学上认为不应当结婚的疾病者，禁止结婚。所谓其他医学上认为不应当结婚的疾病主要是指重症精神病患者、先天性痴呆、传染病、遗传性疾病以及性病等未经治愈者。这一规定有助于保护夫妻及后代的身体健康和合法权益。实行婚前体检是贯彻这一规定的重要措施。

(二) 结婚的法定程序

1. 结婚的法定程序的含义

结婚的法定程序又称结婚成立的形式要件，它是指建立婚姻关系必须履行的法定手续。《婚姻法》规定，要求结婚的男女双方必须亲自到婚姻登记机关进行结婚登记。凡符合婚姻法规定的，婚姻登记机关经审核后予以登记，发给结婚证，婚姻关系即告成立。结婚登记是国家对婚姻关系的确立进行审查和监督的一项重要制度。

根据我国《婚姻登记管理条例》规定，婚姻登记机关，在城市是街道办事处或市辖区、不设区的市人民政府的民政部门；在农村是乡、民族乡、镇的人民政府。

2. 结婚登记的程序

结婚登记的程序分为申请、审查和登记三个步骤。

3. 不予结婚登记的规定

《婚姻登记管理条例》规定，有下列情形之一的不予结婚登记：

(1) 未到法定结婚年龄；(2)非自愿的；(3)已有配偶的；(4)属于直系血亲或者三代以内旁系血亲；(5)患有法律规定禁止结婚的疾病。

(三) 婚约与事实婚姻

1. 婚约

婚约即婚姻的预约，是指男女双方以结婚为目的对婚姻关系的事先约定，我国俗称订婚。婚约是一种民间习俗，不是结婚的必经程序，国家对民间的婚约既不提倡，也不禁止，但在法律上对双方当事人没有约束力。

2. 事实婚姻

事实婚姻是指没有配偶的男女，未经结婚登记便公开以夫妻名义同居生活，群众也公认其是夫妻关系的两性结合。如事实婚姻的当事人双方都符合结婚条件的，应在对其进行批评教育的基础上，责令其补办结婚登记手续；对不符合结婚条件的，除对其进行批评教育外，还应令其结束同居行为。

（四）无效婚姻和可撤销婚姻

1. 无效婚姻

无效婚姻是欠缺法律规定的结婚要件的婚姻形式。根据婚姻法的规定，婚姻无效的原因有以下四种情况：

(1) 重婚。任何人不得同时拥有两次以上的婚姻，有配偶者在前婚尚未解除的情况下，又缔结的婚姻，即后婚为无效婚姻。因为重婚行为严重地破坏了婚姻家庭制度，无论重婚者的后婚配偶是出于善意或恶意，明知或不知对方有配偶，都不能改变后婚的无效婚姻性质。

在民法上有一项宣告死亡制度，一方被宣告死亡后，另一方配偶就恢复了和他人结婚的权利。在该方配偶再婚后，即使被宣告死亡人生还，现有的婚姻关系仍然有效，不作无效婚姻对待，原婚姻关系不能因死亡宣告的撤销而自行恢复。

(2) 有禁止结婚的亲属关系。按照《婚姻法》第七条第一款的规定，直系血亲和三代以内旁系血亲禁止通婚。上述亲属通婚，既违反了婚姻的伦理要求，又不利于优生。所以，应当将禁止一定范围的亲属通婚作为婚姻的公益要件，违反该要件的婚姻即为无效婚姻。

(3) 患有不应当结婚的疾病。禁止患有一定疾病的人结婚，不仅维护了当事人的个人健康，还对后代的健康有重要的影响，基于这一公益目的将此类婚姻作为无效婚姻处理，也是恰当的。

但是确认此类婚姻是否是无效婚姻，对患病方有患病时间的要求。婚姻关系的当事人必须在结婚时就患有禁止结婚的疾病，即在缔结婚姻当时不符合结婚的要件，并且，该事实应处于一个持续的状态，至少在一方当事人提出无效婚姻要求或离婚要求时，患病方的疾病仍未治愈。如果在结婚当时当事人虽患有禁止结婚的疾病，但婚后该疾病已痊愈，则合法结婚的障碍已经不存在了，也就不存在确认无效婚姻的理由。

(4) 未到法定婚龄。法定婚龄是国家根据本国的自然、政治、经济、人口、文化传统等因素确定的，所以也可纳入公益性要件，违反法定婚龄视为无效婚姻。但《婚姻法》规定，如因法定婚龄要件缺失导致婚姻无效的，当事人必须在“法定婚龄界至前”提出无效婚龄的要求。《婚姻法》对因法定婚龄而导致的婚姻无效的认定，进行了主张无效期间的限制，符合对当事人结婚意愿的尊重，法律没有必要解除已经符合法律规定的婚姻，特别是当事人都认可的婚姻，僵硬地认定此类婚姻无效是不现实的。

对无效婚姻，当事人以及利害关系人可以向婚姻登记机关或人民法院提出该婚姻无效；婚姻登记机关和人民法院应当宣告该婚姻无效。

2. 可撤销婚姻

可撤销婚姻也是欠缺结婚要件的婚姻，婚姻法规定只有一种情形可以认定为可撤销婚姻，即当事人受胁迫而结婚的。这里所谓的“胁迫”是指行为人以给另一方当事人或者其近亲属的生命、身体健康、名誉、财产等方面造成损害为要挟，迫使另一方当事人违背真实意愿结婚的情况。可撤销婚姻的撤销权只能由婚姻关系的当事人行使，并且当事人行使撤销权应当自结婚登记之日起一年内提出，被非法限制人身自由的当事人请求撤销婚姻的，应当自恢复人身自由之日起一年内提出。同时，这一年不适用诉讼时效中止、中断或者延长的规定。

3. 无效婚姻和可撤销婚姻的法律后果

无效或被撤销的婚姻，自始无效，当事人不具有夫妻间的权利和义务。人民法院依法宣告婚姻无效或者撤销婚姻的，应当收缴双方的结婚证书并将生效的判决书寄送当地婚姻登记管理机关。

被宣告无效或被撤销的婚姻，当事人同居期间所得的财产，按共同共有处理。但有证据证明为当事人一方所有的除外。对重婚导致的婚姻无效的财产处理，不得侵害合法婚姻当事人的财产权益。人民法院审理重婚导致的无效婚姻案件时，涉及财产处理的，合法婚姻当事人可作为有独立请求权的第三人参加诉讼。

三、家庭关系

家庭关系是指家庭成员之间因人身关系而形成的一种权利义务关系。我国《婚姻法》规定的家庭关系包括夫妻关系、父母子女关系和祖孙关系、兄弟姐妹关系。

（一）夫妻关系

夫妻关系是指因合法婚姻所产生的男女之间在人身和财产等方面的权利义务关系。夫妻关系是家庭关系的核心和基础。夫妻关系的内容可概括为人身关系和财产关系两方面。

1. 夫妻之间的人身关系

夫妻之间的人身平等关系主要体现在：

（1）夫妻双方都有使用自己姓名的权利，双方不因结婚而改变自己的姓名，双方所生的子女可以随父姓，也可随母姓；

（2）夫妻双方都有参加生产、工作、学习和社会活动的自由，一方不得对他方加以限制或干涉；

（3）夫妻双方都有实行计划生育的义务；

（4）夫妻双方在抚养教育子女方面有平等的权利和义务。

2. 夫妻之间的财产关系

夫妻之间的财产平等关系主要体现在：

（1）夫妻双方对共同财产有平等的所有权和处分权；

（2）夫妻双方有相互扶养的义务；

（3）夫妻双方有相互继承遗产的权利。

（二）父母子女关系

1. 父母子女关系的含义

父母子女关系又称亲子关系，有自然血亲和拟制血亲两种。前者是指基于自己生育子女的事实而发生的关系，包括婚生子女和非婚生子女；后者是指本无血缘关系，但法律上确认其具有与自然血亲同等的权利和义务关系，如养父母与养子女、继父母与继子女关系。自然血亲是终身存在的，不能通过法律程序予以解除；拟制血亲是以法律确认，可以通过法律程序予以解除。

2. 父母对子女有抚养教育的义务

父母对子女有抚养教育的义务。父母对未成年子女的抚养义务是无条件的，即从子女出生直到能独立生活为止，都必须承担。对成年子女的抚养则是有条件的，当成年子女仍没有能力独立维持生活时，父母仍有责任根据自己可能的条件承担抚养责任。

父母不履行抚养义务时，子女有通过法律途径要求父母支付抚养费的权利。父母在抚养子女的同时，还负有在德育、智育、体育几方面教育培养子女的义务。《婚姻法》还规定，当未成年子女对国家、集体或他人利益造成损害时，父母有赔偿其经济损失的义务。

3. 子女对父母有赡养扶助的义务

子女对父母有赡养扶助的义务。赡养是指子女对父母在物质上和经济上提供必要的生活条件；扶助是指子女对父母在精神和生活上的关心、照料和帮助。

子女不履行赡养扶助义务时，无劳动能力或生活困难的父母有通过法律途径要求子女支付赡养费和进行扶助照料的权利。

父母子女之间有相互继承遗产的权利。

4. 非婚生子女的法律地位

《婚姻法》规定，非婚生子女享有与婚生子女同等的权利，任何人都不得加以危害和歧视。养父母与养子女之间的权利与义务，继父或继母和受其抚养教育的继子女之间的权利和义务，都适用婚姻法对父母子女关系的有关规定。

（三）其他家庭成员之间的关系

有负担能力的祖父母、外祖父母对父母已亡的未成年的孙子女、外孙子女有抚养的义务；同样，有负担能力的孙子女、外孙子女对子女已死亡的祖父母、外祖父母有赡养扶助的义务。

有抚养能力的兄、姐对父母已死亡或父母无力抚养的未成年弟、妹有抚养义务；由兄、姐抚养大的有负担能力的弟、妹对丧失劳动能力、孤老无依的兄、姐也应给予经济上的帮助和生活上的照料。

四、收养关系

（一）收养的概念和特征

1. 收养的概念

收养是指公民依法将他人子女作为自己的子女抚养长大的一种要式法律行为。通过收养，收养人与被收养人之间形成一种拟制的父母子女关系。收养制度是家庭制度的一种补充。它可以使孤儿和弃儿重新得到家庭的温暖，可使无子女的夫妇通过收养子女得到更美满的家庭幸福，可以促进社会的安定、团结、稳定、祥和。

2. 收养的特征

(1) 收养是一种要式法律行为。收养关系当事人之间必须订立书面收养协议，并可以办理收养公证。收养查不到生父母的弃婴和儿童，应向民政部门登记。

(2) 收养是一种民事法律行为。它产生于特定的公民之间，并对收养关系当事人有特别的限制。收养关系一经确定，对收养人、被收养人及其生父母都会发生一系列民事权利义务。

(3) 收养关系依法确立后，即产生一种拟制血亲关系。收养人与被收养人之间就产生了父母子女身份关系和权利义务关系，而被收养人与生父母及其兄弟姐妹之间的身份关系和权利义务关系随之消失。收养关系可以依法产生，也可以依法解除。

(二) 收养的条件

根据《收养法》的规定，收养必须符合下列条件：

1. 收养人一般应同时具备年满三十五周岁，有完全民事行为能力，无子女且有抚养和教育被收养人的能力。

2. 被收养人一般应是不满十四周岁的未成年人，且只能被一人或一对夫妻收养。

3. 收养人与被收养人之间年龄间隔应为一代人。

4. 送养人可以是公民，也可以是组织。它主要是指无力抚养子女的生父母，还可包括孤儿的监护人、医院、社会福利机构等。独生子女的父母一般不得为送养人，监护人不得为推卸监护职责而送养孩子。

5. 收养行为必须由收养各方同意，送养人或者收养人是夫妻的，须经夫妻双方都同意。被收养人已有识别能力的，还应征得其本人同意。

(三) 收养的程序

收养必须履行一定的法律程序才能成立，即收养人和送养人应在订有书面协议明确收养关系的基础上，双方同时到国家公证机关办理收养公证。没有公证机关的地方，由基层户籍部门或乡、镇政权机关办理登记收养。

外国人在我国收养子女，收养人与送养人订立书面协议后，双方应亲自到民政部门登记，再到指定的公证机关办理收养公证。

收养关系自公证之日起成立。从收养关系成立起，养子女与生父母之间的权利义务关系即自行消除，养子女与养父母间的权利义务关系适用《婚姻法》关于父母子女关系的规定。

(四) 收养的解除

作为拟制血亲的收养关系可以依法通过双方协议或诉讼程序解除。解除收养关系的途径主要有：

1. 经养父母和养子女同意(养子女未成年的应征得其生父母的同意)，双方对财产和其他生活问题又没有争议，即可达成书面协议。然后，到有关部门办理一定的手续。凡公证收养的，应到公证机关办理解除收养关系的公证手续；凡登记收养的，应到原登记机关办理解除收养关系的登记。

2. 凡一方要求解除，另一方不同意或双方都同意，但在财产、住房等问题上有争议的，则须通过诉讼程序由人民法院通过调解或判决解决。收养关系解除后，收养人与被收养人之间的权利义务关系即告终止，养子女与生父母间的权利义务关系即行恢复。养子女已经成年并已独立生活的，同其生父母间的权利义务关系的恢复，可由双方协商确定。

五、离婚

婚姻关系的终止，可以因离婚而人为解除，也可因配偶一方死亡自然终止。离婚是夫妻双方依法解除婚姻关系的一种要式法律行为。离婚作为一项婚姻家庭制度中不可缺少的组成部分，它标志着一个家庭的解体，不仅会对夫妻双方的人身和财产关系引起一系列法律后果，而且还涉及子女的抚养教育和亲属关系的变更等一系列法律问题。对家庭以至整个社会生活各个方面都将产生一定影响。因此，国家必须通过婚姻法来规范和调整这种关系，使它从整体上健康和有序地进行。

（一）处理离婚的基本原则

离婚，是配偶生存期间解除婚姻关系的法律手段。婚姻以男女双方之间的爱情为基础，如果双方的感情确已破裂，婚姻关系就失去了存在的条件，勉强维持这种名存实亡的婚姻关系，既会给双方带来痛苦，又对子女、家庭和社会不利。从微观上看，离婚固然使某些家庭离散，并可能给一些当事人带来感情上的创伤，从宏观上看，整个社会的婚姻家庭关系却由此得到调整和改善。但是离婚毕竟会对当事人双方、子女、家庭以至社会产生一系列影响，因此，应严肃、认真地对待离婚问题。在处理离婚问题时必须坚持婚姻自由、一夫一妻、男女平等和保护妇女、儿童的合法权益。既要保障离婚自由，又要防止轻率离婚，是我国依法处理离婚问题的基本原则。

保证离婚自由，主要是指保护婚姻当事人的离婚中的合法权利。具体讲是保护公民有协议离婚的自决权和诉讼离婚的起诉权、抗辩权和胜诉权。但是，离婚自由的权利和其他权利一样不是绝对的，而是相对的，保证离婚自由，决不意味着可以采取轻率的态度，离开法律和道德的约束，滥用离婚自由的权利。草结草离，朝三暮四，喜新厌旧，见异思迁，把婚姻当儿戏的种种不道德的行为都是和离婚自由的原则格格不入的。

（二）准予离婚的法定条件

在我国，准予离婚的法定条件是，夫妻感情确已破裂，并经调解无效。夫妻感情是否确已破裂，是准予或不准予离婚的实质性条件，而法院的调解无效是程序性条件，判决离婚前须经调解这个过程。认定夫妻感情确已破裂，在我国司法实践中，一般是从婚姻基础、婚后感情、离婚原因和有无和好可能等方面因素加以综合分析。有下列情形之一的，经调解无效，可视为感情确已破裂：(1)重婚或有配偶者与他人同居的；(2)实施家庭暴力或虐待、遗弃家庭成员的；(3)有赌博、吸毒等恶习屡教不改的；(4)因感情不和分居满两年的；(5)其他导致夫妻感情破裂的情形。

（三）离婚程序

解除婚姻关系必须通过法定的程序。离婚一般有两种情况：一是男女双方都愿意离婚；二是一方要求离婚，另一方不愿意离婚。相应就有登记离婚和诉讼离婚两种法定程序。

1. 登记离婚

登记离婚，也称协议离婚，是指男女双方在自愿的情况下达成解除婚姻关系的协议，经婚姻登记机关审查准许而解除婚姻关系的程序。登记离婚是一种行政程序。

适用登记离婚的条件是:(1)协议离婚的当事人双方必须具有合法的配偶身份,即依法办理了结婚登记;(2)离婚确实出于双方自愿;(3)双方当事人对子女和财产分割问题已达成协议。

办理离婚登记的程序是:办理离婚登记的男女双方应亲自到一方户口所在地的婚姻登记机关共同提出离婚登记的申请,由婚姻登记机关进行审查。对于符合婚姻法、婚姻登记办法规定的双方自愿离婚,应准予登记,发给离婚证,婚姻关系即告解除。离婚证是解除婚姻关系的法律文书。

登记离婚后一年内,一方认为订立财产分割协议时另一方存在欺诈、胁迫等情形,并就财产分割问题反悔,可以请求人民法院变更或者撤销财产分割协议。

2. 诉讼离婚

诉讼离婚,也称裁决离婚,是指一方要求离婚,另一方不愿意离婚,或者双方都愿意离婚,但对子女的抚养和财产的处理有争议,其中一方向法院提起离婚诉讼,因法院调解或判决而解除婚姻关系的程序。

男女双方一方要求离婚,而另一方不愿意离婚的,可由有关部门进行调解或直接向法院提出离婚诉讼。人民法院审理离婚案件,首先应当进行调解;如果夫妻感情确已破裂,调解无效,应准予离婚。

有关部门对离婚的调解,不是处理离婚纠纷的必经程序。经调解和好的,恢复夫妻感情;经调解同意离婚的,依法办理离婚登记;调解无效,一方坚持离婚的按诉讼程序进行。

法院对离婚纠纷的调解是审理离婚案件的必经程序。人民法院审理离婚案件,必须对双方当事人进行调解。经调解和好,原告撤诉。调解离婚,由法院发给离婚调解书,离婚调解书与离婚判决书具有同等法律效力。调解无效,依法做出准予或不准予离婚的判决。凡判决不准离婚和调解和好的离婚案件,没有新情况、新理由,原告在六个月内不得重新起诉。

3. 离婚程序上的两项特别保护

(1) 关于现役军人配偶要求离婚的规定。现役军人的配偶要求离婚,须得军人同意,但军人一方有重大过错的除外。但双方都是军人或者军人一方提出离婚的,仍按一般离婚规定处理。如军人不同意离婚,该夫妻关系又确实无法维持的,人民法院应通过军人所在部队团以上的政治机关,在做好军人的思想工作的基础上,也可准予离婚,但对此必须严格掌握,慎重对待。这里的军人是指具有军籍的人员,不包括退役军人、复员军人、转业军人和军事单位中的不具有军籍的职工。对现役军人的婚姻予以特殊保护的目的是为了巩固国防的需要,符合国家和人民的利益。

(2) 关于在一定期间内限制男方离婚请求权的规定。女方在怀孕期间和分娩以后一年内或中止妊娠后六个月内,男方不得提出离婚,女方提出的离婚或人民法院认为确有必要受理男方离婚请求的,可不受此限。这一规定是为了保护妇女儿童的身心健康所作出的一项特别规定。

(四) 离婚的法律后果

离婚的法律后果又叫离婚的法律效力。离婚是一种法律行为,必将产生一系列相应的法律后果。

1. 夫妻身份关系的解除

(1) 离婚使夫妻之间的身份关系消灭。这是离婚对当事人的直接法律后果。随着婚姻关系的解除,基于夫妻身份关系而产生的夫妻之间的一切权利和义务也随之消灭。具体讲包括以下内容:夫妻的称谓消除,双方因离婚即取得了再婚的权利;夫妻间相互扶养的义务解除;相互继承遗产的权利消灭;夫妻享有的共同财产权和约定财产权也告终止。

(2) 夫妻共同财产的分割。夫妻共同财产是指夫妻双方在婚姻关系续存期间所得的财产。它包括:①工资、奖金;②从事经营活动的收益;③实际取得或者已经明确可以取得的知识产权方面的财产性收益;④因继承或赠予所得的财产;⑤夫妻一方的个人财产在婚后产生的收益,孳息和自然增值的除外;⑥双方实际取得或者应当取得的住房补贴、住房公积金;⑦以夫妻双方共同财产缴付养老保险费,养老金账户中婚姻存续期间个人实际缴付部分;⑧双方实际取得或者应当取得的破产安置补偿费;⑨其他共同财产。对于以上的财产夫妻双方有约定的除外。如夫妻对婚姻关系存续期间所得的财产约定不明的归夫妻共同财产。

对有下列情形之一的,为夫妻一方的财产,双方另有约定的除外:一方所有的婚前财产;因一方身体受到伤害的医疗费、残疾人生活费等费用;遗赠或赠予合同中指明归一方的财产;一方专用的生活用品以及其他应当归一方的财产。

军人的伤亡保险金、伤残补助金、医药生活补助费属于个人财产。发放到军人名下的复员费、自主择业费等一次性费用的,以夫妻婚姻关系存续年限乘以人均寿命七十岁与军人入伍时实际年龄的差额,所得数额为夫妻共同财产。

不动产的分割:①夫妻一方婚前签订不动产买卖合同,以个人财产支付首付款并在银行贷款,婚后用夫妻共同财产还贷,不动产登记于首付款支付方名下的,离婚时该不动产由双方协议处理。②婚后由一方父母出资为子女购买的不动产,产权登记在出资人子女名下的,可按照婚姻法第十八条第(三)项的规定,视为只对自己子女一方的赠予,该不动产为一方个人财产。③由双方父母出资购买的不动产,产权登记在一方子女名下的,双方按照各自父母的出资份额按份共有该不动产,双方另有约定的除外。④婚姻关系存续期间,用夫妻共同财产出资购买,以一方父母名义参加房改的房屋,产权登记在一方父母名下的,该不动产不按照共同财产分割,购买房屋时的出资,按照债权处理。

夫妻双方分割共同财产中的股票、债券、投资基金份额等有价证券以及未上市股份有限公司股份时,协商不成或者按市价分配有困难的,根据数量按比例分割。

夫妻对婚姻关系存续期间财产约定归各自所有的,夫或妻一方对外所负的债务,第三人知道该约定的,以夫或妻一方的财产清偿。其他因共同生活或履行抚养、赡养义务等的债务是夫妻共同的债务,以夫妻共同财产清偿。

夫妻之间订立借款协议,以夫妻共同财产出借给一方从事个人经营活动或用于其他个人事务的,视为双方约定处分夫妻共同财产的行为,离婚时按照借款协议的约定处理。

双方达成的以登记离婚或者到人民法院协议离婚为条件的财产分割协议,如果双方协议离婚未成,一方在离婚诉讼中反悔,则该财产分割协议无效。离婚后,仍有夫妻共同财产未处理的,一方可以向人民法院起诉请求分割。

2. 对于子女的法律后果

婚姻法规定,父母子女关系,不因父母离婚而消除。离婚后,子女无论由哪一方抚养,仍是父母双方的子女。因收养而成立的抑制血亲关系,除依法变更收养关系外,也不因养父母离婚而消除。

离婚后，父母对子女仍有抚养教育的权利和义务。离婚后子女由一方直接抚养的，另一方有探视权和应负担必要的生活费和教育费的部分或全部，负担费用的多少由双方协议，协议不成时，由人民法院根据子女的权益和双方的具体情况做出判决。但并不妨碍子女在必要时向父母任何一方提出超出协议或判决原定数额的合理要求。

3. 救助措施与法律责任

有下列情形之一，导致离婚的，无过错的，无过错方有权请求损害赔偿。

(1) 重婚的；

(2) 有配偶者与他人同居的；

(3) 实施家庭暴力的；

(4) 虐待、遗弃家庭成员的。

但当事人在协议离婚时已经明确表示放弃该项请求，或者在办理离婚登记手续一年后提出的除外。其他法律对有关婚姻家庭的违法行为和法律责任另有规定的，依照其规定。

六、涉外婚姻及涉及华侨、港澳同胞婚姻的法律适用

(一) 涉外婚姻

1. 涉外婚姻的含义

涉外婚姻是指我国公民和外国公民之间的婚姻，包括涉外结婚和涉外离婚。根据我国法律规定，我国公民与外国人结婚，适用婚姻缔结地法律，离婚适用受理案件的法院所在地法律。涉外婚姻的当事人在我国境内申请结婚，只要双方自愿，并符合我国婚姻法规定都应准予登记。

2. 涉外婚姻的限制

现役军人、外交人员、公安人员、机要人员和其他掌握重大国家机密的人员以及正在接受劳动教养和服刑的人，不得同外国人结婚。

3. 涉外结婚与离婚

中国公民和外国人在中国境内结婚，双方必须亲自到中国公民一方的户籍所在地的省、自治区、直辖市人民政府指定的婚姻登记机关申请登记。在我国办理的涉外离婚，不论是双方自愿离婚或一方要求离婚，一律适用诉讼程序，由当事人向有管辖权的人民法院提出离婚诉讼。

(二) 华侨、港澳同胞的婚姻

华侨、港澳同胞都是中国人，他们在中国境内的结婚或离婚一律适用我国法律。

华侨和国内公民结婚，华侨一方当事人要有居住国的公证机关出具的本人无配偶的证明，并经我国领、使馆的认证，还应有我国指定的医院的健康检查证明。港澳同胞和国内公民结婚，港澳同胞一方当事人要提供港澳官方机构、爱国民众团体或经我国司法行政机关委托、认可的律师出具的本人无配偶的证明，以及指定的医疗机构的健康检查证明。

国内公民一方则按婚姻法和婚姻登记办法具体要求出具有关证明。双方必须持有上述有关证明亲自到国内公民一方户籍所在地的县级以上人民政府的婚姻登记机关申请

登记。

离婚时，如男女双方已对子女的抚养和财产作了妥善处理的，须共同到婚姻登记机关申请离婚登记。一方要求离婚或一方不能到婚姻登记机关申请离婚的，可直接向国内一方户口所在地人民法院提出离婚诉讼。

第三节 继承法

一、继承法概述

（一）继承和继承法的概念和特征

1. 继承和继承法的概念

法律范畴中的继承专指财产继承，即公民自然死亡或宣告死亡后，按照法定程序，把死者遗留的个人合法财产转移给他人所有的一种法律制度。在继承关系中，遗留财产的死者称为被继承人；接受财产的人称为继承人；公民死亡时遗留的个人合法财产称为遗产；继承人依法取得被继承人的遗产的权利称为继承权。

继承法是调整和处理遗产关系的法律规范的总称。

2. 继承权的特征

(1) 继承权是一种财产权。继承权的标的只能是财产。继承权与财产所有权相联系，没有所有权，就不发生继承权，通过继承，所有权转移。所以说继承权是对所有权的继承和延伸，所有权是继承权的基础和前提。

(2) 继承权是与一定的身份相联系的财产权。继承关系是公民之间基于既有的婚姻、血缘、家庭等方面的人身关系而产生的财产关系。因此，继承权以一定身份关系的存在为前提。如我国《婚姻法》规定：夫妻有相互继承遗产的权利，父母和子女有相互继承遗产的权利。由此可见，继承人与被继承人之间必然存在一定的身份关系。

(3) 继承权的实现与一定的法律事实相联系。根据《继承法》的规定，继承权的实现是以被继承人的死亡和死者留有遗产等法律事实为前提的。财产继承权在被继承人死亡之前只是继承人享有的一种财产权益的期待权，只有被继承人死亡这一法律事实出现以后，继承权才成为一种现实的财产权利，即成为既得权。

(4) 继承权的最终实现取决于继承人的意志。财产继承权作为一种财产权，当继承开始之后，继承人可以完全按自己的意志决定接受还是放弃继承权，其他任何人不得干涉。

(5) 继承权的权利主体仅仅是公民。这也就是说，只有公民才能享有遗产继承权，国家或法人不能享有遗产继承权，即使其实际取得遗产，也只是接受遗赠，或者是取得无主财产，而不是继承遗产

(6) 继承权发生的根据是法律的直接规定或者是合法有效的遗嘱。在法定继承的情况下，什么人可以作为法定继承人，是否可以继承遗产，都是根据法律的直接规定；在遗嘱继承的情况下，什么人可以作为遗嘱继承人而享有遗产继承权，是根据遗嘱人在合法有效的遗嘱中做出的意思表示。

（二）我国继承法的基本原则

1. 保护公民私有财产继承权的原则

我国宪法明文规定，国家依照法律规定保护公民私有财产的继承权。而继承权实质上是公民私人财产所有权的延伸。公民个人所有的合法财产，生前受到法律保护，死后亦要保护其遗产依法继承。保护公民的私有财产继承权，是我国继承法的根本任务，也是基本原则。这一原则是我国继承立法的基础和根据。

这一原则在继承法中主要体现在：第一，凡是公民生前所有的个人合法财产，在其死后都可以作为遗产转移给他们的继承人。第二，当公民的继承权受到他人非法侵害时，有权在法律规定的期限内，通过诉讼程序请求人民法院依法给予保护。

2. 继承权男女平等的原则

继承权男女平等就是继承人不分男女性别，都享有完全平等的继承权。这是宪法中男女平等原则在继承制度中的具体体现。坚持这一原则的实质就是反对歧视妇女的封建残余思想，保护妇女的合法继承权利免受侵犯。

这一原则在继承法中主要体现在：第一，被继承人不分男女都有权在生前通过立遗嘱处分自己财产；第二，在分配遗产的份额上，继承人不分男女都享有完全平等的继承权，同一顺序的继承人一般是等份的；第三，在继承的顺序上，只能以亲属关系疏近来确定，而不能以男女性别差异来划分继承顺序；第四，夫妻之间有相互继承对方遗产的权利。

3. 保护老人和儿童合法权益的原则

在继承关系中坚持保护老人和儿童的合法权益，既是树立新的、良好的社会风尚，促进社会主义精神文明建设的必然要求，也是为了更好地实现抚养子女和赡养老人的社会职能。

这一原则在继承法中主要体现在：第一，对没有独立生活能力的未成年子女和已丧失劳动能力又无生活来源的老人，在分配遗产时，应予特别照顾；第二，对父亲死亡时尚未出生的胎儿（遗腹子），在分配遗产时应予保留其继承的份额；第三，在遗嘱继承中，遗嘱人设立遗嘱时，应对缺乏劳动能力又没有生活来源的继承人，应保留必要的财产份额；第四，为鼓励主动承担养老的小辈，继承法规定丧偶儿媳或女婿，对公婆或岳父母尽了主要赡养义务的，可作为第一顺序继承人享受继承权；第五，老年人可以与公民个人或集体组织签订过赠扶养协议，扶养人承担该老年人生养死葬的义务，并享有接受遗赠的权利。

4. 权利和义务相一致的原则

权利和义务相一致，是社会主义法制的普遍原则，也是确认法定继承出发点之一和处理继承关系的依据之一。这一原则在《继承法》中主要体现在：第一，继承人对被继承人在生前尽了主要扶养义务或者与被继承人长期共同生活的，在分配遗产时，可适当多分；有扶养能力和条件的继承人，不尽扶养义务的，分配遗产时，应当不分或者少分；对被继承人遗弃以及虐待情节严重的继承人，人民法院可依法宣告他丧失继承权。

继承法还规定，丧偶的儿媳对公婆，丧偶的女婿对岳父母，尽了主要赡养义务的，作为第一顺序继承人。

5. 互谅互让、和睦团结的原则

互谅互让、和睦团结原则反映我国社会主义家庭关系和道德风尚的要求。这一原则要求继承人在分割遗产时，应本着互谅互让、和睦团结的精神，通过协商处理遗产。《继承法》

规定，同一顺序继承人继承遗产的份额一般应当均等。但各继承人之间由于经济状况不同，对家庭和对被继承人尽责不同，经各继承人协商一致，也可以不均等。

（三）继承开始的时间和地点

1. 继承开始的时间

我国继承法规定，继承从被继承人死亡时开始。公民死亡，分为自然死亡和宣告死亡两种情形。自然死亡应以医疗单位或公安机关开出的死亡证明书上确定的时间为准，宣告死亡应以人民法院判决书上宣告死亡的时间为准。

准确地确认继承开始的时间，具有重要的法律意义。因为确认继承的法律效力，明确继承人的权利义务、继承人的范围、遗产的内容和价值都应以继承开始的时间为依据。但在现实生活中常常会出现一些意外事件，使被继承人的死亡时间无法确定或难以确定，从而使得继承权的开始时间也难以确定。

对此，根据最高人民法院的有关规定，相互有继承关系的几个人在同一事件中死亡，如不能确定他们死亡的先后时间，就推定其中无继承人的人员先死亡。死亡人各自都有继承人的，如几个死亡人辈分不同，就推定长辈先死亡。几个死亡人的辈分相同，就推定同时死亡，彼此不发生继承，由他们各自的继承人分别继承。

2. 继承开始的地点

继承开始的地点通常是以被继承人生前最后的住所地为准。被继承人最后的住所地不明确的，也可以以主要遗产所在地作为继承开始的地点。继承开始时，在继承地点的继承人应及时通知不在继承地的其他继承人。在其他继承人没有到达之前，在继承地点的继承人有义务妥善保管好遗产不得隐匿、侵吞或擅自处理。

（四）遗产的范围

1. 公民的遗产

遗产是公民死亡时遗留的个人合法财产。根据《继承法》规定，遗产包括：

(1) 公民的收入；

(2) 公民的房屋、储蓄和生活用品；

(3) 公民的林木、牲畜和家禽；

(4) 公民的文物、图书资料；

(5) 法律允许公民所有的生产资料；

(6) 公民的著作权、专利权中的财产权利；

(7) 公民的其他合法财产（如债权、债务、有价证券等）。

综上所述，可把遗产范围归纳为三大类：一是公民个人的合法财物；二是公民的著作权、专利权、商标权中的财产权利；三是公民的债权、债务和其他合法财产。

2. 遗产的内容

遗产的内容既包括债权，也包括债务。遗产中的债权，继承人有权要求债务人偿还；遗产中的债务，继承人有义务在所得遗产的实际价值中予以清偿，但超过遗产实际价值的债务，继承人不再负有法律责任。继承人自愿偿还的不在此限。

土地使用权、经营承包权和房屋租赁权因被继承人不具有所有权，所以不是遗产，不能继承。是否由继承人继续使用、承包、租赁，应按照相应的法律规定办理。

（五）继承权的接受、放弃和丧失

1. 继承权的接受和放弃

继承权的接受，是指享有继承权的继承人同意接受被继承人所留遗产的意思表示。继承开始后，继承人自愿表示不继承遗产的，称为放弃继承。继承法规定，继承开始后，继承人放弃继承的，应当在遗产处理前，做出放弃继承的表示。没有表示的，视为接受继承。

由于公民的民事行为能力不同，行使继承权的方式则有所不同。完全行为能力人能够独立地行使继承权，自主地接受或者放弃继承权；限制行为能力人的继承权、受遗赠权，由他的法定代理人代为行使，或征得法定代理人同意后行使。无行为能力人的继承权、受遗赠权，由他的法定代理人代为行使。法定代理人在一般情况下不能代理被代理人放弃继承权、受遗赠权，明显损害被代理人利益的代理行为属于无效民事行为。

继承人因不愿履行法定义务，如不想清偿个人债务，不愿承担扶养、抚养、赡养义务等原因而表示放弃继承的，必然损害他人权益。对此，法律规定：继承人因放弃继承权，致使不能履行法定义务的，放弃继承权的行为无效

2. 继承权的丧失

继承权的丧失，是指依照法律规定取消继承人承受被继承人遗产的权利。继承法规定，继承人有下列情形之一的，丧失继承权：

（1）继承人故意杀害被继承人的；

（2）继承人为争夺遗产而杀害其他继承人的；

（3）遗弃被继承人的，或者虐待被继承人情节严重的；

（4）伪造、篡改或者销毁遗嘱，情节严重的，丧失继承权。

继承权的放弃和丧失，其结果都是继承人不继承遗产，但是二者有明显的区别：第一，继承权的放弃是继承人主观上自觉自愿的，而继承权的丧失则是由法院通过判决确定；第二，继承权的放弃只能在继承开始后及遗产分割前，而继承权的丧失则不受时间的限制；第三，继承权的放弃是继承人行使自己的权利，而继承权的丧失则是继承人受到法律的制裁。

二、法定继承

（一）法定继承的概念和特征

1. 法定继承的概念

继承有法定继承和遗嘱继承两种形式。法定继承是指由法律直接规定继承人的范围、继承顺序、遗产分配原则的财产继承制度。

2. 法定继承的特征

（1）它是以继承人和被继承人之间的婚姻关系、血缘关系或收养关系等特定的人身关系为前提而确定的继承关系；

（2）法定继承人的范围、继承顺序和遗产分配原则都是由法律做出强制性规定，除被继承人生前依法以遗嘱方式改变外，其他任何人都无权变更。

（二）法定继承的范围和顺序

1. 法定继承人的范围

法定继承的范围，是指适用法定继承方式时，哪些人可以作为死者遗产的继承人。继承法依据继承人和被继承人之间的婚姻关系、血缘关系或一定的抚养关系，确定我国法定继承人的范围是：被继承人的配偶、子女、父母、兄弟姐妹、祖父母、外祖父母。

（1）配偶。配偶作为法定继承人是基于合法的婚姻，因此，以配偶身份继承遗产，应具备两个条件：第一，结婚必须符合法定条件，履行法定手续；第二，婚姻关系必须在一方死亡时仍然存在。

（2）子女。子女，包括婚生子女、非婚生子女、养子女和有扶养关系的继子女。养子女同亲生子女一样，享有同样的继承权。养子女和生父母间的权利和义务，因收养关系的成立而消除，养子女从而也就失去了对生父母遗产的继承权。继父母与继子女之间有扶养关系的，有互相继承遗产的权利，没有扶养关系的，不能互相继承遗产。

（3）父母。父母是被继承人最近的直系尊亲属。婚姻法规定父母有继承子女遗产权利，继承法规定父母是子女遗产的法定继承人。这里的父母包括生父母、养父母和有抚养关系的继父母。

（4）兄弟姐妹。继承法把兄弟姐妹列为法定继承人的范围，规定互相有继承遗产的权利。兄弟姐妹不仅包括全血缘关系的，而且包括半血缘关系的，即同父异母或同母异父的兄弟姐妹，以及养兄弟姐妹、有扶养关系继兄弟姐妹。

（5）祖父母、外祖父母

祖孙之间是除父母子女关系以外的血缘关系最近的直系血亲。继承法规定，祖孙之间、养祖孙之间以及形成了实际扶养关系的继祖孙之间互有继承权。

2. 法定继承的顺序

法定继承顺序，是指由继承法所规定的法定继承人参与继承遗产的先后次序。

继承法把法定继承分为两个顺序：第一顺序：配偶、子女、父母；第二顺序：兄弟姐妹、祖父母、外祖父母。

两个顺序先后的关系：(1)继承开始时，有第一顺序继承人，第二顺序继承人不能继承；(2)如果没有第一顺序继承人，或虽有第一顺序继承人，但该顺序的继承人都放弃继承权或丧失继承权时，则由第二顺序继承人继承；(3)第一顺序和第二顺序继承人都没有、都放弃或都丧失继承权，又没有受遗赠的情况下，该遗产归国家或集体所有。同一顺序的各继承人，继承遗产的份额一般应均等。

此外，继承法还对以下两种特殊情况作出了例外规定：一是丧偶的儿媳对公婆、丧偶的女婿对岳父母，尽了主要的赡养义务的，可以作为第一顺序继承人参加继承；二是遗产分割时，应保留胎儿的份额。

（三）代位继承

1. 代位继承的含义

代位继承是指被继承人的子女先于被继承人死亡时，被继承人的子女的直系晚辈（不受辈分限制）有权代替其已经死亡的父母继承应继承的份额。在代位继承中，先于被继承人死亡的继承人叫做被代位继承人，代替被代位人继承遗产的人叫做代位继承人。

代位继承是法定继承中一种特殊的继承方式，也是对法定继承的重要补充，它可以使先于被继承人死亡的继承人的晚辈直系血亲的合法权益得到保障。

2. 代位继承的特征

(1) 代位继承只能适用于法定继承，不适用于遗嘱继承；

(2) 代位继承人的人数不论多少，只能继承其父亲或母亲有权继承的那一份遗产的份额；

(3) 代位继承人必须是被继承人的晚辈直系血亲，代位继承权不受辈分限制。包括被继承人的生子女、养子女和有扶养关系的继子女的晚辈，他们都有同等的代位继承权。

三、遗嘱继承和遗赠

(一) 遗嘱继承的概念和特征

1. 遗嘱继承的概念

遗嘱继承又称指定继承，是指被继承人死亡时，按他生前所立遗嘱内容将其遗产指定法定继承人中的一人或数人继承的遗产继承方式。在遗嘱继承中，立遗嘱人为遗嘱人，根据遗嘱而取得遗产的人为遗嘱继承人。继承法规定，被继承人生前如立有合法遗嘱应首先按遗嘱的规定和要求进行遗嘱继承。只有在没有遗嘱或虽有遗嘱但已被人民法院判决为无效时，才按法定继承进行。

2. 遗嘱继承的特征

(1) 遗嘱是立遗嘱人单方面的法律行为，无须继承人或受赠人表示同意，而且遗嘱只能在遗嘱人死亡后才发生法律效力；

(2) 可以作为遗嘱继承人的只能是法定继承范围内的一人或数人；

(3) 遗嘱继承人在继承遗产时，不再受法定继承顺序的限制；

(4) 遗嘱继承人在接受遗嘱继承后，仍有权按照法定继承的顺序取得遗嘱未加处分或遗嘱无效部分所涉及的那部分遗产。

3. 遗嘱的有效条件

遗嘱继承与法定继承不同，法定继承是由法律直接规定的继承人按照法定程序进行继承，它不发生有效无效的问题。而遗嘱继承首先就必须认定遗嘱是否有效，这是处理遗嘱继承纠纷的关键。立遗嘱是一种法律行为，而且是在被继承人死亡时才开始生效。所以必须在内容上和形式上符合法律规定，才具有法律效力，否则无效。遗嘱的有效条件包括实质条件和形式条件两种：

(1) 遗嘱成立的实质条件(遗嘱内容)。我国《继承法》规定，遗嘱的成立必须包括以下条件：

① 遗嘱人必须具有遗嘱能力。遗嘱能力是指遗嘱人设立遗嘱的民事行为能力。无民事行为能力或限制行为能力的人所立遗嘱无效。遗嘱人立遗嘱时有行为能力，后来丧失了行为能力，不影响遗嘱的效力。

② 立遗嘱人的意思表示必须真实。受胁迫、欺骗所立遗嘱或遗嘱被伪造、篡改的一律无效。

③ 遗嘱的内容必须合法。遗嘱的内容不得违反国家的法律、政策及社会公德，否则违

反部分无效。包括：第一，遗嘱人不得利用遗嘱处分不属于其所有的财产；第二，遗嘱不得剥夺或减少缺乏劳动能力又无生活来源的人以及尚未出生的胎儿应继承的份额。

(2) 遗嘱成立的形式要件(遗嘱形式)。遗嘱要有效成立，还必须在形式上符合法律规定。《继承法》规定，遗嘱的形式可以采取公证遗嘱、自书遗嘱、代书遗嘱、录音遗嘱、口头遗嘱五种不同形式，并必须符合相应的法律要求。

① 公证遗嘱是由遗嘱人生前亲自到国家公证机关办理遗嘱公证手续的遗嘱；

② 自书遗嘱是由遗嘱人亲自书写、签名的遗嘱；

③ 代书遗嘱是遗嘱人委托他人书写的遗嘱；

④ 录音遗嘱是遗嘱人采用录音形式所制作的遗嘱；

⑤ 口头遗嘱是遗嘱人在生命垂危或遇到其他特殊紧急情况时，不得已而采取口头形式所立的遗嘱，一旦紧急情况排除或缓解后，必须再立其他形式的遗嘱，原口头遗嘱即告无效。

(3) 遗嘱的法律效力。除公证遗嘱和自书遗嘱外，代书遗嘱、录音遗嘱和口头遗嘱都必须有两个以上的见证人在场作证才有效。与遗嘱内容有利害关系的人、无行为能力的人和限制行为能力的人都不能充当见证人。

遗嘱订立后如有必要，遗嘱人可以变更或撤销自己所立的遗嘱。如所立的前后几份遗嘱内容有抵触的，应以最后的遗嘱为准。《继承法》还规定自书、代书、录音、口头遗嘱，都不得撤销、变更公证遗嘱。

(二) 遗赠

1. 遗赠的含义

遗赠是指遗嘱人以遗嘱方式将其遗产的一部分或全部赠送给国家、集体、社会团体或者法定继承人以外的个人，并在遗嘱人死亡后才发生法律效力的单方面法律行为。在遗赠关系中，立遗嘱人为遗赠人，接受遗赠的个人或单位为受赠人。

2. 遗赠和遗嘱的区别

遗赠和遗嘱继承虽然都是用遗嘱方式处分自己的遗产的方式，但两者是有区别的，主要表现在以下几个方面：

(1) 主体范围不同。遗赠的受遗赠人可以是国家、集体，还可以是法定继承人以外的其他人；而遗嘱继承的继承人只能是法定继承人中的一人或数人。

(2) 主体承担的义务不同。受遗赠人原则上只享受遗赠财产的权利，而不必承担清偿遗赠人债务的义务；而遗嘱继承人既有继承被继承人遗产的权利，又有负责清偿被继承人债务的义务。

(3) 取得遗产的方式不同。受遗赠人不直接参与遗产分配而是从遗嘱执行人那里取得遗赠财产；而遗嘱继承人则直接参加遗产分配。

(4) 作出接受与否的表示不同。受遗赠人到期不作出接受的意思表示，即视为放弃；而遗嘱继承人如不表示放弃，即视为接受。

3. 遗赠抚养协议

我国《继承法》还规定了一种特殊的遗赠方式，即遗赠抚养协议。遗赠抚养协议是指遗赠人与法定继承人以外的公民个人或集体组织之间订立的有关遗赠和抚养关系的协议。

按照遗赠抚养协议，抚养人承担遗赠人的生养死葬的义务，同时享有在遗赠人死后接受遗赠的权利。遗赠抚养协议实际上是一种权利和义务相一致的、抚养与遗赠结合起来的具有平等、协商、有偿、互利的双务合同关系，体现了继承法中的保护老人合法权益的立法精神，是发扬尊老爱幼、扶助病残的优良传统，促进社会主义精神文明建设的体现。

遗赠扶养协议具有以下法律效力：(1)遗赠扶养协议的效力优于遗嘱继承和法定继承。继承开始后，如果被继承人生前与他人或集体组织有遗赠扶养协议的，必须先按协议的内容处理遗产；没有此种协议的，才可分别适用遗嘱继承或法定继承方式分割遗产。(2)违反遗赠扶养协议应承担违约责任。遗赠扶养协议一经签订，双方必须严格遵守。如果扶养人没有正当理由不履行其扶养义务，导致协议解除的，不能再享受接受遗赠的权利，其曾经支付的供养费用一般不予补偿。如果遗赠人无正当理由不履行其义务，导致协议解除的，则其本人或其继承人应当偿还扶养人或集体组织已支付的扶养费用。

四、涉外继承

涉外继承是指在继承关系中，继承人、被继承人、遗产或与继承有关的法律事实等诸多因素中，有一个或一个以上的因素涉及外国。

我国《继承法》规定，我国公民继承我国境外的遗产或继承我国境内的外国人的遗产，动产适用被继承人住所地法律，不动产适用不动产所在地法律；外国人继承我国境内的遗产或继承我国境外的中国公民的遗产，动产适用被继承人住所地法律，不动产适用不动产所在地法律；我国与外国订有条约、协定的，按条约、协定处理。

第四节　本章知识点、例题与习题、习题解答、思考题、案例分析

一、本章知识点

婚姻法的基本原则、结婚的条件和法定程序、无效婚姻和可撤销婚姻、家庭关系、离婚及其法定条件；我国继承法的基本原则、法定继承、遗嘱继承和遗赠。

二、例题与习题

（一）判断题

1. 结婚登记是结婚必经的法定程序，也是唯一的法定程序。

2. 一方解除婚约，必须征得对方的同意。

3. 在遗嘱继承中，如果继承人先于被继承人死亡，继承人的直系晚辈(不受辈分限制)可以代位继承。

4. 有抚养关系的继子女继承继父母的遗产，并不影响其继承生父母的遗产。

5. 第二顺序继承人只有在没有第一顺序继承人时才能参加继承。

6. 继承法规定，丧偶的女婿对岳父母或丧偶的媳妇对公婆尽了一定的赡养义务的应视为第一顺序继承人。

7. 为了维护妇女儿童的合法权益，女方在怀孕期间和分娩后一年内，男女双方均不得提出离婚。

8. 只要是中国公民，均可作为遗嘱的见证人。

9. 继承只能从被继承人生理死亡开始。

10. 甲因开杂货铺发了财，借给乙 5 000 元。乙将这笔钱中的 3 000 元买了彩电，2 000 元资助其弟出国。现乙与其妻离婚，这 5 000 元债务应由乙与乙妻从共同财产中偿还。

11. 王某四岁时父亡，其母与继父结婚，王某遂与外祖父母共同生活，并受其抚养教育。王某参加工作后母亡。继父患病后无生活能力，要求王某承担赡养义务，遭王拒绝，法院判决王某每月付给其继父生活费 30 元。

12. 李某与妻因感情不和，提起离婚诉讼，法院判决准予离婚。判决书下达后，李某之妻提起上诉后第五天，李某之妻在车祸中身亡。此时，李某要求继承妻子的遗产，遭妻子的兄妹拒绝，再次诉至法院。法院应准予李某继承。

13. 张某，年近八旬，请朋友王某代书一份遗嘱。遗嘱规定，自己死后遗产 6 000 元中的一半赠给原工作单位，另一半留给独生子。遗嘱有朋友王某的签名及代书的年月日，经查张某无其他法定继承人。这一遗嘱有效。

14. 甲和乙是兄弟。在父亲死后，兄弟俩签订了一份书面协议：年迈的母亲完全由兄来赡养，母亲的一切遗产由兄继承，弟不负责赡养母亲，亦不继承母亲的遗产，该协议合法有效。

15. 齐某得知自己已患癌症，他便将自己的三个儿子唤到身边，将自己的遗产立下口头遗嘱，家中全部的存款由三个儿子和他们的母亲均等继承，两间房屋全部归他们的母亲继承，这一遗嘱继承是有效的。

16. 强某带女儿(六岁)随父亲乘飞机去南方滨海城市度假，不料飞机失事，飞机上的人全部死亡。经查，强某的妻子于女儿出生时死亡，强某有四个亲兄弟姐妹。对在这场意外事故中死亡的强某及女儿与父亲可以推定他们同时死亡。

17. 受遗赠人可以是法定继承人，也可以是法定继承人以外的国家、集体、社会团体和法定继承人以外的人。

18. 丁某与周某订婚后发生了两性关系，现丁某与周某解除了婚约关系，丁某与严某登记结婚，丁某的行为构成了重婚罪。

19. 叔叔、舅舅均为法定第一顺序继承人。

20. 经公证机关公证过的遗嘱不能撤销和改变。

(二) 不定项选择题

1. 王某和宋某是夫妻，有自建房 4 间。甲是宋某之母，乙是王某之弟。2014 年 8 月宋某病逝，不久，王也因过分悲伤于同年 11 月病故。王某和宋某遗留的 4 间房应由(　　)。

A. 甲乙各继承 2 间　　B. 乙继承 2 间

C. 甲继承 3 间，乙继承 1 间　　D. 甲继承 1 间，乙继承 3 间

2. 遗产分割时，为胎儿保留有遗产份额，该胎儿出生后立即死亡，原为他保留的遗产份

额应(　　)。

A. 由其母继承　　B. 由原被继承人的继承人继承

C. 由其兄弟姐妹继承

3. 代位继承人可以是被代位人的(　　)。

A. 子女　　B. 父母　　C. 配偶　　D. 孙子女

E. 曾孙子女

4. 继子女可以继承(　　)的遗产。

A. 生父母　　B. 继父母

C. 有抚养关系的继父母　　D. 与生父母离婚的继父母

5. 独生子女甲的父母1968年被迫害致死,他们的一些金银首饰及6万元存款均被红卫兵抄走,1976年甲与乙结婚,1979年甲的父母在文革中被抄走的财物因落实政策被发还,这些财产(　　)。

A. 应为甲乙夫妻共同财产　　B. 应为甲的婚前财产归甲所有

C. 由甲、乙协商,甲拿2/3,乙拿1/3

6. 电影《遗产风波》中,何伯宏除有遗嘱外,还有遗嘱未处理的遗产,根据法律应按法定继承顺序继承。何伯宏有长子。次子已先于他死亡,次子有儿子小名东东,次子的妻子吴华作为丧偶的媳妇对公公何伯宏尽了主要赡养义务。三子因犯罪被剥夺政治权利。女儿远嫁云南。何伯宏还有一私生女,一干女儿。问:根据继承法,何伯宏的继承人有(　　)。

A. 长子、次子、三子、两个女儿、吴华

B. 长子、次子、三子、婚生女儿、吴华、干女儿

C. 长子、次子(由其儿子东东代位继承)、三子、两个女儿、吴华

D. 长子、次子(由其儿子东东代位继承)、两个女儿、吴华

7. 外祖父母和外孙子女是(　　)。

A. 直系血亲　　B. 旁系血亲　　C. 直系姻亲　　D. 旁系姻亲

8. 我国法律、政策对待婚约的态度是(　　)。

A. 订婚不是婚姻成立的必要手续和条件

B. 婚约没有法律约束力

C. 法律既不要求订立婚约也不禁止订立婚约

D. 婚约可以随时解除

9. 遗产已被分割而未清偿债务时,如有遗嘱继承人又有法定继承人和受遗赠人的,应当由谁用所得遗产清偿债务(　　)。

A. 法定继承人　　B. 遗嘱继承人

C. 受遗赠人和遗嘱继承人　　D. 受遗赠人

10. 丧偶的儿媳对公婆、丧偶的女婿对岳父母,尽了主要赡养义务的(　　)。

A. 不能作为继承人

B. 可以作为第一顺序继承人

C. 不能作为第一顺序继承人,只能作为第二顺序继承人

D. 不能作为继承人,但可以分给适当的遗产

三、习题解答

（一）不定项判断题

1. ×；2. ×；3. √；4. √；5. ×；6. ×；7. ×；8. ×；9. ×；10. ×；11. ×；12. √；13. ×；14. ×；15. ×；16. ×；17. ×；18. ×；19. ×；20. ×。

（二）不定项选择题

1. D；2. A；3. ADE；4. AC；5. B；6. C；7. A；8. ABCD；9. A；10. B。

四、思考题

1. 什么是亲属和亲属法？什么是亲系和亲等？罗马法和寺院法分别如何计算亲等？
2. 简述亲属法的特征和亲属关系的法律效力。
3. 简述婚姻法的特征和我国《婚姻法》的基本原则。
4. 简述结婚的条件。试述什么是无效婚姻和可撤销婚姻？
5. 简述家庭关系包括的内容、收养关系的条件。
6. 简述离婚的条件和离婚的法律后果。
7. 简述什么是继承法、继承开始的时间和地点。
8. 我国《继承法》的基本原则有哪些？
9. 分别简述法定继承、遗嘱继承和遗赠的特征。简述遗嘱与遗赠的区别。

五、案例分析

案例一

1. **案情：**应哥和应妹系同胞兄妹，父亲早亡。母亲长期依靠应妹生活，于 1980 年 11 月去世。死前有遗嘱：房屋 3 间半，由应妹继承 2 间，应哥继承 1 间半。应妹要求按遗嘱执行。应哥声称，这 3 间半房屋，是他出资与父共同建造，当时应妹尚在求学，未出分文，因此，这些房屋产权应全部归属应哥所有。双方各执己见，诉至法院。

2. **问题：**以上的财产应如何处理？为什么？

3. **分析意见：**1950 年建房时，应家兄妹同父母共同生活，均属家庭成员。建房时应哥仅拿出少量资金，主要仍由父母负责建造，房屋建成后也属父母名下，并负责管理维修，所以应家房屋应该属于父母的共同财产。

应妹当时年幼求学，建屋时未拿出过分文，但在父亡后，其母长期由应妹赡养，共同生活，尽了很多义务。其母临终前的口述遗嘱，有双方之叔叔、婶婶及邻里居民见证，因此，对房屋分割之遗嘱是合法的、有效的，应受到法律的承认与保护。所以，应妹继承房屋2间，应哥继承房屋1间半，屋中家具双方各半所有。

案例二

1. **案情**：某甲父母、妻子早亡，有子乙、丙；乙有子女A、B，丙有子C。乙早年去世，由其妻抚育A、B，乙妻与甲住在一起时，对甲尽了主要赡养义务。某日丙外出因车祸重伤住院，生命垂危。甲得知后，一急之下，不幸猝死。甲死后3小时，丙因抢救无效死亡，遗下配偶和子C，甲、丙均遗有遗产（不包括其配偶的财产）。

2. **问题**：甲、丙的遗产应如何处理？（二人均未立遗嘱）

3. **分析意见**：甲、丙的遗产均按法定继承办理。甲的遗产分为三份，A、B得一份，乙妻得一份，丙妻和子C得一份。丙的遗产由其配偶和子C各得一半，理由如下：(1)甲的儿子乙先于甲死亡，其子女A、B得以代位继承甲的遗产；(2)乙妻作为甲的儿媳妇，在丈夫死后对公公甲尽了主要赡养义务，有权作为第一顺序法定继承人，她参加继承不能影响A、B代位继承；(3)甲的儿子丙死于甲之后，得继承甲的遗产，因丙未能直接实际取得遗产就死亡，发生转继承，其应得的甲的遗产由其法定继承人（妻子和儿子）继承；(4)代位继承不论有几人，一般只能取得其父（母）应得的份额，故甲的遗产应分成三分。(5)丙死后，其妻和子为第一顺序法定继承人，丙的遗产分成两份，由妻和子C继承。

案例三

1. **案情**：李四夫妻共有存款5万元，李四有一母，其儿子甲刚参加工作，女儿乙读中学。李四突然死亡，在清理遗物中发现其亲笔书写、签名的遗嘱一份，并注明年月日，其中写明，在他死后将5 000元留给乙读书用。李四死时，其妻身怀有孕四个月。

2. **问题**：(1) 遗嘱是否有效？

(2) 5万元如何继承？

3. **分析意见**：

(1) 遗嘱有效。

(2) 5万元作如下分割：

① 5万元为李四夫妻共有财产，其中2.5万元归其妻所有，2.5万元为遗产；

② 2.5万元的遗产中，0.5万元为遗嘱继承，另2万元为法定继承；

③ 法定继承人有其妻、母、儿甲、女乙同为第一顺序继承人；

④ 同一顺序继承人,分配时原则上均等;

⑤ 应为胎儿保留1份,待胎儿出生后,根据具体情况最后确定此份遗产的去向:是活体的归婴儿继承;是死体的由法定继承人分割;是活体而后死亡的,由他的法定继承人继承。

第六章 诉讼法

教学目的

在我国，主要有三种诉讼程序：一是民事诉讼程序，二是刑事诉讼程序，三是行政诉讼程序。通过本章的学习，可以对我国的诉讼法律制度有一个初步的了解和把握，可以帮助我们了解哪些纠纷可以通过诉讼的方式来解决，在解决的过程中需要注意什么问题，如何有效地参与诉讼，如何获得有效的法律救济等，从而通过诉讼的方式真正维护自身的合法权益。

第一节 民事诉讼法

一、民事纠纷与民事诉讼

民事纠纷，是指平等主体之间发生的，以民事权利义务为内容的一种社会纠纷。它有三个特点：第一，民事纠纷主体之间的法律地位是平等的，彼此之间不存在服从或隶属关系。第二，民事纠纷的内容是民事权利义务的争议。例如，一方当事人不履行合同中约定的义务，造成对方的损失，由此产生了合同纠纷。第三，民事纠纷具有可处分性。由于民事纠纷涉及的是民事主体的权利义务争议，基于私法自治原则，民事主体有权处分自己的权利。

民事诉讼，是指人民法院在当事人和其他诉讼参与人的参与下，通过对民事案件进行审理以查明事实、分清是非，从而解决民事纠纷的活动。在民事纠纷出现以后，当事人可以选择多种方式进行解决，如和解、调解、仲裁或诉讼，其中民事诉讼是解决民事纠纷的重要方式之一。在我国，民事案件的审判权专属于各级人民法院，其他机关无权审理民事案件。

民事诉讼法，是指国家制定或者认可的，用以调整法院与诉讼参与人的诉讼活动和诉讼关系的法律规范的总称。民事诉讼法的基本任务在于:(1)保护当事人行使诉讼权利;(2)保证人民法院正确行使审判权;(3)教育公民自觉遵守法律。

二、民事诉讼的基本原则

民事诉讼的基本原则,是指在民事诉讼的整个过程中,或者在重要的诉讼阶段,起指导作用的准则。在民事诉讼中,需要遵循如下原则:

(一) 当事人平等原则

民事诉讼当事人具有平等的诉讼地位,享有平等的诉讼权利。

(二) 辩论原则

在民事审判的全过程中,在人民法院的主持下,双方当事人有权就案件事实和有争议的问题分别陈述自己的主张和根据,相互进行辩论和质证,以维护本方的合法权益。

(三) 调解原则

人民法院在审理民事案件时,可以采用调解的方法解决民事纠纷,但调解必须遵循自愿、合法的原则。

(四) 处分原则

民事诉讼当事人在诉讼进行的各个阶段,有权在法律规定的范围内处分自己的实体权利和诉讼权利。

(五) 诚信原则

民事诉讼当事人在参加诉讼的过程中必须具备诚实、善意的内在状态,不得滥用诉讼权利,不得实施不正当的诉讼行为。

三、民事诉讼的基本制度

在我国的民事诉讼中,有四大基本制度:合议制、回避制、公开审判制、两审终审制。

(一) 合议制度

合议制度,是指由三名以上单数法官组成的合议庭对民事案件进行集体审理和裁判的制度。

根据我国民事诉讼法的规定,在不同的审判程序中,合议庭的组成人员有所不同。其基本规则如下:(1)第一审普通程序合议庭由审判员与陪审员共同组成合议庭,或者仅由审判员组成合议庭;(2)第二审合议庭必须由审判员组成合议庭;(3)合议庭评议时,实行少数服从多数原则。有不同意见的,应如实记入笔录。

(二) 回避制度

回避制度,是指为了保证案件的公正审理,人民法院的审判人员或执行人员在遇有法定回避情形时，退出案件的审理或其他诉讼活动的法律制度。

在我国的民事诉讼中，回避制度适用于下列人员：审判人员（审判员和陪审员）、书记员、翻译人员、鉴定人、勘验人。

回避的法定原因包括：(1)是本案当事人或者当事人、诉讼代理人的近亲属（配偶、父母、子女、兄弟姐妹、祖父母、外祖父母、孙子女、外孙子女等）；(2)与本案有利害关系；(3)与本案当事人有其他关系，可能影响案件公正审理的。

根据我国法律的规定，回避有两种方式：一是当事人申请回避，这是当事人所享有的一项重要的诉讼权利，当事人在申请回避时，应当说明理由；二是自行回避，即有关人员遇有法定情形时，可以自己提出回避申请。

在回避申请提出以后，决定程序如下：(1)院长担任审判长的回避由审判委员会决定；(2)审判人员（包括人民陪审员）的回避由院长决定；(3)其他人员（书记员、翻译人员、鉴定人、勘验人）的回避由审判长决定。

（三）公开审判制度

公开审判制度，是指人民法院在审理民事案件时，除法律规定的情况外，审判过程应当向群众、社会公开的制度，包括允许群众旁听、允许新闻媒体对案件审理过程进行采访报道。公开审判制度的具体内容包括：

1. 案件审理的过程是公开的。只有部分案件不公开审理，其中涉及国家秘密的案件、涉及个人隐私的案件一律不公开审理，离婚案件和涉及商业秘密的案件须经当事人申请后才不公开审理。

2. 合议庭评议一律不公开。

3. 判决一律公开。

（四）两审终审制度

两审终审制，是指一个民事案件经过两级法院审理就宣告终结的制度。实行两审终审制既为当事人在不服一审判决时提供了必要的司法救济，同时也有助于法院及时地审结民事案件以尽快解决民事纠纷。

两审终审也有例外，以下案件实行一审终审：(1)最高人民法院适用一审程序审结的案件；(2)人民法院按照特别程序以及督促程序、公示催告程序、破产还债程序审理的案件。

四、民事诉讼参加人

民事诉讼参加人，是指参加到民事诉讼中，享有一定权利并承担一定义务的主体，包括当事人、第三人、诉讼代理人、诉讼代表人等。

（一）当事人

当事人，是指因民事权利义务关系发生争议，以自己的名义进行诉讼，请求法院行使审判权解决民事纠纷或保护民事权益的人及其相对方。

当事人具有以下特征：(1)以自己的名义起诉或应诉，这与代理人具有显著的区别；(2)当事人往往与案件有直接的利害关系，一般来说当事人是为了保护自己的权益而参加到诉讼中来；(3)当事人要受到法院裁判的拘束。即人民法院在做出生效判决后，对双方当事人都产生法律效力。

在我国的民事诉讼中，最基本的当事人是原告和被告。实际上，民事诉讼制度的设计，其基本出发点就是为了解决原、被告之间的民事权利义务争议。

原告，是指为了保护自己的或受其管理的其他人的民事权益，以自己的名义向法院提起诉讼，从而引起民事诉讼程序发生的人。

被告，是指被原告诉称侵犯其民事权益或与其发生民事权益争执，而由法院通知应诉的人。

在民事纠纷的解决中，除了原告、被告之外，根据案情的需要当事人还会衍生出共同诉讼人、诉讼代表人以及第三人。

(二) 共同原告与共同被告

所谓共同诉讼，是指当事人一方或双方为两人以上的诉讼。其中原告一方为两人或两人以上的，称为共同原告；被告一方为两人或两人以上的，称为共同被告。

根据我国《民事诉讼法》的规定，共同诉讼可以分为必要的共同诉讼和普通的共同诉讼。必要的共同诉讼，是指当事人一方或双方为两人以上，其诉讼标的是共同的共同诉讼；普通的共同诉讼，是指当事人一方或双方为两人以上，其诉讼标的是同一种类，法院认为可以合并审理并经当事人同意的共同诉讼。二者的区别在于：

1. 诉讼标的不同

必要的共同诉讼的诉讼标的是同一的，而普通的共同诉讼的诉讼标的是同一种类的。

2. 是否可分不同

必要的共同诉讼是不可分之诉，因而必须合并审理，所有的共同诉讼人必须一起参加诉讼；而普通的共同诉讼是可分之诉，是由数个同一种类的诉讼标的合成的，这些诉讼标的均具有独立性，可以分开审理，也可以合并审理。

3. 是否需要经过当事人同意不同

必要的共同诉讼不需经过当事人同意就可以合并审理，并且法院可以追加当事人，而普通的共同诉讼必须经过当事人同意，才能合并审理。

(三) 民事诉讼第三人

民事诉讼第三人，是指为了保护自己的合法权益，而参加到他人之间已经开始的诉讼程序中的人。在我国，第三人分为有独立请求权的第三人和无独立请求权的第三人。有独立请求权的第三人，是指对于他人之间的诉讼标的有独立请求权的第三人；无独立请求权的第三人，是指对于他人之间的诉讼标的虽然没有独立的请求权，但是案件的处理结果与其有法律上的利害关系，因而参加到诉讼中来的第三人。二者的主要区别包括：

1. 参加诉讼的根据不同

对他人之间的诉讼标的有独立请求权，这是有独立请求权的第三人参加诉讼的根据。具体来说这表现为，有独立请求权的第三人既不同意原告的主张，也不同意被告的主张，而是有自己独立的主张。而无独立请求权的第三人参加诉讼是因为其与案件的处理结果有法律上的利害关系。

2. 参加诉讼的方式和诉讼地位不同

有独立请求权的第三人以起诉的方式参加诉讼,即将本诉讼的原告、被告作为参加之诉的被告,自己居于参加之诉的原告的诉讼地位,享有原告的诉讼权利。无独立请求权的第三人参加诉讼的方式有两种,一是自己申请参加诉讼,二是由法院通知其参加诉讼。在诉讼中会加入到诉讼中的一方,处于辅助人的地位,诉讼权利受到很大限制。

3. 受到本诉的影响不同

有独立请求权的第三人提起的是一个独立的诉讼,因此即便本诉因撤诉、和解或者其他方式终止,也不影响参加之诉的继续进行。无独立请求权的第三人只是作为一方当事人的辅助人,因此如果本诉终结,其辅助之行为也自然终结。

(四) 诉讼代理人

在当代的民事诉讼中,由于种种原因使得当事人本人有时难以有效地参加诉讼,进而不能有效地维护自己的合法权益。因此,法律上设置了代理人制度来弥补当事人诉讼能力的缺陷。就目前而言,代理人可分为法定代理人和委托代理人。

法定代理人,是指根据法律的规定而取得代理权,代理无诉讼行为能力的当事人参加诉讼的人。委托代理人,是指受诉讼当事人、法定代理人、诉讼代表人或法定代表人的委托,代为进行诉讼的人。二者的区别在于:

1. 代理权的来源和代理人的范围不同

法定代理人是基于法律的规定,主要是民法上的监护关系,而取得代理权。因此法定代理人一般来说是由被代理人的监护人来担任的。委托代理人则是基于委托人的授权。在我国,律师,当事人的近亲属,有关的社会团体或者所在单位推荐的人,经人民法院许可的其他公民,可以被委托为诉讼代理人。

2. 代理的权限不同

法定代理人在诉讼中拥有与当事人相当的诉讼权利和义务。委托代理人的代理权限则取决于委托人的授权。委托人的授权可以分为一般委托授权和特别委托授权。前者只能进行一般性的诉讼代理,包括代理起诉、提供证据、要求回避、提出管辖权异议等。后者除了一般性的诉讼代理外,还可以代为承认、放弃、变更诉讼请求、进行和解、提起反诉或上诉等,但这些行为必须有委托人的明确授权。在委托书上仅写"全权代理"而不写明具体代理权限的,视为一般代理。

3. 代理权消灭的原因不同

法定代理人的代理权消灭的原因主要有:无诉讼行为能力人具备了或恢复了诉讼行为能力;收养关系、婚姻关系的解除;代理人本人丧失诉讼行为能力;被代理人或代理人死亡;诉讼终结。委托代理人的代理权消灭的原因主要有:诉讼终结;代理人丧失诉讼行为能力或死亡;被代理人死亡;委托人解除委托或代理人辞去委托。

五、主管与管辖

(一) 民事诉讼主管

主管,是指人民法院在受理和解决民事纠纷时与其他机关之间的分工与权限。在我国，除了人民法院外，能够解决民事纠纷的主体还包括人民调解委员会、仲裁委员会、劳动争议仲裁委员会等。因此，有必要了解它们之间的分工问题。根据我国《民事诉讼法》的规定，人民法院可以受理公民之间、法人之间、其他组织之间以及他们相互之间因财产关系和人身关系提起的民事诉讼。

值得注意的是，人民法院与仲裁委员会、劳动争议仲裁委员会的分工。就前者而言，我国实行的是“或裁或审”原则，即当事人之间如果有仲裁协议的，不得向人民法院起诉。只有在仲裁条款或仲裁协议无效、失效或内容不明确无法执行，选择的仲裁机构不存在，或者仲裁事项超越仲裁机构权限时，才可以提起诉讼。例如，当事人双方在仲裁协议中同时选择仲裁和诉讼作为纠纷解决方法的，此协议无效；又如，一方当事人起诉时未声明有仲裁协议，法院受理后，对方当事人又应诉答辩的，视为人民法院有管辖权。

就劳动争议仲裁而言，根据我国《劳动争议调解仲裁法》第五条的规定：“发生劳动争议，当事人不愿协商、协商不成或者达成和解协议后不履行的，可以向调解组织申请调解；不愿调解、调解不成或者达成调解协议后不履行的，可以向劳动争议仲裁委员会申请仲裁；对仲裁裁决不服的，除本法另有规定的外，可以向人民法院提起诉讼。”可见，此类纠纷中劳动争议仲裁是必经程序，不经过劳动仲裁是不能向法院起诉的。

（二）级别管辖

管辖，是指各级人民法院和同级人民法院之间，受理第一审民事案件的分工和权限。在民事诉讼中，管辖主要包括级别管辖、地域管辖、专属管辖、协议管辖。当管辖权出现争议或管辖不明时，则应依移送管辖或指定管辖来确定管辖法院。

级别管辖，是指上下级法院在受理民事案件时的分工和权限。在我国，划分级别管辖的依据是案件的性质、繁简程度及影响范围。

具体来说，上下级法院的分工如下：

1. 最高人民法院管辖的是在全国有重大影响的案件，或是认为应当由该院审理的案件。

2. 高级人民法院管辖的是本辖区内有重大影响的案件。

3. 中级人民法院管辖的案件范围规定地较为细致：第一，重大的涉外案件，例如争议的标的额大、案情复杂、居住在国外的当事人人数众多；第二，本辖区内有重大影响的案件：诉讼标的额大或诉讼单位为省、自治区、直辖市以上；第三，最高人民法院确定由中院管辖的案件：海事海商案件，专利纠纷案件，著作权、商标纠纷案件，重大的涉港、澳、台民事案件等。

4. 基层法院管辖上级法院管辖的案件以外的所有案件。

（三）地域管辖

地域管辖，是指同级人民法院之间受理民事案件的分工与权限。在我国，确定地域管辖的依据有两个：一是诉讼当事人的所在地（尤其是被告的住所地）与法院辖区之间的关系；二是诉讼标的物或法律事实与法院辖区之间的联系。我国的地域管辖分为一般地域管辖和特殊地域管辖。

就一般地域管辖而言，其一般规则是“原告就被告”，即以被告所在地作为确定管辖的标准。被告如果是公民的：(1)以住所地为所在地，其住所地是其户籍所在地；(2)以经常居住地为所在地,经常居住地是指公民离开住所地至起诉时已连续居住满1年的地方,但公民住院就医的地方除外;(3)双方当事人都被监禁或劳动教养的,由被告原住所地法院管辖;被告被监禁或劳动教养1年以上的,由被告被监禁地或被劳动教养地法院管辖;(4)双方当事人都被注销城镇户口的,由被告居住地法院管辖。被告是法人或其他组织的,以法人或其他组织的主要营业地或主要办事机构所在地为住所地。被告如果是没有办事机构的公民合伙、合伙型联营体,则由被告注册登记地法院管辖。

在司法实务中,这一规则也有例外,即在某些特殊情况下由原告所在地的法院行使管辖权。这包括:(1)对不在中华人民共和国领域内居住的人提起的有关身份关系的诉讼;(2)对下落不明的人提起的有关身份关系的诉讼;(3)对被劳动教养的人提起的诉讼;(4)对被监禁的人提起的诉讼;(5)追索赡养费案件的几个被告住所地不在同一辖区的,可以由原告住所地人民法院管辖;(6)夫妻一方离开住所地超过一年,另一方起诉离婚的案件,由原告住所地人民法院管辖;(7)非军人对军人提出的离婚诉讼,如果军人一方为非文职军人,由原告住所地人民法院管辖。其中,前两类案件的共性在于都涉及身份诉讼,包括婚姻关系、亲子关系、收养关系等,若是财产诉讼,则仍由被告所在地的法院管辖。

就特殊地域管辖而言,除了要考虑被告所在地外,还要考虑引起诉讼的法律事实的所在地、诉讼标的所在地。其规则如下:(1)因合同纠纷提起的诉讼,由被告住所地或合同履行地法院管辖,但如果合同没有实际履行,同时合同约定的履行地又不在双方当事人住所地的,只能由被告住所地人民法院管辖;(2)因保险合同纠纷提起的诉讼,由被告住所地或者保险标的物所在地法院管辖;(3)因票据纠纷提起的诉讼,由票据支付地或被告住所地法院管辖;(4)因铁路、公路、水上、航空运输和联合运输合同纠纷提起的诉讼,由运输始发地、目的地或被告住所地法院管辖;(5)因侵权行为提起的诉讼,由侵权行为地或被告住所地法院管辖。

(四)专属管辖

专属管辖,是指民事诉讼中某些类型的案件只能由特定法院行使管辖权的一种管辖制度。这就意味着,一旦某一案件确定为专属管辖,则其他法院无权管辖,同时当事人也不能通过协议来改变管辖。根据我国民事诉讼法的规定,专属管辖的案件主要有:

1. 因不动产纠纷提起的诉讼,由不动产所在地人民法院管辖。

2. 因港口作业发生纠纷提起的诉讼,由港口所在地人民法院管辖。

3. 因继承遗产的纠纷提起的诉讼,由被继承人死亡时住所地或主要遗产所在地人民法院管辖。

4. 因在中华人民共和国履行中外合资经营企业合同、中外合作经营企业合同、中外合作勘探开发自然资源合同发生纠纷提起的诉讼,由中华人民共和国的人民法院管辖。

(五)协议管辖

协议管辖,是指双方当事人在民事纠纷发生之前或之后,以书面方式约定诉讼管辖的人民法院。在我国,非涉外诉讼中的协议管辖须同时满足以下六个条件:

1. 协议管辖适用于合同或者其他财产权益纠纷。

2. 协议管辖仅适用于一审案件,对于二审案件当事人无权以协议的方式选择管辖法院。

3. 协议管辖必须采用书面形式，口头约定是无效的。

4. 当事人必须在法律规定的范围内进行选择。法律规定可供选择的法院包括：原告住所地、被告住所地、合同履行地、合同签订地、标的物所在地人民法院。超出法定范围选择管辖法院的，则管辖协议无效。

5. 当事人必须作确定的、单一的选择。不能约定不存在的法院，也不能约定两个或两个以上的法院作为管辖法院。

6. 当事人选择法院时，不得违反级别管辖和专属管辖的规定。

（六）移送管辖与指定管辖

移送管辖，是指人民法院受理案件后，发现本院对该案无管辖权，依照法律规定将案件移送给有管辖权的法院审理。移送管辖通常发生在同级法院之间，但也不排除在上下级法院之间适用。而受移送的法院如果认为本院对该案件也没有管辖权的，则不得自行移送，只能报请上级人民法院指定管辖。

指定管辖，是指上级人民法院以裁定方式，指定下级法院对某一案件行使管辖权。在我国，有两种情况适用指定管辖：一是有管辖权的法院由于特殊原因不能行使管辖权时，由上级法院在其辖区内，指定其他适宜的法院管辖；二是因管辖权发生争议，经双方协商未能解决的，报请它们的共同上级法院指定管辖。

六、民事诉讼证据

所谓证据，是指用来证明案件中待证事项的各种材料。证据有三个特性：一是客观性，即证据必须是客观存在的，不能捏造或伪造；二是关联性，即证据与待证事实之间需存在一定的内在联系；三是合法性，即证据必须符合法定要求，同时收集证据的程序应合法。

（一）民事证据的种类

在我国，法定的证据包括书证，物证，证人证言，当事人的陈述，视听资料，电子数据，鉴定意见，勘验笔录。

书证，以文字、符号、图形等所记载的内容或表达的思想来证明案件事实的证据。例如各种书面文件，如合同书、信函、电报、图表、证书等。

物证，以其形状、质量、规格、受损坏的程度等来证明案件事实的证据。物证与书证的区别在于：(1)证明的方法不同，物证以其外形、存在等来证明，书证以其内容来证明；(2)法律上的形式规范不同，物证一般无形式要求，书证则常常具备特定形式。

证人证言，证人就案件事实向法院所做的陈述。其特点在于：(1)它是言词形式的证据；(2)它仅包括证人就案件事实所提供的陈述；(3)真实性、可靠性受多种因素的影响。

当事人的陈述，当事人就案件事实，尤其是作为诉讼请求根据或反驳请求根据的事实，向法院做出的陈述。

视听资料，利用录音、录像、电子计算机储存的资料、信息和数据来证明案件事实的证据。

电子数据，以电子形式存在的，作为证据使用的一切材料及其派生物。常见的电子数据包括电子邮件、电子签章、电子数据交换、网页、计算机域名、IP 地址等。

鉴定意见，鉴定人运用专业知识、专门技术对案件中的专门问题进行分析、鉴别、判断后提出的意见。

勘验笔录，审判人员在诉讼过程中对与争议有关的现场、物品进行查验、测量、拍照后制作的笔录。

（二）证明对象

证明对象，是指需要用证据证明的案件事实。其构成要件是：(1)系当事人在诉讼中主张的事实；(2)该事实具有实体法或程序法的意义；(3)双方当事人对该事实有争议；(4)该事实处于真伪不明的状态。

在我国，证明对象的范围包括：(1)当事人主张的有关实体权益的法律事实；(2)当事人主张的程序事实，例如管辖权问题、当事人资格以及诉讼行为能力等问题；(3)特别经验规则、习惯；(4)外国法律和地方性法规。

但也有一些问题无须证明：(1)众所周知的事实；(2)自然规律及定理；(3)根据法律规定或者已知事实和日常生活经验法则，能推定出的另一事实，即推定事实无需证明，但作为前提的事实需真实；(4)已为人民法院发生法律效力的裁判所确认的事实，即预决事实无需证明；(5)已为仲裁机构的生效裁决所确认的事实；(6)已为有效公证文书所证明的事实，即公证事实无需证明；(7)自认事实。

（三）举证责任

举证责任，是指当事人对于自己所主张事实，应当提供证据加以证明，以及不能证明时可能承担的不利后果。

举证责任的分配规则值得关注，可分为以下几种情形。

(1) 合同纠纷中的举证责任：主张合同关系成立并生效的一方当事人对合同订立和生效的事实承担举证责任；主张合同关系变更、解除、终止、撤销的一方当事人对引起合同关系变动的事实承担举证责任；对合同是否履行发生争议的，由负有履行义务的当事人承担举证责任。(2) 劳动争议纠纷中的举证责任：在劳动争议纠纷案件中，因用人单位做出开除、除名、辞退、解除劳动合同、减少劳动报酬、计算劳动者工作年限等决定而发生劳动争议的，由用人单位负举证责任。(3) 专利侵权诉讼中的举证责任：因新产品制造方法发明专利引起的专利侵权诉讼，由制造同样产品的单位和个人对其产品制造方法不同于专利方法承担举证责任。

另外，在一些特殊类型的案件中，实行举证责任的倒置：(1) 高度危险作业致人损害的侵权诉讼，由加害人就受害人故意造成损害的事实承担举证责任；(2) 因环境污染引起的损害赔偿诉讼，由加害人就法律规定的免责事由及其行为与损害结果之间不存在因果关系承担举证责任；(3) 建筑物或者其他设施以及建筑物上的搁置物、悬挂物发生倒塌、脱落、坠落致人损害的侵权诉讼，由所有人或者管理人对其无过错承担举证责任；(4) 饲养动物致人损害的侵权诉讼，由动物饲养人或者管理人就受害人有过错或者第三人有过错承担举证责任；(5) 因缺陷产品致人损害的侵权诉讼，由产品的生产者就法律规定的免责事由承担举证责任；(6) 因共同危险行为致人损害的侵权诉讼，由实施危险行为的人就其行为与损害结果之间不存在因果关系承担举证责任；(7) 因医疗行为引起的侵权诉讼，由医疗机构就医疗行为与损害结果之间不存在因果关系及不存在医疗过错承担举证责任；(8) 因缺陷产品致人损害的侵权诉讼，由被告对其存在免责事由承担举证责任。

七、期间、期日与送达

（一）期间与期日

期间，是指人民法院、当事人和其他诉讼参与人进行或完成某项诉讼活动所应遵守的时间。期间通常以时、日、月、年为计算单位。期间以时、日为计算单位时，期间开始的时、日，不计算在期间内。期间以月、年为计算单位时，期间届满日为开始日的对应日，没有对应日的，以最后一个月的最后一天为期间届满日。如果期间的最后一日为法定节假日的，以节假日后的第一日为期间届满日。节假日是指国家法定的节假日，如元旦、春节、中秋节、端午节、清明节、国庆节、劳动节及星期日等。值得指出的是，诉讼文书的在途期间不包括在期间内。只要诉讼文书在期满前交邮的，无论法院收到诉讼文书是在原定的期间内还是超过了原定的期间届满日，均不算过期。该诉讼文书的交付日期，以该文书交邮时邮局在该文书邮件所盖的邮戳上日期为准。

期日，是指人民法院、当事人及其他诉讼参与人会合进行某项诉讼活动的时日。期间与期日的区别在于：(1)期间有始期和终期，而期日仅规定开始时间，不规定终止时间；(2)期间是人民法院或诉讼参与人单独为某种诉讼行为的时间，期日则是人民法院和诉讼参与人会合进行诉讼行为的时间；(3)期间开始后，不一定立即实施某种诉讼行为，只要在该期限内所实施的诉讼行为都有效，而期日开始后，必须实施某种诉讼行为。

（二）送达

送达，是指人民法院依照法定方式，将诉讼文书或法律文书送交当事人或其他诉讼参与人的一种诉讼行为。根据我国《民事诉讼法》的规定，送达主要有六种方式：

(1) 直接送达，是指人民法院执行送达职务的人员，将诉讼文书送达公民本人、受送达单位的法定代表人或主要负责人，或者交由受送达公民的同住成年家属签收，或者交给受送达人的诉讼代理人或者指定的代收人签收的方式。

(2) 留置送达，是指受送达人或者他的同住成年家属拒绝签收诉讼文书时，送达人依法将应送达的文书留置在受送达处所的送达方式。调解书应当直接送达当事人本人，不适用留置送达。

(3) 委托送达，是指受诉人民法院直接送达诉讼文书有困难时，人民法院可以出具委托函，委托外地有关人民法院代为送达的方式。

(4) 邮寄送达，是指人民法院直接送达有困难时，将诉讼文书附送达回证交邮局挂号寄给受送达人的送达方式。

(5) 转交送达，是指人民法院将诉讼文书通过受送达人所在单位转交给受送达人的送达方式。转交送达只能适用于受送达人是军人、被监禁人或者被劳动教养人。

(6) 公告送达，在受送达人下落不明或者用其他方式无法送达的情况下，人民法院通过公告将诉讼文书有关内容告知受送达人，经过一定的时间视为送达的方式。公告送达的期限为60天。

八、财产保全、先予执行和强制措施

(一) 财产保全

财产保全,是指为及时、有效地保护利害关系人或者当事人的合法权益,人民法院在诉讼前或者判决前,根据利害关系人或者当事人的申请,或者主动依职权,采取的限制有关当事人的财产处分或者转移的强制措施。

人民法院的财产保全裁定,一般是依据原告当事人的申请而作出的。但法律规定,即令没有当事人的申请,人民法院认为必要时也可以裁定采取财产保全措施。

(二) 先予执行

人民法院审理请求给付财物的案件,在作出判决交付执行之前,因权利人难以甚至无法维持生活、工作和生产,及时裁定义务人先行给付一定款项或特定物,立即交付执行,这种制度称之为先予执行。

先予执行适用的案件范围是:(1)追索赡养费,扶养费、抚育费、抚恤金、医疗费的;(2)追索劳动报酬的;(3)因情况紧急需要先予执行的,如需要立即停止侵害、排除妨碍的;需立即制止某项行为的;需要立即返还用于购置生产资料、生产工具款的;追索恢复生产、经营急需的保险赔偿费的。

上述类型的案件,需要先予执行的,还应当满足下列条件:第一,当事人之间权利义务关系明确;第二,申请人有实现权利的迫切需要,向人民法院提出了申请;第三,被申请人有履行的能力。

(三) 强制措施

强制措施,是指人民法院依照民事诉讼法规定,对有妨害诉讼行为的人采取的强制手段。

我国《民事诉讼法》规定,对妨害民事诉讼的强制措施主要有:拘传、训诫、责令具结悔过、罚款、拘留等。

九、民事一审程序

在我国,审理第一审民事案件的程序,被称之为第一审程序,也称为初审程序。第一审程序包括普通程序、简易程序和特别程序以及在某些方面有特殊规定的涉外程序。

(一) 起诉、反诉和受理

起诉,是指当事人依法向人民法院提出诉讼请求的诉讼行为。我国法院实行"不告不理"原则。如果没有原告的起诉,则法院不会启动审判程序。

在我国,起诉须满足以下几个条件:(1)原告是与本案有直接利害关系的公民、法人和其他组织;(2)有明确的被告;(3)有具体的诉讼请求和事实、理由;(4)属于人民法院受理民事案件的范围和属于受诉法院管辖。

起诉的方式，以书面起诉为原则，以口头起诉为例外。原告的起诉状须载明以下内容：(1)当事人的基本情况，包括原被告双方的姓名、性别、年龄、民族、职业、工作单位和住所。如果一方是法人的话，应写明法人的全称、住所及其法定代表人的姓名、职务。(2)诉讼请求，原告必须明确指出本方的诉讼请求。(3)事实和理由，即所提出的诉讼请求的根据和理由，也应尽量真实详尽。(4)证据和证据来源，证人名单和住所，这里的证据是指原告认为可以帮助其确认案件事实的证据，包括物证、书证、视听资料等。如果有证人需要出庭的话，应写明证人的姓名、住址，以便法院及时通知证人出庭。

同时，针对原告的起诉，被告可以提起反诉。所谓反诉，是指在已经开始的诉讼中，本诉的被告通过法院向本诉的原告提出的一种独立的反请求。反诉的目的在于抵消、吞并本诉，使本诉失去作用。

在我国，反诉应当满足如下条件：(1)反诉只能是本诉被告向本诉原告提起，而不能对原告以外其他人；(2)反诉只能向受理本诉的法院提起；(3)反诉与本诉必须是适用同种诉讼程序；(4)反诉不能是其他法院专属管辖；(5)反诉与本诉的诉讼请求必须在事实或法律上有牵连关系。

法院在收到原告提交的起诉状后，应当进行必要的审查。审查的内容主要包括：当事人是否适格、是否需要追加或变更原被告；诉讼请求是否具体，有无事实依据；是否属于本院管辖等。经过审查，如果相关的内容符合法律的规定，人民法院应当受理。对于不符合起诉条件的起诉，人民法院应根据具体情况进行处理：(1)对不属于本院管辖的案件，告知原告向有管辖权的人民法院起诉；原告坚持起诉的，裁定不予受理；立案后发现没有管辖权的，应当将案件移送给有管辖权的法院。(2)双方当事人对合同纠纷自愿达成书面仲裁协议，一方向法院起诉的，应告知原告向仲裁机构申请仲裁。(3)属于行政诉讼受案范围的，应告知原告提起行政诉讼。(4)依照法律规定，应当由其他机关处理的争议，告知原告向有关机关申请解决。(5)对判决、裁定已经发生法律效力的案件，当事人又起诉的，告知原告按照申诉处理，但人民法院准许撤诉的裁定除外。(6)依照法律规定，在一定期限内不得起诉的案件，在不得起诉的期限内起诉的，不予受理。(7)判决不准离婚与调解和好的离婚案件，判决、调解维持收养关系的案件，没有新情况、新理由，原告在六个月内又起诉的，不予受理。

（二）审理前的准备

审前准备程序主要包括以下几个方面的内容：

第一，人民法院在立案后五日内应发送起诉状的副本给被告，要求其答辩，并将答辩状的副本发送原告，以便诉讼双方能够了解对方的主张，并为庭审做好准备。

第二，告知案件当事人诉讼权利义务与合议庭组成人员。

第三，审核诉讼材料，调查收集必要证据。

第四，必要时，追加诉讼当事人。

第五，当事人在举证时限内提交证据材料。在必要时，法院可组织双方当事人进行证据交换。

（三）开庭审理

人民法院开庭审理案件的任务在于，通过法庭调查、法庭辩论，审查核实证据，查明案件事实，分清是非责任，在此基础上作出界定权利义务的裁判。具体来说，开庭审理包括以下几个环节：

(1) 开庭准备：首先由书记员查明当事人和其他诉讼参与人是否到庭，宣布法庭纪律，并将具体情况向审判长汇报。再由审判长核对当事人宣布案由，宣布审判人员、书记员名单，告知当事人有关的诉讼权利义务，询问是否申请回避等。

(2) 法庭调查：一般按当事人陈述、归纳小结、当事人当庭举证、当庭质证、法庭认证的顺序进行。

(3) 法庭辩论：当事人应当围绕各自的诉讼请求或者诉讼主张，就法律的具体适用问题展开辩论。在法庭辩论中，辩论发言应当经法庭许可；注意用语文明，不得使用讽刺、侮辱的语言；发言的内容应当避免重复。在法庭辩论的过程中，如有违反规则的言行，法庭应予制止。

(4) 当事人最后陈述：法庭辩论结束后，一般按照原告、被告、第三人的顺序分别由其发表最后陈述意见。

(5) 评议和宣判：经过开庭审理后，人民法院决定当庭宣判的，应于休庭后立即进行评议；择期宣判的，应在庭审结束后五个工作日内进行评议。合议庭评议的内容主要包括对案件性质、事实、是非责任的认定，法律的适用，判决结果的确定等。

（四）延期审理

根据《民事诉讼法》的规定，出现下列情形时可以延期审理：

(1) 必须到庭的当事人和其他诉讼参与人有正当理由没有到庭的；

(2) 当事人临时提出回避申请的；

(3) 需要通知新的证人到庭，调取新的证据，重新鉴定、勘验，或者需要补充调查的；

(4) 其他应当延期的情形。

对于延期审理的案件，人民法院应将另行开庭的时间、地点通知双方当事人和其他诉讼参与人。

（五）审结期限

根据《民事诉讼法》的规定，一审民事案件的审结期限是立案次日起六个月。对于需要延长期限的案件，经院长批准，可延长六个月；仍需延长的，报上一级人民法院批准，可再延长三个月。

但下列情形不计入审结期限：公告期间、鉴定期间、审理当事人提出的管辖权异议期间、人民法院之间处理管辖争议期间、当事人申请庭外和解的期间、答辩期届满前未达成调解协议，当事人自愿继续调解的延长期间等。

（六）撤诉与缺席判决

1. 撤诉

撤诉，是指法院在受理案件后宣告判决前，当事人撤回诉讼的行为。撤诉的条件包括：(1)当事人必须基于自己的真实意志做出决定；(2)以书面或口头的方式向法院提出；(3)撤诉的目的必须正当、合法；(4)最迟应在法院宣判前提出。

法院在接到原告的撤诉申请后，经审查认为符合条件的，应裁定准许撤诉；如果发现条件有所欠缺或存在恶意撤诉的情况时，应裁定不准撤诉。

同时，根据我国《民事诉讼法》的规定，以下几种情况视为撤诉：(1)原告经传票传唤，无正当理由拒不到庭的，或者未经法庭许可中途退庭的；(2)未按期预交案件受理费或申请减、缓、免未获人民法院批准仍不预交的；(3)无诉讼行为能力的原告的法定代理人，经传票传唤，无正当理由拒不到庭的，或者未经法庭许可中途退庭的；(4)有独立请求权的第三人经传票传唤，无正当理由拒不到庭的，或者未经法庭许可中途退庭的。

对于撤诉的案件，其法律效果是终结本案的诉讼程序。但撤诉不影响反诉的独立性，即如果原告起诉后，被告提起反诉，后即便原告撤诉，反诉依旧需要审理。另外，撤诉之后，当事人为了维护自身的合法权益，可以再次起诉。

2. 缺席判决

缺席判决，是指案件中一方当事人无正当理由拒不到庭或未经法庭许可中途退庭的情况下，人民法院经过开庭审理后，依法对案件所作出的判决。

缺席判决常见的情形包括：(1)被告提起反诉的案件，原告经法院传票传唤，无正当理由拒不到庭的，或者未经法庭许可中途退庭，可以就反诉案件缺席判决；(2)非必须到庭的被告经法院传票传唤，无正当理由拒不到庭的，或者未经法庭许可中途退庭；(3)法院不准撤诉的案件，原告经法院传票传唤，无正当理由拒不到庭的。

（七）诉讼中止与诉讼终结

1. 诉讼中止

诉讼中止，是指在诉讼进行过程中，因出现某种法定特殊的情形，使得诉讼无法继续进行或不宜进行，因而法院裁定暂时停止诉讼程序，等特殊原因消失以后再行恢复诉讼程序的法律制度。

在我国，诉讼中止的情形主要有：(1)一方当事人死亡，需要等待继承人表明是否参加诉讼的；(2)一方当事人丧失诉讼行为能力，尚未确定法定代理人的；(3)作为一方当事人的法人或者其他组织终止，尚未确定权利义务承受人的；(4)一方当事人因不可抗拒的事由(如地震、车祸)，不能参加诉讼的；(5)本案必须以另一案的审理结果为依据，而另一案尚未审结的。

2. 诉讼终结

诉讼终结，是指由于特定原因使得本案的诉讼程序已无可能继续进行或已无必要进行时，受诉法院依法裁定终结本案审理的一种制度。

在我国，诉讼终结的情形主要有：(1)原告死亡，没有继承人，或者继承人放弃诉讼权利的；(2)被告死亡，没有遗产，也没有应当承担义务的人的；(3)离婚案件中的一方当事人死亡的；(4)追索赡养费、扶养费、抚育费以及解除收养关系案件的一方当事人死亡的。

（八）简易程序

简易程序，是在普通程序的基础上加以简化的一种独立的第一审程序。简易程序只能由基层人民法院及其派出法庭适用，同时只适用于事实清楚、权利义务关系明确、争议不大的简单民事案件。

简易程序简化了普通程序的起诉手续，原告可以口头起诉，当事人双方也可以同时到基层人民法院或派出的法庭，请求解决争议，并由审判员一人独任审理。简易程序的审结期限为三个月，且不得延长。

对部分民事案件设立了调解前置程序：婚姻家庭纠纷和继承纠纷；劳务合同纠纷；交通事故和工伤事故引起的权利义务关系较为明确的损害赔偿纠纷；宅基地和相邻关系纠纷；合伙协议纠纷；诉讼标的额较小的纠纷。

另外，根据《民事诉讼法》的规定，标的额为各省、自治区、直辖市上年度就业人员年平均工资百分之三十以下的简易程序案件，实行一审终审。

十、民事二审程序和审判监督程序

（一）民事二审程序

民事二审程序，又称上诉审程序、终审程序。它是指民事诉讼当事人不服地方各级人民法院的第一审未生效的判决、裁定，向上一级人民法院提起上诉，上一级人民法院对案件进行审判所适用的程序。其主要内容包括：

1. 上诉

上诉，是指当事人不服地方各级人民法院的未生效的一审判决或裁定，在法定期限内，请求上一级人民法院进行审判的诉讼行为。

当事人提起上诉必须满足以下条件：(1)上诉人和被上诉人须合格。在第一审程序中具有实体权利的当事人都可以成为上诉人，包括原告、被告、有独立请求权的第三人和法院判决承担实体义务的无独立请求权的第三人。(2)必须在上诉期间提出。不服判决的上诉期间为十五日，不服裁定的上诉期间为十日。(3)必须提交书面上诉状。当事人口头表示上诉，未在法定上诉期间内递交上诉状的，视为未提出上诉。

2. 二审案件的审理

根据现行《民事诉讼法》的规定，二审法院在审理上诉案件时，原则上仅针对上诉请求和法律适用进行审查。当事人没有提出的请求，则不予审查。但如果案件中涉及违反法律禁止性规定、侵害社会公共利益或侵害他人利益的事项的，则不受上诉请求范围的限制。

二审法院审理上诉案件，原则上应开庭审理。但经过阅卷和调查、询问当事人，在事实核对清楚后，合议庭认为不需要开庭审理的，也可以自行判决、裁定。人民法院审理第二审民事案件时，应由审判员组成合议庭，陪审员不能参加。合议庭的成员人数必须是单数。

二审案件的审理中同样可以进行调解，但有几个问题值得注意：(1)对当事人在一审中已经提出的诉讼请求，原审人民法院未作审理、判决的，第二审人民法院可以进行调解，调解不成的，发回重审；(2)必须参加诉讼的当事人在一审中未参加诉讼，第二审人民法院可以予以调解，调解不成的，发回重审；(3)在第二审程序中，原审原告增加独立的诉讼请求或原审被告提出反诉的，第二审人民法院可以就新增加的诉讼请求或反诉进行调解，调解不成的，告知当事人另行起诉；(4)一审判决不准离婚的案件，上诉后，第二审人民法院认为应当判决离婚的，可以与子女抚养、财产问题一并调解，调解不成的，发回重审。

3. 二审的判决与裁定

人民法院在对二审案件进行审理后，对原审判决、裁定可以做出如下处理：

第一，对原审判决做出如下处理：

(1) 原判认定事实清楚、适用法律正确的，应判决驳回上诉，维持原判。

（2）依法改判。包括两种情况：①原判决认定事实清楚，但适用法律错误，必须改判，不得发回重审；②原判决认定事实不清、证据不足，或者认定事实错误，二审法院可以查清事实后改判。

（3）撤销原判，发回重审。包括两种情况：①原判决违反法定程序，可能影响案件正确判决的，必须发回重审。例如，审理本案的审判人员、书记员应当回避未回避的；未经开庭审理而作出判决的。②原判决认定事实错误，或者原判决认定事实不清，证据不足的案件，二审法院可以发回重审。

第二，对原审裁定做出如下处理：

（1）原裁定认定事实清楚，证据充足，适用法律正确的，应裁定驳回上诉，维持原裁定；

（2）原裁定认定事实不清或证据不足，适用法律错误的，应撤销原裁定，依法改判。

二审法院在作出判决或裁定后，当事人不得再行上诉，也不得就同一诉讼标的和理由再行起诉。对于具有给付内容的生效裁判，当事人可以申请法院强制执行。

（二）审判监督程序

1. 审判监督程序的含义

审判监督程序，又称再审程序，是指人民法院、人民检察院对已经发生法律效力的判决和裁定，发现在认定事实或适用法律上确有错误，依法提起并对案件进行重新审判的程序。

2. 审判监督的提起方式和事由

审判监督程序的提起主要有三种方式：一是人民法院决定再审；二是人民检察院抗诉提起再审；三是当事人申请再审。其中，人民法院决定的再审和人民检察院抗诉提起的再审又被称为审判监督的再审。

根据《民事诉讼法》的规定，在出现下列情形时，人民法院应当再审：(1)有新的证据，足以推翻原判决、裁定的；(2)原判决、裁定认定的基本事实缺乏证据证明的；(3)原判决、裁定认定事实的主要证据是伪造的；(4)原判决、裁定认定事实的主要证据未经质证的；(5)对审理案件需要的主要证据，当事人因客观原因不能自行收集，书面申请人民法院调查收集，人民法院未调查收集的；(6)原判决、裁定适用法律确有错误的；(7)审判组织的组成不合法或者依法应当回避的审判人员没有回避的；(8)无诉讼行为能力人未经法定代理人代为诉讼或者应当参加诉讼的当事人，因不能归责于本人或者其诉讼代理人的事由，未参加诉讼的；(9)违反法律规定，剥夺当事人辩论权利的；(10)未经传票传唤，缺席判决的；(11)原判决、裁定遗漏或者超出诉讼请求的；(12)据以作出原判决、裁定的法律文书被撤销或者变更的；(13)审判人员审理该案件时有贪污受贿，徇私舞弊，枉法裁判行为的。

3. 审判监督案件的审理

对于审判监督的案件，人民法院应裁定中止原判决的执行，以避免出现再审后作出的裁判与原判决之间出现矛盾，进而影响到新判决的执行。同时，若由原审法院再审则应另行组成合议庭。

十一、执行程序

民事执行，又称强制执行，是指人民法院依权利人的申请，依据执行依据，运用国家强制力，强制债务人履行义务，以实现债权人民事权利的活动。

(一) 执行的根据

民事执行中的执行根据，是指人民法院据以执行的法律文书，具体有以下七种：

(1) 人民法院已生效的具有给付内容的判决书、裁定书、调解书；

(2) 人民法院已生效的支付令；

(3) 人民法院已生效的具有财产内容的刑事判决书、裁定书；

(4) 人民法院承认并协助执行外国法院的判决、裁定书以及承认并协助执行的外国仲裁机构裁决的裁定书和执行令；

(5) 公证机关的依法赋予强制执行效力的债权文书；

(6) 仲裁机关的生效裁定和调解书；

(7) 法律规定由人民法院执行的行政机关作出的决定书。

(二) 执行的法院

在我国，有强制执行权的国家机关是人民法院。人民法院独立行使执行权，是通过具体的执行机关和人员进行的，执行机构及执行人员所属的人民法院称为执行法院。

(三) 申请执行的期限

申请执行的期限为两年。申请执行时效中止、中断，适用法律有关诉讼时效中止、中断的规定。

前款规定的期限，从法律文书规定履行期限的最后一日起计算；法律文书规定分期履行的，从规定的每次履行期限的最后一日起计算；法律文书未规定履行期限的，从法律文书生效之日起计算。

第二节　刑事诉讼法

一、刑事诉讼法概述

刑事诉讼，是指公安机关、人民检察院和人民法院在当事人及其他诉讼参与人的参加下，依照法律规定的程序，解决被追诉人刑事责任问题的活动。刑事诉讼具有如下特点：

(1) 它是人民法院、人民检察院和公安机关所进行的一种国家专门活动，其他国家机关无权进行，也无权干涉；

(2) 它是行使国家刑罚权的活动；

(3) 它是在当事人和其他诉讼参与人的参加下所进行的活动；

(4) 它必须严格依照法定程序进行。

刑事诉讼法，是国家制定或认可的用于调整刑事诉讼活动的法律规范的总称。其任务包括：(1)保证准确、及时地查明犯罪事实，正确应用法律，惩罚犯罪分子，保障无罪的人不受刑事追究；(2)教育公民自觉遵守法律，积极同犯罪行为作斗争；(3)维护社会主义法制，保护人民的人身权利、财产权利、民主权利和其他权利，保障社会主义建设事业的顺利进行。

二、专门机关与诉讼参与人

（一）刑事诉讼专门机关

刑事诉讼专门机关，是指依照法定职权进行刑事诉讼活动，并在诉讼中承担一定职能的国家机关。在我国，专门机关主要包括：公安机关、国家安全机关、人民检察院、人民法院、军队保卫部门、监狱、海关走私犯罪侦查部门等。

公安机关是我国主要的侦查机关。在刑事诉讼中，公安机关的主要职权有立案权、侦查权和部分刑罚的执行权。

人民检察院是我国的法律监督机关，代表国家行使检察权。在刑事诉讼中，其主要职权包括公诉权、诉讼监督权和职务犯罪案件的侦查权。从机构设置来看，我国的检察机关分为最高人民检察院、地方各级人民检察院和专门人民检察院，上下级人民检察院之间是领导与被领导的关系。

人民法院是我国的审判机关，主要负责各类案件的审理和裁判。从机构设置来看，我国的人民法院分为最高人民法院、地方各级人民法院和专门人民法院，上下级人民法院之间是监督与被监督的关系。

（二）诉讼参与人

诉讼参与人，是指在刑事诉讼过程中享有一定的诉讼权利、承担一定的诉讼义务的，除国家专门机关的工作人员以外的人。诉讼参与人可以分为当事人和其他诉讼参与人。当事人，是指与案件有直接的利害关系，对刑事诉讼进程发挥较大影响作用的诉讼参与人。根据我国《刑事诉讼法》的规定，当事人包括被害人、自诉人、犯罪嫌疑人、被告人、附带民事诉讼的原告和被告。其他诉讼参与人则包括法定代理人、诉讼代理人、辩护人、证人、鉴定人和翻译人员。

被害人，是指人身、财产或其他合法权益遭受犯罪行为直接侵害的人。作为当事人，被害人享有与犯罪嫌疑人、被告人大致相同的诉讼权利，但在不服一审法院的判决时，被害人不享有上诉权，而只能请求人民检察院抗诉。

自诉人，是指自诉案件中以自己的名义直接向人民法院提起诉讼控告被告人侵犯自己的权益并构成犯罪，要求人民法院依法追究被告人刑事责任的人。在我国刑事诉讼中，能够成为自诉人的，是被害人或其法定代理人。

犯罪嫌疑人和被告人，是对涉嫌犯罪而受到刑事追诉的人的两种称谓。公诉案件中，受刑事追诉者在检察机关向法院提起公诉以前，称为“犯罪嫌疑人”；在检察机关正式向法院提起公诉以后，则称为“被告人”。犯罪嫌疑人、被告人在刑事诉讼中的主要诉讼权利有：(1)有权知悉自己被指控的罪名。(2)犯罪嫌疑人自被侦查机关第一次讯问或者采取强制措施之日起，有权委托辩护人；被告人有权随时委托辩护人。(3)有权进行无罪辩解。(4)有权申请回避。(5)对公安司法人员提出的与本案无关的问题有权拒绝回答；有权核对讯问笔录，认为记载有遗漏或差错时，有权要求补充和修改；有权申请补充鉴定或者重新鉴定。(6)遇到法定情形，有权获得刑事法律援助，接受指定辩护。(7)有权拒绝辩护人继续辩护;有权另行委托辩护人。(8)有权参加法庭调查和法庭辩论;有权申请新的证人到庭,调取新的物证,申请重新鉴定和勘验;有权在法庭辩论结束后作最后陈诉;在自诉案件中,被告人还有权提起反诉;有权对未生效的判决、裁定提起上诉。

犯罪嫌疑人、被告人的诉讼义务主要是:(1)对于公安司法人员的提问,应如实回答;(2)对公安司法机关依法采取的强制措施以及检查、搜查、扣押等强制性措施,应予合作;(3)不得伪造、毁灭证据;(4)按时出席法庭审判,遵守法庭纪律。

附带民事诉讼原告,是指因犯罪行为而遭受损害,在刑事诉讼过程中,为保护自己的合法民事权益,以自己的名义提起民事给付之诉的公民或法人。通常情况下,附带民事诉讼的原告是因犯罪行为而直接遭受物质损失的被害人。

在刑事诉讼中,附带民事诉讼原告依法享有以下诉讼权利:(1)提起附带民事诉讼,要求赔偿物质损失;(2)申请回避权;(3)有权委托诉讼代理人;(4)有权参加法庭调查,对于附带民事诉讼部分的事实和证据作出陈述和发表意见;(5)有权参加法庭辩论;(6)有权对地方各级人民法院第一审尚未发生法律效力的判决和裁定的附带民事诉讼部分提出上诉;(7)有权请求人民法院主持调解或者与附带民事诉讼被告人自行和解。附带民事诉讼原告的主要诉讼义务有:①对于附带民事诉讼请求提供证据;②如实陈述案情;③按时出席法庭,参加审判活动。

附带民事诉讼被告,在刑事附带民事诉讼中,对其犯罪行为所造成的物质损失负有赔偿责任的人。附带民事诉讼中,依法负有赔偿责任的人包括:(1)刑事诉讼被告人,包括公民、法人和其他组织;(2)没有被追究刑事责任的其他共同致害人;(3)未成年刑事被告人的监护人;(4)共同犯罪案件中,案件审结前已经死亡的被告人的遗产继承人;(5)其他对刑事被告人的犯罪行为依法应当承担民事赔偿责任的单位和个人。另外,附带民事诉讼的成年被告人,应当承担赔偿责任的,如果其亲属自愿代为承担,依据有关规定,应当准许。附带民事诉讼被告的主要诉讼义务有:(1)如实陈述案情;(2)按时出席法庭审判,接受调查;(3)对自己的主张提供证据证明;(4)执行已经发生法律效力的判决、裁定的附带民事诉讼部分。

三、管辖制度

(一)立案管辖

1. 立案管辖的概念、依据

立案管辖,解决的是哪类刑事案件由公、检、法机关中的哪一个机关受理的问题。

立案管辖主要是根据公安司法机关在刑事诉讼中的职责分工,以及刑事案件的性质、案件的轻重、复杂程度等不同情况来确定的。

2. 人民法院直接受理的刑事案件

人民法院直接受理的刑事案件包括:(1)告诉才处理的案件,例如侮辱、诽谤罪,暴力干涉婚姻自由罪,虐待罪,非法侵占罪;(2)被害人有证据证明的轻微刑事案件,例如故意伤害(轻伤)罪,重婚罪,遗弃罪,妨害通讯自由罪,非法侵入他人住宅罪;(3)被害人有证据证明对被告人侵犯自己人身、财产权利的行为应当追究刑事责任,而公安机关或者人民检察院不予追究被告人刑事责任的案件。

3. 人民检察院直接受理的刑事案件

人民检察院直接受理的案件包括：(1)贪污贿赂犯罪；(2)国家工作人员的渎职犯罪；(3)国家机关工作人员利用职权实施的非法拘禁、刑讯逼供、报复陷害、非法搜查的侵犯公民人身权利的犯罪以及侵犯公民民主权利的犯罪；(4)对于国家机关工作人员利用职权实施的其他重大的犯罪案件，需要由人民检察院直接受理的时候，经省级以上人民检察院决定，可以由人民检察院立案侦查。

4. 公安机关直接受理的刑事案件

在我国，大多数刑事案件都是由公安机关负责侦查，法律另有规定的除外。这些例外包括：(1)人民法院直接受理的案件；(2)人民检察院自行侦查的案件；(3)国家安全机关负责侦查的案件；(4)军队保卫部门、监狱内的侦查部门负责侦查的案件。

(二) 地域管辖与级别管辖

1. 地域管辖

地域管辖，是指同级人民法院之间在审判第一审刑事案件权限上的划分。确定地域管辖的原则有两个：(1)基本原则是以犯罪地人民法院管辖为主，被告人居住地人民法院管辖为辅。其中，犯罪地包括犯罪预备地、实施地、完成地、结果地、销赃地等。(2)递进原则是以最初受理的人民法院审判为主，主要犯罪地人民法院审判为辅。这主要是为了解决一个犯罪涉及数个犯罪地的问题。当两个以上的法院都有管辖权时，一般来说由最先受理的法院管辖，在必要的时候可以将案件移送主要犯罪地的法院管辖。

2. 级别管辖

级别管辖，是指各级人民法院在审判第一审刑事案件上的权限分工。在我国，最高人民法院管辖的第一审刑事案件是全国性的重大刑事案件；高级人民法院管辖的第一审刑事案件是全省(自治区、直辖市)性的重大刑事案件；中级人民法院管辖的第一审刑事案件包括危害国家安全、恐怖活动案件以及可能判处无期徒刑、死刑的案件；基层人民法院管辖的第一审刑事案件是依照《刑事诉讼法》规定由上级人民法院管辖以外的普通刑事案件。

(三) 专门管辖

专门管辖，是指专门人民法院之间，以及专门人民法院与普通人民法院之间对第一审刑事案件在受理范围上的分工与权限。在我国的刑事司法中，专门法院主要包括军事法院和铁路运输法院。其中，军事法院主要审理现役军人(含军内在编职工)涉及军职犯罪的案件。现役军人与非军人共同犯罪的，则分别由军事法院和地方人民法院或者其他专门法院管辖；涉及国家军事秘密的，全案由军事法院管辖。铁路运输法院主要审理铁路系统公安机关负责侦破的刑事案件、铁路职工违反规章制度的案件等。

四、回避制度

回避，根据《刑事诉讼法》和有关法律的规定，特定办案人员在同所处理案件有法定利害关系或者其他可能影响案件公正处理的关系时，不得参与该案的诉讼活动的制度。

在刑事诉讼中，适用回避制度的人员包括：(1)审判人员，既包括直接承办案件的审判员、助理审判员、人民陪审员，也包括有权参与案件讨论和作出处理决定的法院院长、庭长以及审判委员会其他成员；(2)检察人员，各级人民检察院的检察官、书记员和司法行政人员；(3)侦查人员；(4)参与侦查、起诉、审判的书记员、翻译人员、鉴定人。值得注意的是，回避制度不适用于诉讼代理人、辩护人和证人。

在我国，回避有三种：一是自行回避，即侦查、检察和审判人员在刑事诉讼中遇有法律规定的应当回避的情形时，主动要求退出诉讼活动的制度；二是申请回避，即侦查、检察和审判人员等具有法律规定的应当回避的情形而没有自行回避时，当事人及其法定代理人向公安机关、人民检察院或人民法院提出申请，要求他们回避的制度；三是指令回避，即侦查、检察和审判人员等具有法律规定的应当回避的情形而没有自行回避，当事人及其法定代理人也没有申请回避，公、检、法等机关的负责人可以依职权命令其退出案件诉讼活动的制度。

法定的回避理由包括：(1)是本案的当事人或者当事人的近亲属的；(2)本人或者他的近亲属和本案有利害关系的；(3)担任过本案证人、鉴定人、辩护人或者诉讼代理人的；(4)与本案当事人有其他利害关系，可能影响案件公正处理的；(5)审判人员、检察人员、侦查人员接受当事人及其委托的人的请客送礼，或者违反规定会见当事人及其委托的人；(6)审判人员曾作为裁判者主持或者参与对某一案件的审判活动，而案件后又被同一人民法院重新审判。

根据我国《刑事诉讼法》的规定，审判人员、检察人员、侦查人员的回避，应当分别由院长、检察长、公安机关负责人决定；法院院长的回避，由本院审判委员会决定；检察长、公安机关负责人的回避，由同级人民检察院检察委员会决定；书记员、翻译人员、鉴定人的回避，应当根据其所处诉讼阶段分别由院长、检察长、公安机关负责人决定。

五、辩护和代理

辩护，是指刑事案件的犯罪嫌疑人、被告人及其辩护人反驳指控，提出有利于犯罪嫌疑人、被告人的事实和理由，以证明犯罪嫌疑人无罪、罪轻或者应当减轻、免除刑罚，维护其合法权益的诉讼活动。

(一) 辩护的种类

我国刑事诉讼中辩护有三种：一是自行辩护，即犯罪嫌疑人、被告人自己针对指控进行反驳、辩解的行为；二是委托辩护，即犯罪嫌疑人、被告人依法委托律师或其他公民担任辩护人，协助其进行辩护；三是指定辩护，即对于没有委托辩护人的犯罪嫌疑人、被告人，人民法院在法律规定的某些特殊情况下，为其指定承担法律援助义务的律师担任其辩护人，协助被告人进行辩护。指定辩护有两种情况，一是公诉人出庭公诉的案件，被告人因经济困难或者其他原因没有委托辩护人的，本人及其近亲属可以向法律援助机构提出申请。对符合法律援助条件的，法律援助机构应当指派律师为其提供辩护。二是犯罪嫌疑人、被告人是盲、聋、哑人，或者是尚未完全丧失辨认，或者控制自己行为能力的精神病人，或者是未成年人，或者被告人可能被判处无期徒刑、死刑，而没有委托辩护人的，人民法院、人民检察院和公安机关应当通知法律援助机构指派律师为其提供辩护。

（二）辩护人的范围

在我国，可以担任辩护人的人包括：(1)律师；(2)人民团体或者犯罪嫌疑人、被告人所在单位推荐的人；(3)犯罪嫌疑人、被告人的监护人、亲友。

但有些人则不能担任辩护人，这主要是指：(1)正在被执行刑罚或者被依法剥夺、限制人身自由的人；(2)被宣告缓刑的人；(3)无行为能力或者限制行为能力的人；(4)与本案审理结果有利害关系的人；(5)外国人或无国籍人；(6)律师担任各级人民代表大会常务委员会组成人员期间，不得执业；(7)公检法、国安、监狱的现职人员；(8)本院的人民陪审员；(9)曾担任法官、检察官的律师在离任后两年内不得担任辩护人。其中，第(4)、(5)、(7)、(8)项规定的人员，如果是被告人的近亲属或者监护人，人民法院可以准许其担任辩护人。

（三）辩护人的权利和义务

辩护人在诉讼中享有如下权利：职务保障权、阅卷权、会见通信权、调查取证权、获得通知权、参加法庭辩论和调查权、拒绝辩护权等。辩护人承担如下义务：无正当理由，不得拒绝辩护；不得毁灭、伪造证据、唆使、引诱证人作伪证；保守职业秘密（国家、商业、个人秘密）；不得违反规定私自会见法官检察官等。

（四）刑事代理

刑事代理，是指代理人接受公诉案件的被害人及其法定代理人或者近亲属、自诉案件的自诉人及其法定代理人、附带民事诉讼的当事人及其法定代理人的委托，以被代理人的名义参加诉讼，由被代理人承担代理行为的法律后果的诉讼活动。

从代理产生的方式来看，刑事诉讼中的代理有两种：一是法定代理，即基于法律规定而产生的代理；二是委托代理，即基于委托人的授权而产生的代理。

在我国，刑事代理主要包括：(1)公诉案件中被害人的代理，是指律师或其他公民接受公诉案件中被害人及其法定代理人或者近亲属的委托，担任被害人的代理人参加诉讼。公诉案件的被害人及其法定代理人或者近亲属，自案件移送审查起诉之日起，有权委托诉讼代理人。(2)自诉案件中的代理，是指在自诉案件中，律师或其他公民接受自诉人或其法定代理人的委托，作为代理人参加诉讼。自诉案件的自诉人及其法定代理人，有权随时委托诉讼代理人。(3)附带民事诉讼中的代理，是指接受附带民事诉讼当事人及其法定代理人的委托，以诉讼代理人的身份进行的活动。附带民事诉讼的当事人及其法定代理人，自案件移送审查起诉之日起，有权委托诉讼代理人。(4)申诉案件中的代理，当事人及其法定代理人、近亲属对已发生法律效力的判决、裁定不服的，可以委托律师作为代理人向人民法院或者人民检察院提出申诉。

六、刑事诉讼证据

刑事证据，是指可以用于证明案件事实的各种材料。证据必须经过查证属实，才能作为定案的根据。

根据我国《刑事诉讼法》的规定，刑事证据包括书证，物证，证人证言，被害人陈述，犯罪嫌疑人、被告人供述和辩解，鉴定意见，勘验、检查、辨认、侦查实验等笔录，视听资料、电子数据。

（一）刑事证据的理论分类

根据不同的标准，证据又可以作出如下分类：(1)根据证据材料来源的不同，证据可以分为原始证据和传来证据。前者是指直接来源于案件事实的证据；后者是指从间接的非第一来源获得的证据。(2)根据证据与案件的待证事实的证明关系的不同，证据可以分为直接证据与间接证据。前者是指能够单独直接地证明案件主要事实的证据；后者是指不能单独直接地证明案件的主要事实，需要与其他证据结合才能证明案件主要事实的证据。(3)根据证据的表现形式的不同，证据可以分为实物证据和言词证据。前者是指以实物作为表现形式的证据；后者是指以言词作为表现形式的证据。

（二）证明对象

证明对象，又称待证事实，是指在刑事诉讼中，证明主体需要运用证据加以证明的案件事实。

我国刑事诉讼证明对象主要包括：(1)被告人、被害人的身份；(2)被指控的犯罪是否存在；(3)被指控的犯罪是否为被告人所实施；(4)被告人有无刑事责任能力，有无罪过，实施犯罪的动机、目的；(5)实施犯罪的时间、地点、手段、后果以及案件起因等；(6)被告人在共同犯罪中的地位、作用；(7)被告人有无从重、从轻、减轻、免除处罚情节；(8)有关附带民事诉讼、涉案财物处理的事实；(9)有关管辖、回避、采取强制措施是否符合法定条件、采取搜查扣押等强制性侦查措施和其他取证程序是否合法、延期审理是否合法等程序事实；(10)与定罪量刑有关的其他事实。

（三）证明责任

证明责任，是证明主体收集或者提供证据证明主张的案件事实成立或者有利于自己的主张的责任，否则，将承担其主张不能成立的风险。明确证明责任，可以加强办案人员或者当事人主动、有序收集或者提供证据的责任心，有助于准确、及时地查明案件事实，推动诉讼的顺利进行。

在我国，证明责任的承担主体主要是控诉机关和负有证明责任的当事人，这一做法的依据是“主张者承担证明义务，否定者不承担证明”的法理。具体来说，刑事诉讼中证明责任的承担按照如下规则分配：(1)检察机关负有证明犯罪嫌疑人、被告人有罪的责任；(2)自诉案件的自诉人应当对其控诉承担证明责任；(3)法院作为中立的裁判者，不承担证明责任；(4)在例外的情况下，犯罪嫌疑人、被告人应当承担部分的证明责任。这只适用于某些特殊的案件，例如巨额财产来源不明罪，非法持有国家绝密、机密文件罪，非法持有枪支、弹药、毒品罪等。

（四）证明标准

证明标准，是指在刑事诉讼中，证明主体对其负有证明责任的案件事实，运用证据加以证明所要达到的程度。我国刑事诉讼的证明标准可以表述为：案件事实清楚，证据确实、充分。

证据确实、充分应当符合以下条件：(1)定罪量刑的事实都有证据证明；(2)据以定案的证据均经法定程序查证属实；(3)综合全案证据，对所认定事实已排除合理怀疑。

七、刑事强制措施

强制措施，是指人民法院、人民检察院和公安机关在诉讼活动中，为了保证诉讼的顺利进行，依照法律规定，对犯罪嫌疑人、被告人所采取的一种带有强制性的方法。

刑事诉讼中强制措施有五种：拘传、取保候审、监视居住、拘留、逮捕。其中较为严厉的并对犯罪嫌疑人和被告人影响较大的是拘留和逮捕。

（一）拘留与逮捕

1. 拘留

拘留，是指公安机关、人民检察院对于现行犯或者重大犯罪嫌疑分子，在遇有法定的紧急情况下依法采取的临时剥夺其人身自由的一种强制措施。公安机关对于现行犯或者重大嫌疑分子，如果有下列情形之一的，可以先行拘留：(1)正在预备犯罪、实行犯罪或者在犯罪后即时被发觉的；(2)被害人或者在场亲眼看见的人指认他犯罪的；(3)在身边或者住处发现有犯罪证据的；(4)犯罪后企图自杀、逃跑或者在逃的；(5)有毁灭、伪造证据或者串供可能的；(6)不讲真实姓名、住址，身份不明的；(7)有流窜作案、多次作案、结伙作案重大嫌疑的。

公安机关依法需要拘留犯罪嫌疑人的，填写《呈请拘留报告书》，由县级以上公安机关负责人批准，签发《拘留证》。人民检察院决定拘留的案件，应当由办案人员提出意见，由检察长决定。

公安机关执行拘留时，应当向被拘留人出示拘留证，并责令被拘留人在拘留证上签名(盖章)或按指印。拒绝签名(盖章)或者按指印的，执行人员应在拘留证上注明。

拘留后，应当立即将被拘留人送看守所羁押，至迟不得超过二十四小时。除无法通知或者涉嫌危害国家安全犯罪、恐怖活动犯罪，通知可能有碍侦查的情形以外，决定拘留的机关应当在拘留后二十四小时以内，通知被拘留人的家属。有碍侦查的情形消失以后，应当立即通知被拘留人的家属。

公安机关拘留犯罪嫌疑人的期限：一般情况下为十日，特殊情况下为十四日，对流窜作案、多次作案、结伙作案的重大嫌疑分子，拘留期限最长为三十七日。

2. 逮捕

逮捕，是指人民法院、人民检察院和公安机关，为防止犯罪嫌疑人或被告人事实妨害刑事诉讼的行为，逃避侦查、起诉、审判或发生社会危险性，而依法暂时剥夺其人身自由的一种强制措施。

逮捕犯罪嫌疑人、被告人必须同时具备三个条件：(1)有证据证明有犯罪事实；(2)可能判处徒刑以上刑罚；(3)有逮捕必要。逮捕犯罪嫌疑人、被告人，必须经人民检察院批准或者人民法院决定，由公安机关执行。

公安机关对被拘留的人，认为应该逮捕的，应在拘留后的三日以内，报请人民检察院审查批准。在特殊情况下，提请审查批准的时间可以延长一日至四日。对于流窜作案，多次作案，结伙作案的重大犯罪嫌疑分子，提请审查批准的时间可延长至三十日。人民检察院对案件进行审查后，对于符合逮捕条件的，应当做出批准逮捕决定，制作《批准逮捕决定书》，连同案卷、证据一并移交提请批准逮捕的公安机关执行。人民检察院不批准逮捕的，应当说明理由。

逮捕后，应当立即将被逮捕人送看守所羁押。除无法通知的以外，应当在逮捕后二十四小时以内，通知被逮捕人的家属。人民法院、人民检察院对于各自决定逮捕的人，公安机关对于经人民检察院批准逮捕的人，都必须在逮捕后的二十四小时以内进行讯问。在发现不应当逮捕的时候，必须立即释放，发给释放证明。

犯罪嫌疑人、被告人被逮捕后，人民检察院仍应当对羁押的必要性进行审查。对不需要继续羁押的，应当建议予以释放或者变更强制措施。有关机关应当在十日以内将处理情况通知人民检察院。

犯罪嫌疑人、被告人及其辩护人对于司法机关逮捕羁押期限届满而不予以释放、解除或者变更的，有权向该机关申诉或者控告。对处理不服的，可以向同级人民检察院申诉。

（二）取保候审与监视居住

1. 取保候审

取保候审，是人民法院、人民检察院、公安机关责令犯罪嫌疑人或者被告人提供保证人或者交纳保证金，保证其不逃避或者妨碍侦查、起诉、审判，并随传随到的一种强制措施。取保候审的时间最长不超过十二个月。

取保候审适用的对象包括：(1)可能判处管制、拘役或者独立适用附加刑的；(2)可能判处有期徒刑以上刑罚，采取取保候审不致发生社会危险性的；(3)应当逮捕的犯罪嫌疑人，被告人患有严重疾病，或者是正在怀孕、哺乳自己婴儿的妇女；(4)对被拘留的犯罪嫌疑人需要逮捕，但证据还不充足的；(5)法定羁押期限届满尚不能结案的。

取保候审有两种保证方式：一是保证人保证方式；二是保证金保证方式。其中，保证人必须符合下列条件：(1)与本案无牵连；(2)有能力履行保证义；(3)享有政治权利，人身自由未受到限制；(4)有固定的住处和收入。对同一犯罪嫌疑人、被告人，决定取保候审的，不能同时使用保证人保证和保证金保证。

2. 监视居住

监视居住，是指人民法院、人民检察院和公安机关责令犯罪嫌疑人、被告人在一定期限内不得离开指定的区域，并对其行动加以监视和控制的一种强制措施。监视居住的期限最长不得超过六个月。

适用监视居住应当具备下列条件：第一，符合逮捕条件。这是适用监视居住的前提条件。第二，具有法定的情形之一。法定情形包括：(1)患有严重疾病、生活不能自理；(2)怀孕或者正在哺乳自己婴儿的妇女；(3)系生活不能自理的人的唯一扶养人；(4)因为案件的特殊情况或者办理案件的需要，采取监视居住措施更为适宜的；(5)羁押期限届满，案件尚未办结，需要采取监视居住措施的。

决定监视居住的，由公安机关负责人、人民检察院检察长、人民法院院长批准，制作监视居住决定书和执行监视居住通知书。监视居住由公安机关执行。人民法院和人民检察院决定监视居住的，人民法院和人民检察院应当将监视居住决定书和执行监视居住通知书及时送达公安机关，并向被监视居住人宣布，由本人在监视居住决定书上签名或者盖章，并责令犯罪嫌疑人、被告人遵守法律规定的义务，告知其违反规定应负的法律责任。

被监视居住的犯罪嫌疑人、被告人应当遵守以下规定：(1)未经执行机关批准不得离开监视居住的处所。(2)未经执行机关批准不得会见他人或者通信。这里的“他人”,应指与被监视居住人共同居住的家庭成员和其辩护人员以外的人。(3)在传讯的时候及时到案。(4)不得以任何形式干扰证人作证。(5)不得毁灭、伪造证据或者串供。(6)将护照等出入境证件、身份证件、驾驶证件交执行机关保存。

(三) 拘传

拘传,是指公安机关、人民检察院和人民法院强制未被羁押的犯罪嫌疑人、被告人到指定地点接受讯问的强制方法。拘传的适用对象是未被羁押的犯罪嫌疑人、被告人。对于已经被拘留或者逮捕的犯罪嫌疑人、被告人,可随时进行讯问,不需要经过拘传程序。拘传的目的是强制犯罪嫌疑人、被告人到案接受讯问。因此,拘传没有羁押的效力,讯问完毕,就应当将被拘传人立即放回。

司法实践中,拘传通常适用于经依法传唤,无正当理由拒不到案接受讯问的犯罪嫌疑人、被告人。但传唤不是拘传的必要条件,公安、司法机关根据案件具体情况,可以不经传唤,直接拘传犯罪嫌疑人、被告人。

决定拘传,应当由公安机关负责人、人民检察院检察长、人民法院院长批准,签发拘传证(人民法院称为拘传票)。拘传证上应当载明被拘传人的身份事项、案由、接受讯问的地点以及拘传的理由。

拘传由公安机关的侦查人员或者人民检察院、人民法院的司法警察执行。执行人员不得少于2人。拘传时,应当向被拘传人出示拘传证,对于抗拒拘传的,可以使用戒具。

拘传持续的时间不得超过十二小时;案情特别重大、复杂,需要采取拘留、逮捕措施的,拘传持续的时间不得超过二十四小时。不得以连续拘传的形式变相拘禁被拘传人;拘传犯罪嫌疑人,应当保证犯罪嫌疑人的饮食和必要的休息时间。

八、刑事诉讼流程

(一) 立案程序

立案,即立案程序,是指侦查机关(公安机关、人民检察院)发现犯罪事实或犯罪嫌疑人,或者公安机关、人民检察院和人民法院对接受的报案、控告、举报或自首及自诉人的自诉材料进行审查后,判明有无犯罪事实和应否追究刑事责任,并决定是否作为刑事案件进行侦查或审理的诉讼活动。立案是办理刑事案件必须经过的一个诉讼程序,是刑事诉讼活动开始的标志。只有经过立案程序,其后的侦查、起诉、审判,执行等诉讼阶段才可以依次进行。刑事诉讼的各程序不能颠倒、也不得跳越。

立案的条件有三个:一是有犯罪事实;二是需要追究嫌疑人的刑事责任;三是符合我国法律中管辖的规定。

立案的材料来源包括报案,举报,控告,自首,公安机关、人民检察院自行主动获取的材料,上级机关交办的案件,群众的扭送,行政执法机关和党的纪检部门查处后依送追究刑事责任的案件。

公、检、法对于报案、控告、举报、自首、扭送都应当立即接受,不得以任何借口推诿和拒绝;对不属于自己管辖的案件,上述机关应当先接受后移送主管机关处理;情况紧急必须采取紧急措施的，应当先采取紧急措施，然后移送主管机关。

控告人对公、检、法不予立案的决定不服，可以向决定作出机关申请复议。对于公安机关应当立案而不立案的，控告人可以向人民检察院提出要求人民检察院予以监督。对于公安机关、人民检察院应当立案而不立案的，控告人可以直接向人民法院起诉。

(二) 侦查程序

侦查，是公安机关、人民检察院在办理案件过程中，依照法律进行的专门调查工作和有关的强制性措施。侦查的目的是：(1)收集证据；(2)查明案件事实；(3)查获犯罪嫌疑人。

在我国，法定的侦查机关包括公安机关、国家安全机关、检察院的自侦部门、监狱的狱侦部门、军队的侦查部门和海关缉私部门。

侦查的主要措施有：讯问犯罪嫌疑人、询问证人、勘验、检查、搜查、扣押、鉴定、侦查实验、辨认、通缉等。

(三) 审查起诉

审查起诉，是指检察机关为了确定经侦查终结的刑事案件是否应当提起公诉，而对侦查机关确认的犯罪事实和证据进行全面审查核实，并作出处理决定的一项诉讼活动。人民检察院对于公安机关移送起诉的案件，应该在一个月内作出决定；重大复杂的案件，可以延长半个月。

人民检察院应当审查的内容包括：犯罪嫌疑人的身份是否清楚；犯罪事实、情节是否清楚，认定犯罪性质和罪名的意见是否正确；有无法定的从重、从轻、减轻或免除处罚的情节；证据材料是否随案移送，不宜移送的证据的清单、复制件、照片或者其他证明文件是否随案移送；证据是否确实充分；有无遗漏罪行和其他应当追究刑事责任的人；是否属于不应当追究刑事责任的情况；有无附带民事诉讼；采取的强制措施是否恰当；侦查活动是否合法；与犯罪有关的财物及其孳息是否扣押、冻结并妥善保管，以供核查；对被害人合法财产的返还和对违禁物品或者不宜长期保存的物品的处理是否妥当，移送的证明文件是否完备。

(四) 审判程序

刑事审判是指人民法院对刑事案件进行审理和判决，确定被告人有罪和无罪，犯有何罪，罪重罪轻以及应否判处刑罚和适用何种刑罚的诉讼活动。

在我国，刑事审判程序包括第一审程序、第二审程序、审判监督程序、死刑复核程序。

根据我国《刑事诉讼法》，人民法院审理公诉案件，应当在受理后两个月以内宣判，至迟不得超过三个月；适用简易程序审理案件，人民法院应当在受理后二十日以内审结；对可能判处的有期徒刑超过三年的，可以延长至一个半月；第二审人民法院受理上诉、抗诉案件，应当在两个月以内审结。

1. 第一审程序

第一审程序的基本流程是：宣布开庭，法庭调查，法庭辩论，被告人最后陈述，评议和宣判。其中，被告人最后陈述权是法律赋予被告人的一项不可剥夺的权利。如果被告人在最后陈述中提出了新的事实、证据，合议庭认为可能影响正确裁判的，应当恢复法庭调查。

我国《刑事诉讼法》规定，遇有下列情形之一影响审判进行的，可以延期审理：(1)需要通知新的证人到庭，调取新的物证，重新鉴定或者勘验的；(2)检察人员发现提起公诉的案件需要补充侦查，提出建议的；(3)合议庭认为案件证据不充分，或者发现新的事实，需要退回人民检察院补充侦查或者自行调查的；(4)由于当事人申请回避而不能进行审判的。

根据我国《刑事诉讼法》第二百条的规定，以下几种情况可以中止审理：(1)被告人患有严重疾病，无法出庭的；(2)被告人逃脱的；(3)自诉人患有严重疾病，无法出庭，未委托诉讼代理人的；(4)由于不能抗拒的原因。

中止审理的原因消失后，应当恢复审理。中止审理的期间不计入审理期限。

根据《刑事诉讼法》第二百零八条的规定，基层人民法院管辖的案件，符合下列条件的可以适用简易程序审判：(1)案件事实清楚、证据充分的；(2)被告人承认自己所犯罪行，对指控的犯罪事实没有异议的；(3)被告人对适用简易程序没有异议的。人民检察院在提起公诉的时候，可以建议人民法院适用简易程序。

2. 第二审程序

被告人、自诉人及其法定代理人，不服地方各级人民法院所作出的未生效的一审判决、裁定，附带民事诉讼的当事人及其法定代理人不服第一审判决、裁定中的附带民事诉讼部分，有权以书面或口头的方式向上一级人民法院提起上诉。被告人的辩护人及其近亲属在征得被告人同意后，也可以代为提起上诉。人民检察院对于未生效的一审判决、裁定，如果认为确有错误的话，可以向法院提起抗诉，但必须使用书面的方式。上诉、抗诉的期限，判决为十日，裁定为五日，上诉或抗诉后所引发的程序就是刑事二审程序。

二审法院在审理上诉、抗诉案件时应遵循两个原则：一是全面审查原则，即二审审查的范围不受当事人上诉和检察院抗诉范围的限制，应当对全案进行审查；二是上诉不加刑原则，即被告人或者他的法定代理人、辩护人、近亲属上诉的案件，不得加重被告人的刑罚。但如果是检察院抗诉的话，或者被告人上诉的同时，检察院也提起了抗诉，则不受上诉不加刑的限制。

根据《刑事诉讼法》第二百二十五条规定，第二审人民法院对不服第一审判决的上诉、抗诉案件，经过审理后，应当按照下列情形分别处理：(1)原判决认定事实和适用法律正确、量刑适当的，应当裁定驳回上诉或者抗诉，维持原判；(2)原判决认定事实没有错误，但适用法律有错误，或者量刑不当的，应当改判；(3)原判决事实不清或者证据不足的，可以在查清事实后改判，也可以裁定撤销原判，发回原审人民法院重新审判。同时，《刑事诉讼法》第二百二十七条规定，第二审人民法院发现第一审人民法院的审理有下列违反法律规定的诉讼程序的情形之一的，应当裁定撤销原判，发回原审人民法院重新审判：(1)违反本法有关公开审判的规定的；(2)违反回避制度的；(3)剥夺或者限制了当事人的法定诉讼权利，可能影响公正审判的；(4)审判组织的组成不合法的；(5)其他违反法律规定的诉讼程序，可能影响公正审判的。

3. 死刑复核程序

死刑复核程序，是指人民法院对判处死刑的案件报请对死刑有核准权的人民法院审查核准应遵守的步骤、方式和方法，它是一种特别的程序。

死刑复核程序有如下特点：(1)本程序只适用于判处死刑的案件，包括判处死刑立即执行和判处死刑缓期两年执行的案件。(2)本程序是死刑案件的终审程序，只有经过复核并核准的死刑判决才发生法律效力。(3)死刑复核程序启动的主动性。死刑复核程序由作出死刑裁判的法院主动逐级上报有核准权的法院，由有核准权的法院核准死刑。(4)死刑复核权力主体的特定性。《刑事诉讼法》规定，拥有死刑复核权力的机关是最高人民法院和各高级人民法院，其中最高人民法院拥有死刑立即执行的复核权，各高级人民法院则对死刑缓期两年执行的案件进行复核。

4. 审判监督程序

审判监督程序，是指人民法院、人民检察院对于已经发生法律效力的判决和裁定，发现在认定事实或者适用法律上确有错误，予以提出并由人民法院对案件重新审判的诉讼程序。

审判监督程序，是整个刑事诉讼的重要组成部分，但它并不是每个案件的必经程序，只有对于已经发生法律效力而且确有错误的判决和裁定才能适用。已经发生法律效力的判决、裁定确有错误，主要指以下几种情况：(1)在认定事实上确有错误。(2)在适用法律上确有错误。

有权申请提起审判监督程序的主体是当事人及其法定代理人、近亲属，而有权提起审判监督程序的主体则是各级人民法院院长及审判委员会、最高人民法院和上级人民法院、最高人民检察院和上级人民检察院。

人民法院按照审判监督程序重新审判的案件，由原审人民法院审理的，应当另行组成合议庭进行。如果原来是第一审案件，应当依照第一审程序进行审判，所作的判决、裁定，可以上诉、抗诉；如果原来是第二审案件，或者是上级人民法院提审的案件，应当依照第二审程序进行审判，所作的判决、裁定，是终审的判决、裁定。人民法院开庭审理的再审案件，同级人民检察院应当派员出席法庭。

（五）执行程序

刑事诉讼中的执行，是指刑事执行机关为了实施已经发生法律效力的判决和裁定所确定的内容而进行的诉讼活动。

在我国，刑事执行的主体包括人民法院、公安机关、社区矫正机构、监狱、未成年管教所等。依据有关法律的规定，各机关分别行使不同的刑罚执行权。

人民法院负责死刑、罚金、没收财产、无罪判决和免除刑罚判决等的执行。无期徒刑、有期徒刑、死缓由监狱执行。对于被判处有期徒刑的罪犯，在被交付执行刑罚前，剩余刑期在三个月以下的，由看守所代为执行。对于被判处拘役、剥夺政治权利的罪犯，由公安机关执行。对被判处管制、宣告缓刑、假释或者暂予监外执行的罪犯，依法实行社区矫正，由社区矫正机构负责执行。

此外，人民检察院作为专门的法律监督机关，对刑事执行活动是否合法有权实行监督。如发现执行中有违法情况，应当通知执行机关予以纠正。

在司法实践中，针对被判处有期徒刑或者拘役的罪犯，有一种特殊的执行方法，即监外执行。具体来说就是由于患有严重疾病需要保外就医，抑或妇女怀孕或者正在哺乳自己的婴儿，不适宜在监狱或其他劳动改造场所执行刑罚，可暂由罪犯原居住地的社区矫正机构。

根据《刑事诉讼法》第二百五十四条的规定，适用监外执行必须符合以下条件：第一，适用监外执行的对象只能是被判处有期徒刑或拘役的罪犯。第二，上述罪犯必须具备下列情形之一：(1)有严重疾病需要保外就医的；(2)怀孕或者正在哺乳自己婴儿的妇女；(3)生活不能自理，适用监外执行不致危害社会的。

第三节 行政诉讼法

一、行政诉讼概述

行政诉讼，是指公民、法人或者其他组织认为行政机关及其工作人员的行政行为侵犯了其合法权益，依法向人民法院提起诉讼，由人民法院审理并作出裁判的活动。

与其他诉讼相比，行政诉讼较为特别的地方在于，原告是不服行政机关行政行为的公民、法人或者其他组织，而被告始终是作出行政行为的行政机关。因此，行政诉讼常常被称为“民告官”。

二、行政诉讼受案范围

行政诉讼受案范围，是指人民法院受理行政诉讼案件的权限范围。

根据我国《行政诉讼法》的规定，公民、法人和其他组织对下列行政行为不服的，可以向人民法院提起行政诉讼：(1)对行政拘留、暂扣或者吊销许可证和执照、责令停产停业、没收违法所得、没收非法财物、罚款、警告等行政处罚不服的；(2)对限制人身自由或者对财产的查封、扣押、冻结等行政强制措施和行政强制执行不服的；(3)申请行政许可，行政机关拒绝或者在法定期限内不予答复，或者对行政机关作出的有关行政许可的其他决定不服的；(4)对行政机关作出的关于确认土地、矿藏、水流、森林、山岭、草原、荒地、滩涂、海域等自然资源的所有权或者使用权的决定不服的；(5)对征收、征用决定及其补偿决定不服的；(6)申请行政机关履行保护人身权、财产权等合法权益的法定职责，行政机关拒绝履行或者不予答复的；(7)认为行政机关侵犯其经营自主权或者农村土地承包经营权、农村土地经营权的；(8)认为行政机关滥用行政权力排除或者限制竞争的；(9)认为行政机关违法集资、摊派费用或者违法要求履行其他义务的；(10)认为行政机关没有依法支付抚恤金、最低生活保障待遇或者社会保险待遇的；(11)认为行政机关不依法履行、未按照约定履行或者违法变更、解除政府特许经营协议、土地房屋征收补偿协议等协议的；(12)认为行政机关侵犯其他人身权、财产权等合法权益的。除前款规定外，人民法院受理法律、法规规定可以提起诉讼的其他行政案件。

但有一些行政行为人民法院是不予受理的，这包括：(1)国防、外交等国家行为；(2)行政法规、规章或者行政机关制定、发布的具有普遍约束力的决定、命令；(3)行政机关对行政机关工作人员的奖惩、任免决定；(4)法律规定由行政机关最终裁决的具体行政行为。另外，根据最高人民法院《关于执行〈中华人民共和国行政诉讼法〉若干问题的解释》第一条的规定，公民、法人或者其他组织对下列行为不服提起诉讼的，不属于人民法院行政诉讼的受案范围：(1)行政诉讼法第十二条规定的行为；[①](2)公安、国家安全等机关依照刑事诉讼法

① 本解释颁行于 2000 年 3 月 8 日，是针对 1989 年《行政诉讼法》所作的解释，在本书出版时依然有效。由于《行政诉讼法》已于 2014 年做了修订，相应法条的顺序略有变动，故本解释中所指的第十二条在新法中已变更为第十三条。

的明确授权实施的行为;(3)调解行为以及法律规定的仲裁行为;(4)不具有强制力的行政指导行为;(5)驳回当事人对行政行为提起申诉的重复处理行为;(6)对公民、法人或者其他组织权利义务不产生实际影响的行为。

三、行政诉讼管辖

行政诉讼中,也存在级别管辖和地域管辖之差别。

就级别管辖而言,最高人民法院管辖的第一审行政案件,为全国范围内重大、复杂的行政案件。高级人民法院管辖的第一审行政案件,为本辖区内重大、复杂的行政案件。中级人民法院管辖的案件较为复杂:(1)对国务院部门或者县级以上地方人民政府所作的行政行为提起诉讼的案件;(2)海关处理的案件;(3)本辖区内重大、复杂的案件;(4)其他法律规定由中级人民法院管辖的案件。除依法由上级人民法院管辖的第一审行政案件以外,其余的第一审行政案件均由基层人民法院管辖。

就地域管辖而言,分为一般地域管辖和特殊地域管辖。前者的一般规则是,根据最初作出行政行为的行政机关所在地为标准确定的管辖。一般地域管辖有三类:第一,行政案件由最初作出行政行为的行政机关所在地的人民法院管辖;第二,经复议的案件,也可以由复议机关所在地人民法院管辖。第三,经最高人民法院批准,高级人民法院可以根据审判工作的实际情况,确定若干人民法院跨行政区域管辖行政案件。特殊地域管辖是指以行政案件的诉讼标的所在地、或者引起行政法律关系产生、变更、消灭的法律事实所在地为标准所确定的管辖。特殊地域管辖有两类:第一,对限制人身自由的行政强制措施不服而提起的诉讼,既可以向被告所在地人民法院起诉,也可以向原告所在地人民法院起诉;第二,因不动产引起的行政诉讼,由不动产所在地人民法院管辖。

此外,有管辖权的人民法院由于特殊原因不能行使管辖权的,由上级人民法院指定管辖。人民法院对管辖权发生争议,由争议双方协商解决。协商不成的,报它们的共同上级人民法院指定管辖。上级人民法院有权审理下级人民法院管辖的第一审行政案件。下级人民法院对其管辖的第一审行政案件,认为需要由上级人民法院审理或者指定管辖的,可以报请上级人民法院决定。

四、行政诉讼参加人

行政诉讼参加人包括行政诉讼的原告、被告、第三人、诉讼代表人和诉讼代理人。

行政诉讼的原告,是指对行政机关的行政行为不服,以自己的名义提起诉讼的公民,法人或者其他组织。有权提起诉讼的公民死亡,其近亲属可以提起诉讼。有权提起诉讼的法人或者其他组织终止,承受其权利的法人或者其他组织可以提起诉讼。

行政诉讼的被告,是指因原告起诉指控其行政行为侵犯原告合法权益,而被人民法院通知应诉的行政机关。公民、法人或者其他组织直接向人民法院提起诉讼的,作出行政行为的行政机关是被告。经复议的案件,复议机关决定维持原行政行为的,作出原行政行为的行政机关是被告;复议机关改变原行政行为的,复议机关是被告。两个以上行政机关作出同一行政行为的,共同作出行政行为的行政机关是共同被告。由法律、法规授权的组织所作的行政行为,该组织是被告,由行政机关委托的组织所作的行政行为,委托的行政机关是被告。行政机关被撤销或者职权变更的，继续行使其职权的行政机关是被告。

公民、法人或者其他组织同被诉行政行为有利害关系但没有提起诉讼，或者同案件处理结果有利害关系的，可以作为第三人申请参加诉讼，或者由人民法院通知参加诉讼。人民法院判决第三人承担义务或者减损第三人权益的，第三人有权依法提起上诉。

当事人一方人数众多的共同诉讼，可以由当事人推选代表人进行诉讼。代表人的诉讼行为对其所代表的当事人发生效力，但代表人变更、放弃诉讼请求或者承认对方当事人的诉讼请求，应当经被代表的当事人同意。

当事人、法定代理人，可以委托一至二人作为诉讼代理人。下列人员可以被委托为诉讼代理人：(1)律师、基层法律服务工作者；(2)当事人的近亲属或者工作人员；(3)当事人所在社区、单位以及有关社会团体推荐的公民。

五、行政诉讼的起诉和受理

1. 起诉

起诉，是指公民、法人或者其他组织认为行政行为侵犯其合法权益，依法请求人民法院行使国家审判权给予救济的诉讼行为。

起诉的条件：(1)原告是符合本法第二十五条规定的公民、法人或者其他组织；(2)有明确的被告；(3)有具体的诉讼请求和事实理由；(4)属于人民法院受案范围和受诉人民法院管辖。

起诉应当向人民法院递交起诉状，并按照被告人数提出副本。书写起诉状确有困难的，可以口头起诉，由人民法院记入笔录，出具注明日期的书面凭证，并告知对方当事人。

需要说明的是，对属于人民法院受案范围的行政案件，公民、法人或者其他组织可以先向行政机关申请复议，对复议决定不服的，再向人民法院提起诉讼；也可以直接向人民法院提起诉讼。公民、法人或者其他组织不服复议决定的，可以在收到复议决定书之日起十五日内向人民法院提起诉讼。复议机关逾期不作决定的，申请人可以在复议期满之日起十五日内向人民法院提起诉讼。

公民、法人或者其他组织直接向人民法院提起诉讼的，应当自知道或者应当知道作出行政行为之日起六个月内提出。因不动产提起诉讼的案件自行政行为作出之日起超过二十年，其他案件自行政行为作出之日起超过五年提起诉讼的，人民法院不予受理。

2. 受理

受理，是指人民法院对公民、法人或其他组织的起诉进行审查，对符合法定条件的起诉决定立案审查，从而引起诉讼程序开始的职权行为。

人民法院在接到起诉状时对符合本法规定的起诉条件的，应当登记立案。对当场不能判定是否符合本法规定的起诉条件的，应当接收起诉状，出具注明收到日期的书面凭证，并在七日内决定是否立案。不符合起诉条件的，作出不予立案的裁定。裁定书应当载明不予立案的理由。原告对裁定不服的，可以提起上诉。

起诉状内容欠缺或者有其他错误的，应当给予指导和释明，并一次性告知当事人需要补正的内容。不得未经指导和释明即以起诉不符合条件为由不接收起诉状。

对于不接收起诉状、接收起诉状后不出具书面凭证，以及不一次性告知当事人需要补正的起诉状内容的，当事人可以向上级人民法院投诉，上级人民法院应当责令改正，并对直接负责的主管人员和其他直接责任人员依法给予处分。

人民法院既不立案，又不作出不予立案裁定的，当事人可以向上一级人民法院起诉。上一级人民法院认为符合起诉条件的，应当立案、审理，也可以指定其他下级人民法院立案、审理。

六、行政诉讼一审程序

1. 审理前的准备

审理前的准备是合议庭开庭审理行政案件之前必须经过的诉讼阶段，包括以下各项内容：(1)应向被告发送起诉状副本和应诉通知书，将答辩状副本发送原告；(2)审查决定是否需要并案审理或者分案审理；(3)初步审查诉讼文书和证据材料；(4)决定是否裁定停止行政行为的执行；(5)准备并研究审理本案所需要依据的法律文件。

2. 开庭审理

根据《行政诉讼法》的规定，在第一审程序中应当一律实行开庭审理，不得进行书面审理。审理行政案件不适用调解，但是行政赔偿、补偿以及行政机关行使法律、法规规定的自由裁量权的案件可以调解。

行政诉讼第一审程序的流程包括：(1)庭前准备；(2)出庭情况审查；(3)法庭调查；(4)法庭辩论；(5)合议庭评议；(6)公开宣判。

人民法院审理行政案件，由审判员组成合议庭，或者由审判员、陪审员组成合议庭。合议庭的成员，应当是三人以上的单数。

在案件审理中，被告对作出的行政行为负有举证责任，应当提供作出该行政行为的证据和所依据的规范性文件。被告不提供或者无正当理由逾期提供证据，视为没有相应证据。但是，被诉行政行为涉及第三人合法权益，第三人提供证据的除外。

在诉讼过程中，被告及其诉讼代理人不得自行向原告、第三人和证人收集证据。

原告可以提供证明行政行为违法的证据。原告提供的证据不成立的，不免除被告的举证责任。与本案有关的下列证据，原告或者第三人不能自行收集的，可以申请人民法院调取：(1)由国家机关保存而须由人民法院调取的证据；(2)涉及国家秘密、商业秘密和个人隐私的证据；(3)确因客观原因不能自行收集的其他证据。

人民法院有权向有关行政机关以及其他组织、公民调取证据。但是，不得为证明行政行为的合法性调取被告作出行政行为时未收集的证据。

3. 审理期限

人民法院审理第一审行政案件，应当自立案之日起六个月内作出判决。不过，鉴定、处理管辖权异议和诉讼中止的期间不计算在内。有特殊情况需要延长的，由高级人民法院批准，高级人民法院审理第一审行政案件需要延长的，由最高人民法院批准。

4. 行政诉讼第一审判决

行政诉讼第一审判决有以下四种：

(1) 驳回原告诉讼请求的判决。人民法院经过审理，认为行政行为证据确凿，适用法律、法规正确，符合法定程序的，或者原告申请被告履行法定职责或者给付义务理由不成立的，人民法院判决驳回原告的诉讼请求。

(2) 撤销或者部分撤销行政行为的判决。它是指全部或部分否定行政行为合法并予以全部或部分撤销的判决。有下列情形之一的，判决撤销或者部分撤销，并可以判决被告重新作出行政行为：主要证据不足的；适用法律、法规错误的；违反法定程序的；超越职权的；滥用职权的；明显不当的。

判决被告重新作出行政行为的，被告不得以同一的事实和理由作出与原行政行为基本相同的行政行为。

(3) 履行法定职责的判决。它是指判定被告在一定期限内履行法定职责的判决。

(4) 变更行政处罚的判决。行政处罚明显不当，或者其他行政行为涉及对款额的确定、认定确有错误的，人民法院可以判决变更。人民法院判决变更，不得加重原告的义务或者减损原告的权益。但利害关系人同为原告，且诉讼请求相反的除外。

(5) 确认违法的判决。行政行为有下列情形之一的，人民法院判决确认违法，但不撤销行政行为：行政行为依法应当撤销，但撤销会给国家利益、社会公共利益造成重大损害的；行政行为程序轻微违法，但对原告权利不产生实际影响的。同时，行政行为有下列情形之一，不需要撤销或者判决履行的，人民法院判决确认违法：行政行为违法，但不具有可撤销内容的；被告改变原违法行政行为，原告仍要求确认原行政行为违法的；被告不履行或者拖延履行法定职责，判决履行没有意义的。

(6) 确认无效的判决。行政行为有实施主体不具有行政主体资格或者没有依据等重大且明显违法情形，原告申请确认行政行为无效的，人民法院判决确认无效。

5. 行政诉讼第一审判决的救济机制

当事人不服人民法院第一审判决的，有权在判决书送达之日起15日内向上一级人民法院提起上诉。当事人不服人民法院第一审裁定的，有权在裁定书送达之日起10日内向上一级人民法院提起上诉。逾期不提起上诉的，人民法院的第一审判决或者裁定发生法律效力。

第四节 本章知识点、例题与习题、习题解答、思考题、案例分析

一、本章知识点

我国民事诉讼的内涵、基本原则、主要制度、诉讼程序，诉讼参与人享有哪些权利、如何参与诉讼并获得司法救济等内容。我国刑事诉讼的概念、特点、任务、主要制度、诉讼程序，诉讼参与人的地位、权利义务及其如何寻求司法救济。我国行政诉讼的内涵、特点、受案范围、诉讼程序以及诉讼参与人如何参与诉讼获得司法救济等内容。

二、例题与习题

(一) 判断题

1. 凡是开庭审理的案件，都应当公开审理。

2. 被告人的辩护人和近亲属，经被告人同意，可以提起上诉。

3. 申诉不受时间限制，但不能停止对已发生法律效力的判决、裁定的执行。

4. 除法律另有规定外，民事诉讼管辖的一般原则为原告就被告。

5. 民事诉讼的举证责任是采取“谁主张，谁举证”的举证责任原则。

6. 当事人申请再审，应当在判决生效后两年内提出。当事人申请再审，可停止原裁判的执行。

7. 在未经法庭审判之前，侦查、起诉机关无权从法律上认定被告人或犯罪嫌疑人有罪。

8. 二审死刑判决是发生法律效力的判决，可以交付执行。

9. 二审法院审判，被告人及其法定代理人、辩护人、近亲属上诉的案件和自诉人提出的上诉案件，实行上诉不加刑原则。

10. 我国刑事诉讼可分为五个阶段：开庭、法庭调查、法庭辩论、被告人最后陈诉、评议和宣判。

（二）不定项选择题

1. 在民事诉讼中，符合法定情形应当回避的人员包括（　　）。
A. 审判员　B. 证人　C. 鉴定人　D. 翻译人员

2. 民事诉讼中，当事人对一审判决、裁定不服提起上诉的上诉期分别为（　　）和（　　）。
A. 5 日　B. 10 日　C. 15 日　D. 20 日

3. 某厂会计李某，利用职权贪污国家公款 2 万元，此案应由（　　）立案。
A. 公安机关　B. 检察机关　C. 人民法院　D. 纪委

4. 适用特别程序审理的案件，由起诉人起诉的案件是（　　）。
A. 选民资格案　B. 认定财产无主案
C. 宣告公民失踪案　D. 认定公民限制行为能力案

5. 当事人、被害人及其家属，认为已经发生法律效力的判决有错，可以向人民法院或检察院提出（　　），但不能停止原判决的执行。
A. 起诉　B. 上诉　C. 申诉　D. 反诉

6. 刑事案件的当事人对一审判决不服的，可在判决生效前向上一级人民法院提起上诉，上诉期限为（　　）。
A. 5 天　B. 10 天　C. 15 天　D. 20 天

7. 在一般情况下，刑事案件应当由（　　）的人民法院管辖。
A. 被告人居住地　B. 原告人居住地
C. 犯罪地　D. 被告人工作地

8. 在判决可能因一方当事人的行为难以执行的情况下，对方当事人可以向人民法院申请（　　）。
A. 先行给付　B. 强制执行　C. 财产保全　D. 证据保全

三、习题解答

(一) 判断题

1. ×; 2. √; 3. √; 4. √; 5. √; 6. ×; 7. √; 8. ×; 9. ×; 10. ×。

(二) 不定项选择题

1. ACD; 2. BC; 3. B; 4. A; 5. C; 6. B; 7. C; 8. C。

四、思考题

1. 简述回避制度的法定原因。
2. 对于人民法院的一审民事判决,当事人不服提起上诉的话,应满足哪些条件?
3. 人民法院直接受理的刑事案件有哪些?
4. 在我国,哪些机关享有侦查权?
5. 简述刑事一审程序的基本流程。
6. 在我国,对哪些行政行为的起诉法院不予受理?
7. 中级人民法院有权管辖哪些行政诉讼案件?
8. 行政诉讼起诉时需要满足哪些条件?

五、案例分析

案例一

(行政诉讼法——案例)

1. **案情:** A与B为兄弟,A为18岁,B为16岁。有一天A、B两人在舞厅跳舞,A与田某发生口角并打起来,B便帮助其兄长殴打田某。派出所对A、B两人每人处以50元罚款。田某不服向县公安局申诉,县公安局改各拘留5日,A、B两人不服。

2. **问题:**

(1) A、B两人能否不经上级公安机关复议,直接向县公安局的决定提起行政诉讼?

(2) 假如A、B两人可依法提起行政诉讼,A、B两人、田某、派出所、公安局各在诉讼中处于何地位?

(3) B是否可委托其兄A为其诉讼代理人?

(4) 本案如果提起行政诉讼,应否进行公开审理?

(5) 假如一审法院判决撤销对于A、B两人的处罚,田某是否可以上诉?

(6) 假如县公安局撤销派出所对A、B两人的处罚,田某可否提起行政诉讼?在行政诉讼中，A、B两人、田某、派出所、公安局在诉讼中的地位应如何确定？

3. **答案：**

(1) A、B两人可采取对县公安局的处罚决定不经复议而直接起诉。

(2) A、B两人为共同原告，县公安局为被告，田某为第三人，派出所不是诉讼参加人。

(3) B不能委托A为代理人，因为B是未成年人，应由其法定代理人代为其诉讼。

(4) 本案如果提起行政诉讼，应公开审理。

(5) 假如一审法院判决撤销对A、B两人的处罚，田某是可以上诉的。

(6) 假如县公安局撤销派出所对A、B两人的处罚，田某可以起诉。形成田某为原告，县公安局为被告，A、B两人为第三人，派出所不是本案当事人。

4. **法理评析：**

(1)《治安管理处罚条例》规定，被处罚人如不服公安机关的处罚裁决，应该在收到处罚通知书之日起5日内向上一级公安机关申诉，对申诉的裁决不服的，可向人民法院起诉。在治安案例中，被处罚人不服公安机关的处罚裁决的，一般必须先向上一级公安机关申诉，然后才能向人民法院起诉，不能直接向人民法院起诉。但就有关司法解释，被侵害人或者被处罚人不服公安派出所作出的警告或者50元以下罚款裁决的，向设立该派出所的公安机关申请复议。复议机关改变原裁决，做出50元以上罚款或拘留处罚裁决的，当事人对裁决不服的，可以直接向人民法院起诉。本案中被处罚的A、B两人对县公安局的拘留处罚裁决不服，可以向人民法院直接提起行政诉讼。

(2) A、B两人因共同侵权行为被公安局处罚，县公安局虽然给他们分别以5日拘留的处罚，似乎是两个同样的具体行政行为，但公安局是根据A、B二人共同侵权行为而处罚的，是基于同一事实，同一个具体行政行为，假如起诉，应列为共同原告，应以县公安局为被告，田某为诉讼第三人，派出所不是本案参加人。县公安局改变派出所的处罚裁决后，派出所的处罚裁决即失效，县公安局的复议裁决生效。A、B两人如不服起诉，应以作出复议决定的县公安局为被告。被害人田某为第三人，可以参加诉讼，而派出所由于处罚裁决被县公安局改变故不是本案的参加人。

(3) 我国《治安管理处罚条例》规定，无诉讼行为能力的公民，由其法定代理人代为诉讼。B为未成年人，应由其法定代理人代为诉讼，不能委托他人代为诉讼。当B的父母或兄长为其法定代理人时，B可以委托他们为其代理。

(4)《行政诉讼法》第四十五条规定："人民法院公开审理行政案件，但涉及国家秘密、个人隐私和法律另有规定的除外。"行政案件与刑事案件不同，有关未成年人的案件，除涉及国家秘密和个人隐私外，可公开审理。

(5) 假如一审法院判决撤销了对A、B两人的处罚，田某可以上诉。第三人有权提出与本案有关的诉讼请求，对人民法院一审判决不服的，有权提起上诉。

(6) 假如县公安局的复议决定撤销了对A、B两人的处罚，田某可直接向人民法院提起行政诉讼。这时，田某为原告，县公安局为被告，A、B两人为第三人，派出所不是本案参加人。

案例二

(行政诉讼法——案例)

1. **案情**:2000 年 6 月 20 日晚,原告 A(英籍)同 B、C 与 D(女,19 岁)、E(女,17 岁)在某市晴天饭店舞厅相识。次日晚,A、B、C 将 D、E 带到附近一家饭店嫖宿。A 将 D 带入其包租的 702 房间并与 D 发生性行为,A 送 D 衣物 5 件。当夜被市某公安机关查获。公安机关依照《中华人民共和国治安管理处罚条例》第三十条的规定对 A 进行治安拘留 7 日并处 0.5 万元罚款,其余人另案处理。A 不服裁决,随向市公安局提出申诉。经市公安局复议,维持原裁决。A 不服复议决定,于 2000 年 10 月 16 日向当地基层人民法院起诉,法院对此案采取公开审理。法院认为,A 嫖宿行为成立,事实清楚,证据充分,而 A 虽矢口否认,却不足为信。被告市公安局的复议裁决适用法律正确,程序合法,处罚适当,应予维持。

2. **问题**:

(1) 此案复议机关应是何机关?

(2) 依照我国法律,人民法院审理本案是否合适?

(3) 此案的管辖权是否正确?

(4) 此案审理过程有无程序违法?

(5) 法院的判决应属于何种判决?

3. **答案**:

(1) 此案复议机关是市公安局。

(2) 依照我国法律,法院审理本案是正确的。

(3) 此案的管辖权不正确,其管辖权应是中级人民法院。

(4) 此案不应公开审理,更不应电视转播。

(5) 人民法院的判决属于维持的判决。

4. **法理评析**:

(1) 我国法律规定,在中华人民共和国境内的外国人、无国籍人和外国组织应遵守我国的法律。我国《治安管理处罚条例》第三条规定:"在中华人民共和国领域内发生的违反治安管理行为,除法律有特别规定的以外,适用本条例。在中华人民共和国船舶或者航空器内发生的违反治安管理行为,也适用本条例。"A 在中国的嫖宿行为,已违反了我国治安管理法规,公安机关依照《治安管理处罚条例》第三十条第一款的规定,对 A 作出的行政处罚是正确的。A 若不服公安局的行政处罚裁决,同样有权向上一级公安机关申请复议。其对复议结果不服,可向人民法院提起行政诉讼。我国《行政诉讼法》第七十条规定:外国人、无国籍人和外国组织在中华人民共和国进行行政诉讼,适用本法。法律另有规定的除外。也就是说,外国人、无国籍人和外国组织在我国人民法院起诉时,必须遵守我国《行政诉讼法》的规定。这是国家主权原则在行政诉讼中的体现。具体为:管辖权、审理程序和诉讼地位平等。管辖权:凡属我国人民法院主管的行政案件,依照我国《行政诉讼法》关于诉讼管辖的规定,由有管辖权的人民法院管辖,属于我国人民法院管辖的案件,任何外国对该行政复议无权管辖。审理程序包括:一审、二审程序、审判监督程序,均应适用我国《行政诉讼法》

的规定。行政诉讼中的平等原则:即国际通行惯例,是国家平等原则在行政诉讼法中的具体体现。如果"外国复议对中华人民共和国公民、组织的行政诉讼权利加以限制,我国人民法院对该国公民、组织的行政诉讼权利实行对等原则。"这一规定,既体现国家平等原则,又维护国家的主权与尊严。"法律规定的除外"即我国与外国订立的双边和多边条约的规定。在此案审理中,人民法院充分保护原告的合法权利,二审裁决维持一审裁决是正确的。

(2)《治安管理处罚条例》第三十九条规定:"被裁决受治安管理处罚的人或者被侵害人不服公安机关或者乡(镇)人民政府裁决的,在接到通知后5日内,可以向上一级公安机关提出申诉,由上一级公安机关在接到申诉后5日内作出裁决;不服上一级公安机关裁决的,可以在接到通知后5日内向当地人民法院提起诉讼。"即行政复议机关为本级人民政府或上一级行政主管部门的,在治安管理处罚中,复议机关只能是上一级主管部门——公安局。

(3)《最高人民法院关于执行〈中华人民共和国行政诉讼法〉若干问题解释》第八条规定,凡属"重大涉外或者涉及香港特别行政区、澳门特别行政区、台湾地区的案件",属于中级人民法院管辖。由于本案涉及外国人,所以,该诉讼应属于中级人民法院管辖。

(4) 我国行政诉讼法第四十五条规定:"人民法院公开审理行政诉讼案件,但涉及国家秘密、个人隐私和法律规定的除外。"公开审理是保证判决公正的重要形式之一。而不公开审理,即具备法律规定不公开审理条件的行政案件在开庭审理时,除当事人和人民法院通知到庭的其他诉讼参与人外,不允许与本案无关的人参加、群众旁听和记者采访报道。这是为了保障国家公共安全、保护公民个人隐私以及法人及合法组织权益的需要。

(5) 我国行政诉讼法第五十四条规定对行政诉讼判决作出规定,包括维持的判决、撤销的判决、限期履行的判决和变更的判决。本案属于维持的判决。

案例三

(民事诉讼法——案件)

1. **案情:**1999 年 11 月,A(东方文艺集团中心)、B(西南音像出版集团公司)双方在 C 市签订合同,约定由 A 收集曲目、进行艺术处理并解决有关版权问题,由 B 制作发行名为"世纪之歌"录音磁带一盒(80 分)。后来,A 收集歌曲 15 首在本单位进行艺术处理并制成母带。B 因本公司设备发生故障,公司派员到 C 市文化馆请其协助制作磁带并付 2.3 万元劳务费。磁带在其他三市发行,效果较好。此后,天山乐队认为"世纪之歌"中的第 3、第 4 两首歌曲版权应归其所有;东方红出版社认为第 6、第 7、第 8 三首歌曲版权应归其所有,两单位发现"世纪之歌"署名单位系 A、B,便向人民法院提起起诉。

一审法院将天山乐队和东方红出版社列为原告,A 与 B 列为被告。法院审理后认为,被告行为构成了侵权。2001 年 3 月 17 日,法院将判决书送达双方当事人。由于连降大雨,交通不便,致使被告于 4 月 14 日以"事先曾与天山乐队和东方红出版社打过招呼"为由不服判决,并向法院上诉。经二审法院调解,双方达成协议。被告当即按协议向原告进行赔偿并道歉。法院送达调解书时,原告对调解书中的措辞提出异议并拒绝在送达回执上签字。法院采取留置送达方式。

2. 问题：

(1) 何地法院对本案具有管辖权？

(2) 假如几个法院都有管辖权，原告向其中任一法院起诉，立案后，被告可否要求将此案移交给另一法院？为什么？

(3) C 市文化馆是否可以作为诉讼参与者？

(4) 天山乐队和东方红出版社可否单独起诉？

(5) 假如一审作出判决，B 可否事先约定版权问题由 A 解决而不承担其法律责任？

(6) 假如二审程序，B 提出反诉，声称东方红出版社也曾侵犯其版权，二审法院的程序应如何处理？

(7) 此案诉讼主体的诉讼行为妥当否？应如何处理？

3. 答案：

(1) A、B 和两个发行地法院对本案都有管辖权。我国《民事诉讼法》第二十九条规定，因侵权行为提起的诉讼，由侵权行为地或者被告住所地人民法院管辖。

(2) 先受理的法院无权移送，因为移送管辖必须是本院无管辖权的，先受理的法院本身具有管辖权。

(3) C 市文化馆工作人员可作为此案证人，他们既了解情况又与双方当事人在法律上无利害关系。

(4) 天山乐队和东方红出版社可分别单独起诉，也可以共同起诉。

(5) 根据《民事诉讼法》规定，此案的二审当事人分别应为：上诉人是 B，被上诉人是 A，原审原告为天山乐队和东方红出版社。

(6) 法院应采取在当事人自愿的基础上进行调解，当事人不服调解的可另行起诉。

(7) 假如当事人上诉超过法定期限，可以申请延期或申请再审，否则二审法院不应受理上诉。留置送达调解书方式不妥，法院不能就此结案。当事人拒绝签收的调解书不发生法律效力，法院应当及时通知当事人作出新的判决。

4. 法理评析：

(1) 我国《民事诉讼法》第二十九条规定，因侵权行为提起的诉讼，由侵权行为地或被告住所地人民法院管辖。因此，A、B、C 所在地法院以及磁带发行地法院对本案均有管辖权。

(2) 我国《民事诉讼法》第三十五条、第三十六条规定，两个以上法院都有管辖权的诉讼，原告可以向其中一个法院起诉。原告向有管辖权的法院起诉，应由最先立案的法院管辖。所以，先受理的法院具有管辖权，移送管辖的前提是本院无管辖权。此案先受理的法院(具有管辖权)不得将案件移送管辖。

(3) 我国《民事诉讼法》第七十条规定，凡是知道案件情况的单位和个人，有义务出庭。有关单位的负责人应当支持证人作证，证人确有困难不能出庭的，经人民法院许可，可以提交书面证言。此案 C 市文化馆工作人员可作为本案证人参与诉讼调查。

(4) 此案将天山乐队和东方红出版社的起诉合并审理，是因为该两个起诉的标的是同一种类，且是普通的共同诉讼人。普通的共同诉讼中的两个起诉标的是独立的，因此天山乐队和东方红出版社也可单独起诉。

(5) 我国《民诉意见》第一百八十四条规定，在第二审程序中，原审原告增加独立的诉讼请求或原审被告提出反诉的，第二审人民法院可以根据当事人自愿的原则就新增加的诉讼请求或反诉进行调解，调解不成的，告知当事人另行起诉。此案系原审被告在二审中提出反诉的，符合上述规定。

(6) 当事人不服地方人民法院第一审判决的，有权在判决书送达之日起15日内向上一级人民法院提起上诉。我国《民事诉讼法》第七十六条规定，当事人因不可抗拒的事由或者其他正当理由耽误期限的，在障碍消除后的10日内，可以申请顺延期限，是否准许，由人民法院决定。此案中两被告超过上诉期限且未申请顺延期限而向法院提交上诉状，这时一审判决已发生法律效力，法院应不予受理。根据《民诉意见》第八十四、九十五条规定，调解书应当直接送达当事人，不适用留置送达。当事人因故不能签收的，可由指定的代收人签收。当事人一方拒绝签收调解书的，调解书不发生法律效力，人民法院要及时通知对方当事人。此案法院采取留置送达方式错误。

案例四

(民事诉讼法——案例)

1. **案情**:1993年某村委会将本村养鱼塘平均分给各户承包，承包期为5年。A承包了其中的11个网箱和2个鱼塘。1995年村委会又全部收回网箱和鱼塘搞专业承包，发包给B为首的11人专业队，合同约定承包期为10年。但因管理不便，经村委会同意，B等又将其中A承包过的两个鱼塘转包给了C。次年，A以他与村委会1993年的合同未到期为由，从鱼塘中捞走活鱼600公斤，此事引起纠纷案。村委会调解因不成，即宣布解除其与B等11人的合同，准备重新分包到各户。B等11人的专业队即起诉到法院，请求继续履行合同，C则向法院请求A应返还其600公斤活鱼的款。一审法院将A列为被告，将村委会和C列为第三人。判决后，村委会提出上诉，二审法院发回重审，认为应将村委会和A列为共同被告，C列为第三人。

2. **问题**:

(1) 根据民事诉讼法律关系，法院应如何处理本案纠纷?

(2) 试述A和村委会的诉讼地位的确定。

(3) 试述C和B等11人组成的专业队的诉讼地位的确定。

3. **答案**:

(1) 法院应将两个案件分别立案处理。一是鱼塘承包案，一是侵权赔偿案。分别为两个不同的诉，前者是确认之诉，后者是给付之诉。

(2) A在侵权诉讼中是被告，不是承包纠纷案的当事人。A因C起诉要求，返还其从C承包的鱼塘中捞走的600公斤活鱼的款，成为侵权诉讼中的被告。村委会为承包合纠纷案中的被告，不是侵权诉讼案的当事人。村委会B等的专业队诉至法院，要求继续履行合同，成为承包合同纠纷的被告。

(3) C既是侵权纠纷案的原告，又是承包合同纠纷案的第三人。C因其合法权益受到损害，要求侵权人A返还从其承包的鱼塘中捞走活鱼的款而成为侵权案的原告。承包合同纠纷中，案件处理结果直接决定其与专业队的转包合同能否继续履行，与其有法律上的利害关系，因而是承包纠纷中的第三人。B等11人的专业队是合同纠纷中的原告，非侵权纠纷案的当事人。专业队因诉请法院判决村委会继续履行合同而成为承包合同纠纷的原告。

4. **法理评析**：此案中，两个诉状在法律关系上完全独立。第一，村委会与B等11人签订的鱼塘承包合同，B等11人将其中的两个鱼塘转包给C，后因村委会宣布解除与B等11人承包合同，B等11人诉至法院，要求村委会继续履行该合同，形成一个诉状。该诉状的处理结果与C有法律上的利害关系，所以，C是该诉的第三人。第二，A从C承包的鱼塘中擅自捞走活鱼600公斤，C诉到法院要求甲返还其活鱼的款，是另一个诉状。该诉状中，C为原告，A为被告。村委会擅自宣布解除其与B等11人的鱼塘承包合同，B等11人就此诉至法院，村委会是承包合同纠纷案件的被告，与C提起的侵权纠纷案无关。

案例五

（刑事诉讼法——案例）

1. **案情**：李某与黄某是邻居，两家因宅基地划分长期纠纷不和。2001年9月，李某与黄某又因小事而殴打，李某将黄某殴打致伤，黄某为此花去住院医药费0.77万元。黄B(黄某亲属)获律师帮助，提起自诉于人民法院，请求法院追究李某的刑事责任，并赔偿其经济损失。法院受理后，遂先对刑事部分进行审理，将附带民事诉讼部分由民庭另行处理。在第一审时，黄B提出请求审判员于某回避，理由是于某是李某女儿的高中同桌好友。审判长当即决定于某回避，并宣布本案中止审理。

2. **问题**：

(1) 此案黄B是否有权提起自诉？

(2) 此案中人民法院可否直接受理？

(3) 人民法院决定附带民事诉讼部分由民庭另行处理合法否，为什么？

(4) 黄B申请审判员于某回避的合适否？

(5) 审判长的做法妥当否？

3. **答案**：

(1) 黄B有权提起自诉，他是被害人的近亲。

(2) 法院应直接受理此案，此案属于自诉性质的案件。

(3) 人民法院决定附带民事诉讼部分另行处理不合法。附带民事部分应与刑事部分一并审理。

(4) 黄B申请回避的理由合适。于某符合法律规定的回避条件。

(5) 审判长不可当即决定于某回避，应当上报院长决定于某是否回避。审判长宣布中止审理是错误的，正确做法应延期审理。

4. **法理评析**：

(1) 我国法律规定，被害人、被害人的法定代理人和被害人的近亲属都有权提起自诉。此案中黄B是被害人的儿子，故有权提起自诉。

(2) 我国《刑事诉讼法》第一百七十条规定："自诉案件包括下列案件：……(三)被害人有证据证明被告人侵犯自己人身、财产权利的行为应当依法追究刑事责任，而公安机关或者人民检察院不予追究被告人刑事责任的案件。"此案是邻里之间纠纷引起的,李某有故意伤害的后果,黄B有权向公安机关报案或直接向人民法院起诉。公安机关不予立案受理不合法。

(3) 我国《刑事诉讼法》第七十八条规定:"附带民事诉讼应当同刑事案件一并审判,只有为了防止刑事案件审判过于迟缓,才可以在刑事案件审判后,由同一审判组织继续审理附带民事诉讼。"此案中,附带民事部分不应民庭另行处理,应由同一审判组织一并审理。

(4) 我国《刑事诉讼法》第二十八条规定:"……有下列情形之一的,应当自行回避,当事人及其法定代理人也有权要求他们回避……(四)与本案当事人有其他关系,可能影响公正处理案件的。"本案中,于某是李某女儿高中同桌好友,于某参与审理案件会产生偏袒李某的嫌疑,必须实行回避。

(5) 我国《刑事诉讼法》第三十条第一款规定:"审判人员、检察人员、侦察人员的回避,应当分别由院长、检察长、公安机关负责人决定;院长的回避,由本院审判委员会决定;检察长和公安机关负责人的回避,由同级人民检察院检察委员会决定。"在法庭审理中,当事人及其法定代理人有权要求审判人员或公诉人等回避,由审判长或独任审判员将情况报有权决定的人员或者组织决定后,再由审判长或独任审判员宣布。此案当事人请求有关审判人员回避,宣布延期审理是合适的。

案例六

(刑事诉讼法——案例)

1. **案情:** 2001年6月6日,A、B、C三人以故意伤害罪被分别判有期徒刑9年、7年、4年。判决宣告后第4天,被告人A的辩护人未经A的同意即通过县人民法院提出上诉,被害人唐某也以对"被告人判刑太轻"为由提出上诉。被告人B的家属在接到判决书后第15天,经B同意后以"在共同犯罪过程中未起主要作用,而量刑过重"为由,向县人民检察院提出上诉。二审法院组成合议庭,在案件发生地对共同犯罪案件中A、B分别开庭审理。二审法院觉得一审人民法院对A等共同犯罪一案认定事实准确,审判程序合法,适用法律正确,但量刑不当,便裁定撤销原判发回重审。原审法院以原合议庭再次进行审理,最后作出判决并宣告该判决为最终判决,不得再上诉。

2. **问题:**

(1) 此案上诉提出的不当处有哪些?

(2) 二审人民法院在案件发生地开庭审理是否正确?为什么?

(3) 二审人民法院哪些做法不妥?为什么?

(4) 原审法院在重审中哪些做法不符法律规定?

3. **答案:**

(1) A的辩护人未经本人同意就提出上诉是错误的,法律规定被告人家属和辩护人提出上诉需经过被告人同意;被害人唐某提出上诉是错误的,公诉案件中被害人只能请求人民检察院提出抗诉;B的家属向人民检察院提出上诉是错误的,上诉只能向人民法院提出。

(2) 二审由人民法院在案件发生地进行审理是正确的。法律规定,二审人民法院可到案件发生地或原审法院所在地进行审理。

(3) 二审人民法院仅对A、B的犯罪进行审理是错误的,共同犯罪应当对全案进行审查;二审人民法院发现量刑不当裁定发回重审也是错误的,应依法直接改判。

(4) 由原合议庭重新审理是错误的,发回重审的案件应该重新组织合议庭审理;宣布所作出判决不得上诉是错误的,其做出的判决仍是一审判决,可以上诉或抗诉。

4. **法理评析:**

(1) 我国《刑事诉讼法》第一百八十条规定:"被告人、自诉人和他们的法定代理人,不服地方各级人民法院第一审的判决、裁定,有权用书状或者口头向上一级人民法院上诉。被告人的辩护人和近亲属,经被告人同意,可以提出上诉。"被告人的辩护人和近亲属经被告人同意,才可以提出上诉。我国《刑事诉讼法》第一百八十二条规定:"被害人及其法定代理人不服地方各级人民法院第一审的判决的,自收到判决书后5日以内,有权请求人民检察院提出抗诉。人民检察院自收到被害人及其法定代理人的请求后5日以内,应当作出是否抗诉的决定并且答复请求人。"我国法律未赋予公诉案件中的被害人独立上诉权,只规定了请求抗诉的权利。我国《刑事诉讼法》第一百八十三条规定:"不服判决的上诉和抗诉的期限为10日,不服裁定的上诉或抗诉的期限为5日,从接到判决书、裁定书的第二日起算。"超过上诉或抗诉的期限,又没有法院认定的合理理由,提出上诉或抗诉就不具有法律效力,第一审判决、裁定即告生效。上诉的形式有书面形式和口头形式。此案中B的家属向人民检察院提出上诉是错误的。

(2) 我国《刑事诉讼法》第一百八十七条第二款规定:"第二审人民法院开庭审理上诉、抗诉案件,可以到案件发生地或者原审人民法院所在地进行。"因此,此案第二审人民法院到案件发生地开庭审理是正确的。

(3) 我国《刑事诉讼法》第一百八十六条第二款规定:"共同犯罪的案件只有部分被告人上诉的,应当对全案进行审查,一并处理。"共同犯罪案件中,如果人民检察院只对部分被告人的判决提出抗诉的,二审人民法院也应对全案进行审查,一并处理。

我国《刑事诉讼法》第一百八十九条规定:"第二审人民法院对不服第一审判决的上诉、抗诉案件,经过审理后,应当按照下列情形分别处理:(一)原判决认定事实和适用法律正确、量刑适当的,应当裁定驳回上诉或者抗诉,维持原判;(二)原判决认定事实没有错误,但适用法律有错误,或者量刑不当的,应当改判;(三)原判决事实不清楚或者证据不足的,可以在查清事实后改判,也可以裁定撤销原判,发回原审人民法院重新审判。"此案的二审人民法院应当改判。

(4) 我国《刑事诉讼法》第一百九十二条规定:"原审人民法院对于发回重新审判的案件,应当另行组成合议庭,依照第一审程序进行审判。"原审人民法院重新审判的案件,经过重新审理,其所作出的判决、裁定仍属一审判决、裁定。形式上是第二次判决,但不是由二审法院作出的判决。我国法律规定的两审终审制度是指一个案件经过两级法院审判即告终结,不可误认为同一级或同级法院审理两次即为终审。

第七章 劳动法案例解读

教学目的

通过教学使学生了解和掌握以下内容:使学生从理论与实践两方面深刻理解劳动法对于保障劳动者合法权益的意义;使学生比较全面地理解劳动法的基本原理,掌握劳动法的基本框架;通过案例教学的方法,培养学生理论联系实践的独立思考、独立判断能力,铸造学生的劳动法治意识。

第一节 劳动关系

案例 1

张某与餐饮公司劳动关系争议案

张某于2009年3月进入上海某餐饮集团有限公司(以下简称餐饮公司)担任司机,并以自有的汽车为公司出车。每月工资的一部分为底薪1 800元,另一部分为浮动工资,主要根据出车的里程数计算发放,通过银行卡转账的形式发放。自用工之日起,双方一直未曾签订过书面的劳动合同,张某只从公司领取了一张盖有公司印章的工作证。工作期间,张某直接接受餐饮公司车队经理的领导,每天7点50分开车到公司候命。另外,按照公司规定每次出车都需填写出车单,一式两份,司机自己保留一份,上盖有餐饮公司印章。2009年10月10日,由于业务量骤减,餐饮公司书面通知不再聘用张某,并要求张某自接到通知之日起3日内到公司办理交接手续。张某拒不服从,餐饮公司则未再安排张某出车任务,并禁止张某进入公司。张某申请劳动争议仲裁，要求恢复劳动关系，并由餐饮公司支付应签而未签书面劳动合同的双倍工资。

仲裁审理过程中双方经调解就“恢复劳动关系”的诉讼请求达成一致，张某不再回去工作，公司一次性向张某支付3 000元作为补偿。然而对“应签而未签书面劳动合同而应支付的双倍工资”这一诉请双方分歧很大。餐饮公司认为张某系“带车租赁”，属于个人承包，公司与张某的关系是发包方与承包方的关系，故双方不应受劳动法的调整。张某则向劳动争议仲裁委员会提供了工作证、工资卡、出车单等证据，并向仲裁委申请了证人（原公司职工，现已退休）出庭证明其是餐饮公司的员工。

讨论题

1. 餐饮公司认为张某系“带车租赁”，属于个人承包，公司与张某的关系是发包方与承包方的关系，故双方“不应受劳动法的调整”的说法是否有法律依据？

2. 张某与餐饮公司之间是否存在劳动关系？如何认定劳动关系？

案例2

被派遣单位解除劳动合同案

张某是某外企服务公司派遣到一家外资企业工作的员工，同该外企服务公司签订了为期两年的劳动合同。2006年，该外资企业单方面以公司结构发生重大变化为由向张某发出了解除劳动合同的通知，并让张某当天离开了公司。张某比较纳闷，自己明明是与外企服务公司签订的劳动合同，怎么该外资企业向自己发出了解除劳动合同的通知？于是张某找到了该外企服务公司，被告知会给他书面答复。一个月过去了，该外企服务公司没有给张某任何消息。张某想把该外企服务公司告到仲裁委，但又有点顾虑，不知道是否有胜诉的可能。

讨论题

1. 该案中，被派遣单位向张某发出的解除劳动合同的通知是否有效？

2. 该外企服务公司应当承担什么责任呢？

案例3

“临时工”被解雇案

老王多年前失业在家，为了养活一家人，不得不四处找工作。但由于年龄较大，又没有一技之长，老王一直找不到合适的工作。不久前，街道办事处给老王介绍了一份工作，到一家公司做保洁。看到工资待遇都不错，老王就开始上班了。

公司人力资源部的负责人告诉老王，他从事的保洁工是非全日制的临时工，每天工作8

小时，主要工作是保持工作环境整洁及主管安排的其他工作，不上保险，工资按月发放；老王在公司应当遵守公司的规章制度，服从主管人员的指挥，好好地完成工作。后来，老王在工作中受伤，伤愈后，公司随即与他解除了劳务合同。

讨论题

1. 什么是非全日制用工？

2. 非全日制用工与全日制用工有何区别？

案例 4

何某遭解聘案

何某于2003年6月10日进入非正规就业组织家厨餐饮服务社工作，但未签任何协议。2008年4月25日，餐饮服务社向何先生开具《退出非正规就业劳动组织证明》，并在其《劳动手册》进行退工记载。

2008年6月2日，何某向徐汇区劳动争议仲裁委员会申请仲裁，要求餐饮服务社支付经济补偿金和替代提前通知金。仲裁委以餐饮服务社无营业执照不具备主体资格，双方之间争议不属于受理范围为由，不予受理。何某遂诉至徐汇区人民法院。

何某诉称，自己于2003年6月10日经介绍进入餐饮服务社任杂务工，未签劳务合同。当时约定每月工资650元，之后随本市最低工资标准的调整而调整，最终为每月850元，实际工作至2008年4月25日，但餐饮服务社仅为何某缴纳2008年1月至4月期间社会保险费。何某认为，餐饮服务社终结双方劳务关系，应按劳动法律法规的规定，按自己工作年限支付经济补偿金和替代提前通知金；要求餐饮服务社支付相当于5个月工资的解除劳动合同经济补偿金4 250元(850元×5个月)，相当于1个月工资的替代提前通知金850元。

餐饮服务社辩称，其确为何某缴纳2008年1月至4月期间的社会保险费，但属误缴，并无法律依据。服务社为非正规就业组织，无义务支付经济补偿金和替代提前通知金。

讨论题

法院能否支持何某的诉讼请求？

一、标准劳动关系

认定劳动关系我们主要从三方面入手：

(1) 主体资格。用人单位和劳动者应当都符合法律、法规规定的主体资格。

(2) 接受管理、领取报酬。这一点主要体现在用人单位依法制定的各项劳动规章制度均适用于劳动者，同时劳动者接受用人单位的劳动管理，从事由用人单位安排的有报酬的劳动。

(3) 业务组成。劳动者提供的劳动应是用人单位业务的组成部分。

只要双方的关系同时具备以上特点，则可以认定双方之间存在的是劳动关系。劳动者可通过提交以下证据来证明劳动关系的存在，主要包括：工资支付凭证或记录(职工工资发放花名册），缴纳各项社会保险费的记录；用人单位向劳动者发放的“工作证”“服务证”等能够证明身份的证件；劳动者填写的用人单位招工招聘“登记表”“报名表”等招用记录；考勤记录；其他劳动者的证言等。

二、非标准劳动关系

1. 劳务派遣

第一，劳务派遣及其价值。

劳务派遣是近年来许多企业采取的用工方式，其方式是劳务派遣单位将本单位员工派遣到要派单位工作。在派遣单位与要派单位之间存在劳务派遣关系，要派单位向派遣单位支付管理费、被派遣员工的工资、社会保险等费用，派遣单位负责向要派单位派遣劳动者。

为什么企业用工要采取劳务派遣方式呢？一方面是企业对专业化人才使用要求的需要；另一方面是为了灵活用工，节约劳动成本，如节约人力资源管理成本、节约因解除劳动合同而须支付的经济补偿金成本、节约劳动争议成本等。这种用工方式虽然使追求利润最大化的企业能够灵活用工，实现劳动力资源使用效益的最大化，但极易使劳动者权益“一脚踏空”，使劳动者的权益维护发生困难。

第二，相关法律建议：

(1) 劳务派遣中劳动者、派遣单位、被派遣单位之间是三种不同的法律关系。在这三种法律关系当中，三方的权利义务关系，一定要用书面的形式固定下来，否则一旦引发纠纷，都将受到牵连。

(2) 劳动者一定要意识到自己只与派遣单位有劳动关系。如果发生劳动纠纷，派遣单位应当是第一被告人，应当承担劳动关系中的相关义务，在争议涉及被派遣单位时，才可以将被派遣单位作为共同被告人。因此在选择派遣单位的时候，一定要找有能力承担将来法律风险的派遣单位。

(3) 被派遣单位也要意识到自己与劳动者只是劳务关系，不可以对劳动者行使劳动关系中的权利。例如解除劳动合同、调整工作岗位等，这些行为要通过派遣单位来行使。

2. 非全日制用工

第一，非全日制用工的概念。根据《劳动合同法》第六十八条之规定，非全日制用工，是指以小时计酬为主，劳动者在同一用人单位一般平均每日工作时间不超过4小时，每周工作时间累计不超过24小时的用工形式。需要注意的是，如果是某个个人或者家庭聘请一位清洁工每天做清洁工作，那么这种方式并不构成非全日制用工，而只是一种民事上的雇佣关系。因为在非全日制用工中，必须一方是用人单位。

第二，非全日制用工的特征：

(1) 是否必须签订书面劳动合同。根据《劳动合同法》第六十九条之规定，在非全日制用工中，用人单位可以与劳动者签订书面劳动合同，也可以订立口头协议，两种合同形式均为法律所认可。

(2) 用人单位是否可以与劳动者约定试用期。根据《劳动合同法》第七十条之规定，在非全日制用工中，用人单位不得与劳动者约定试用期。

(3) 劳动合同的解除和终止。根据《劳动合同法》第七十一条之规定，非全日制用工双方当事人任何一方都可以随时通知对方终止用工；并且终止用工，用人单位无须向劳动者支付经济补偿。

(4) 劳动报酬支付周期。在非全日制用工中,劳动报酬结算支付周期最长不得超过15日。

(5) 社会保险的缴纳。根据上海市的相关规定,社会保险费由用人单位向劳动者个人支付,然后劳动者自行向劳动部门缴纳。[①]

(6) 工资报酬。非全日制用工小时计酬标准不得低于用人单位所在地人民政府规定的最低小时工资标准,从2014年4月1日起,上海市非全日制小时最低工资标准为17元,且小时最低工资标准不包括个人和单位依法缴纳的社会保险费。

3. 劳务关系

劳务关系,是劳动者与用工者根据口头或书面约定,由劳动者向用工者提供一次性的或者是特定的劳动服务,用工者依约向劳动者支付劳务报酬的一种有偿服务的法律关系。劳务关系是由两个或两个以上的平等主体,通过劳务合同建立的一种民事权利义务关系。该合同可以是书面形式,也可以是口头形式和其他形式。其适用的法律主要是《中华人民共和国合同法》或《民法通则》相关规定。

劳务关系的特点如下:

(1) 是一种准劳动关系。

(2) 用工方不具备劳动法中用人单位的主体资格,或者具备主体资格但工作内容具有临时性。

(3) 由用工方提供工作环境和工作条件。

(4) 根据用工方的指示从事生产经营活动。

(5) 由用工方承担在劳作过程中人身伤害的风险。

三、案例分析

【案例1】本案中,双方均符合法律规定的主体资格;张某向劳动仲裁提供了工作证、工资卡、出车单、证人证言等证据,证明张某在职期间接受餐饮公司的管理,而餐饮公司也向其支付劳动报酬;同时张某出车也是餐饮公司的业务组成。综合这三方面,可以确定双方之间存在的是劳动关系。[②]最终,劳动仲裁委员会依法裁决餐饮公司向张某支付应签未签书面劳动合同而应支付的双倍工资。

【案例2】为了解决劳务派遣而引发的劳动争议,最高人民法院《关于审理劳动争议案件适用法律若干问题的解释(二)》第十条规定:"劳动者因履行劳动力派遣合同产生劳动争议而起诉,以派遣单位为被告;争议内容涉及接受单位的,以派遣单位和接受单位为共同被告。"

根据这一规定,张某可以将该外企服务公司诉诸劳动仲裁,同时由于该外资企业向张某发出的解除劳动合同的通知是无效的,该外资企业也应承担法律责任,张某可以将其作为共同被告,要求其承担连带责任,以保护自己的合法权益。

---

① 唐付强. 非全日制劳动者的权益保障. [2008—09—14]. http://www.news365.con.cn/zc/2008091t20080914_0025961.htm。

② 参见邹洋. 劳动关系如何定? 新民晚报,2010—4—14.

【案例 3】在本案中，老王每天工作 8 小时。因此，老王与单位之间并不构成非全日制用工，而是全日制用工。

【案例 4】本案中的餐饮服务社为非正规就业组织，①并非《劳动法》意义上的用工主体。故何某与其之间并非受《劳动法》调整的劳动关系，而为一般民事法律关系中的劳务合同关系，受一般民事法律法规的调整。现何某要求餐饮服务社承担劳动权利、义务关系中的用人单位应承担的法定责任，缺乏法律和合同依据，法院对此不予支持。法院判决的法律依据为《民法通则》第六条。2008 年 7 月，徐汇区人民法院判决驳回何某的诉讼请求。

相关法规链接

《中华人民共和国劳动合同法》

第二条　中华人民共和国境内的企业、个体经济组织、民办非企业单位等组织(以下称用人单位)与劳动者建立劳动关系，订立、履行、变更、解除或者终止劳动合同，适用本法。

国家机关、事业单位、社会团体和与其建立劳动关系的劳动者，订立、履行、变更、解除或者终止劳动合同，依照本法执行。

第二节　劳动合同

一、事实劳动关系

案例 5

未签劳动合同者离职后诉原单位案

劳动者在用人单位工作半年多后，用人单位仍然未与劳动者签订劳动合同，劳动者炒了用人单位的鱿鱼后，要求其支付双倍工资。北京市通州区人民法院判决用人单位为不签订劳动合同支付双倍工资。

法院经审理查明，农民工王某于 2007 年 9 月 4 日到被告某公司从事跟单员工作，双方未签订书面劳动合同。工作以后，原告即要求与被告签订劳动合同，但被告一直未给予回应。原告工作期间，被告支付了原告 2007 年 10 月至 2008 年 2 月的工资，汇入原告的银行卡。同时，被告将案外人邱某的工资 9 422.66 元也误汇入了原告的银行卡，双方为退还误汇工资问题产生纠纷。

---

① 非正规就业劳动组织，是指组织失业人员、协保人员、农村富余劳动力，通过开发社区服务业、家庭工业和工艺作坊等小型制作业，为单位提供社会化服务等进行生产自救，以获得基本的收入和社会保障的一种社会劳动组织。它是特殊就业政策的产物，没有被《劳动合同法》和《劳动合同法实施条例》纳入用人单位的范畴。

2008年3月26日原告离开被告公司，并于2008年9月8日申请劳动仲裁，劳动争议仲裁委员会以超过时效为由不予受理。原告遂于2008年9月向通州区人民法院提起诉讼，请求被告支付原告未签订书面合同的双倍工资4 800元、支付2008年3月工资1 600元及赔偿金2 720元、支付解除合同补偿金1 600元。

讨论题

1. 本案中，劳动争议仲裁委员会以超过时效为由不予受理是否符合法律规定？
2. 原告请求被告支付原告未签订书面合同的双倍工资是否有法律依据？
3. 原告请求被告支付赔偿金、支付解除合同补偿金能否得到法院支持？

案例6

冒名获签劳动合同案

王某因学历较低，在求职中四处碰壁，遂用其哥哥的身份证及学历证书到甲公司应聘，顺利通过了面试，并与公司签订了劳动合同。不想3个月后，他在车间意外受伤，公司在为其申报工伤时，被工伤保险部门审核出王某系冒名顶替。工伤保险部门拒绝支付其工伤保险待遇，公司也认为他存在欺诈行为而不予工伤赔偿，遂引发劳动争议。

王某代理人认为，虽然王某有错在先，但其本人实际上在甲公司工作，接受公司管理，并领取工资报酬，符合劳动关系成立的要件，应当视为与甲公司建立了事实劳动关系。

甲公司则认为，第一，事实劳动关系是指劳动者与用人单位未签订劳动合同，但劳资双方符合法律、法规规定的主体资格，劳动者实际上已成为用人单位的成员，遵守其规章制度，接受其管理。甲公司在用工之日起即主动与王某签订劳动合同，没有不愿签订劳动合同的主观故意。第二，《劳动法》第十八条第二款、《劳动合同法》第二十六条第一款规定采取欺诈、威胁等手段订立的劳动合同全部或部分无效。王某冒名顶替与甲公司订立劳动合同，有效劳动合同的最基本条件——签订合同的主体不符合法定有效条件，导致劳动合同全部条款均不能发生法律约束力，因此应属于劳动合同全部无效。

讨论题

本案中王某采用冒名顶替的方式与甲公司签订劳动合同，这种情况能否认定王某与甲公司建立了事实劳动关系？

相关法律知识：

1. 事实劳动关系及其要件

事实劳动关系，是指劳动者与用人单位未签订劳动合同，但劳资双方符合法律、法规规定的主体资格，劳动者实际上已经成为用人单位的成员，遵守其规章制度，接受其管理。

事实劳动关系主要包括实质要件和形式要件两方面：从实质要件而言，首先是劳动者已经提供劳动行为；其次是劳动者已经成为用人单位成员，如用人单位提供报酬、福利待遇；最后是劳动者已纳入用人单位的劳动管理体系。形式要件即劳动者与用人单位之间并没有签订合同，主要有以下几种情形：(1)应签而未签订劳动合同；(2)以口头协议代替书面劳动合同;(3)劳动合同期满没有终止也没有续签而形成的事实延续的劳动关系;(4)无效劳动合同导致的事实劳动关系。

2. 劳动合同期满后的处理

劳动合同期满后,劳动者继续为用人单位提供劳动,用人单位未表示异议,但未续订书面劳动合同的,当事人应及时补订书面劳动合同。如用人单位已尽诚实信用义务,而劳动者不与用人单位订立书面劳动合同的,又可分为两种情况,一种是劳动者拒绝订立书面劳动合同但继续履行原权利义务的,用人单位可以书面通知劳动者终止劳动关系,并依照《劳动合同法》第四十七条规定支付经济补偿;另一种是劳动者拒绝订立书面劳动合同并拒绝继续履行原权利义务的,视为劳动者单方终止劳动合同,用人单位应支付劳动者已实际工作期间的相应报酬,但无须支付经济补偿金。

二、无固定期限劳动合同

案例 7

林某拒绝解除劳动合同案

1994 年 9 月,30 岁的林东被沈阳市一家证券经纪有限公司聘用,从事内勤工作。这一干就是 13 年多,总共跟公司签订了 13 份劳动合同,1 年 1 次。2008 年 4 月份的一天,林东却意外地被公司经理通知,公司即将合并,在合并前要解除和林东的劳动合同,林东当即向经理表示反对。然而次日上班时,公司的保安表示已经接到经理的通知,不允许林东再进入办公区。无奈之下,林东只得来到沈阳市劳动争议仲裁委员会讨要说法。

讨论题

被炒职工能否最终签订无固定期劳动合同?

案例 8

副总经理当门卫案

1996 年,陈先生到某公司工作,2001 年签订劳动合同后任公司副总经理。2007 年 7 月,陈先生因重病请假一年。一年后,公司只同意签订两年期限合同,同时把原本任副总经理的陈先生派去当门卫,月薪从 4 500 元缩水到 1 000 元。陈先生不同意。公司称法律规定可签订无固定期限合同,但并未规定签订与原职位一样的合同。陈先生已病假一年,不具备继续担任公司副总的能力,考虑到双方签订无固定期限劳动合同,才安排其做公司门卫。

讨论题

符合签订无固定期条件,未续签劳动合同怎么办?

相关法律知识：

无固定期限劳动合同，是指用人单位与劳动者约定无确定终止时间的劳动合同。所谓无确定终止时间，是指劳动合同没有一个确切的终止时间，劳动合同的期限长短不能确定，但并不是没有终止时间。只要没有出现法律规定的条件或者双方约定的条件，双方当事人就要继续履行劳动合同规定的义务。一旦出现了法律规定的情形，无固定期限劳动合同也同样能够解除。

无固定期限劳动合同的特征如下：

(1) 劳动合同不约定存续期限，这是无固定期限劳动合同区别于固定期限劳动合同的显著特征；

(2) 除非存在法定或约定合同解除的情形，否则该合同直至劳动者退休才终止。

三、试用期规定

案例 9

周某试用期遭解雇案

2008 年 5 月，法学研究生周莉莉通过人才招聘进入一家大型中外合资企业工作，双方签订了期限自 2008 年 5 月至 2010 年 6 月的劳动合同，合同约定周莉莉担任法律部法务经理职务，每月工资人民币 25 000 元，试用期为 2 个月。同年 7 月初，企业人事部门在对周莉莉进行试用期的综合考察和评估中发现，业务部门向周莉莉咨询“法定代表人的定义、职位范围及法律责任”过程中，周莉莉仅回答：“现有法律法规中无直接规定，内容散落于多部法律、规定中”，并附了长达数十页的法律条文。同时企业向其咨询“中标通知书相关法律责任问题”时，周莉莉均提供法律责任的理论观点，没有实质性和可操作性的观点，后该项工作还是经企业原法律部经理修改才得以完成。由此，企业根据劳动合同中如周莉莉在任职期间不能胜任企业安排的工作任务的，视为不符合约定的录用条件，解除与周莉莉的劳动合同关系。7 月底，周莉莉不服企业的解除行为，申请劳动争议仲裁，被裁决不予支持。

法院审理过程中，周莉莉认为，自己在任职前向企业提交了入职申请，该申请得到了企业领导的审核，在任职过程中，自己也兢兢业业地工作。7 月初，企业以不符合任职要求为由单方解除劳动合同的行为，既不合理亦不合法，严重侵犯了自己的权益，要求企业继续履行劳动合同。企业则认为，周莉莉在试用期内不能胜任企业法务经理职位的工作，依据法律规定及合同约定解除与其的劳动合同是合法的，在解除劳动关系的程序上无懈可击，现同意仲裁裁决，不同意诉讼请求。

讨论题

1. 试用期用人单位能否解除劳动合同？

2. 法院对该案应如何处理？

相关法律知识：

1. 试用期的期限

试用期的期限与劳动合同期限的长短挂钩：

(1) 劳动合同期限3个月以上不满1年的，试用期不得超过1个月。

(2) 劳动合同期限1年以上不满3年的，试用期不得超过2个月。

(3) 3年以上固定期限和无固定期限的劳动合同，试用期不得超过6个月。

2. 试用期的限制

(1) 同一用人单位与同一劳动者只能约定一次试用期。

(2) 以完成一定工作任务为期限的劳动合同不得约定试用期。

(3) 劳动合同期限不满3个月的，不得约定试用期。

(4) 试用期包含在劳动合同期限内。劳动合同仅约定试用期的，试用期不成立，该期限为劳动合同期限。

3. 试用期的工资规定

(1) 不得低于本单位相同岗位最低档工资的80%，并不得低于用人单位所在地的最低工资标准。

(2) 劳动合同约定工资的80%，并不得低于用人单位所在地的最低工资标准。

四、劳动合同的变更

案例 10

杜某拒绝劳动合同变更案

杜某应聘到某销售公司工作，并签订了3年的劳动合同。该劳动合同约定，杜某担任销售主管，月工资为6 000元。因市场形势不好，公司与杜某协商将其工资调整为5 000元，杜某未提出异议。随后，由于该公司产品在市场中占有份额进一步减少，公司决定进行组织结构调整，杜某被公司安排做销售代表，但杜某提出不能降低工资待遇，公司不同意杜某所提要求。杜某随后一个星期没有到公司上班，公司以杜某旷工为由解除了劳动合同。杜某同意解除劳动合同，但要求公司支付解除劳动合同的经济补偿金。单位对之不予理睬。

讨论题

请问杜某如何来维护自己的权利？

案例 11

员工拒绝变更工作地点案

有4名员工在旅顺一家单位工作了5年到11年不等。2007年11月,该单位在未与他们协商的情况下,变更了他们的工作地点,把他们安排到总公司下属的其他单位,而那些单位大多在外省。对于单位的这一安排,4名员工当即提出异议,也未到新单位报到,并要求恢复原工作岗位及发放工资等。双方僵持不下,2008年1月,4名员工被下达了"自动离职通知"。此后,4名员工与该单位多次协商未果,无奈之下于2008年9月将该单位告上法院,要求其支付解除劳动合同经济补偿金、加班工资、拖欠的工资等。

在庭审过程中,作为被告的用工单位辩称,该4名员工已被变更到其他单位工作,从2008年以后不再为该单位提供任何劳动,其行为属于"擅自离职",无权主张2008年那段时间的工资。

讨论题

1. 这4名员工的行为是否属于"擅自离职"?

2. 他们要求其支付解除劳动合同经济补偿金、加班工资、拖欠的工资能否得到法院的支持?

相关法律知识点:

劳动合同的变更,是指在劳动合同开始履行但尚未完全履行之前,因订立劳动合同的主客观条件发生了变化,当事人依照法律规定的条件和程序,对原合同中的某些条款修改、补充的法律行为。劳动合同的变更主要反映在五个方面:一是生产工作任务的增加或减少;二是生产工作任务的变化;三是合同期限长短的变动;四是劳动工种或岗位的变动;五是劳动报酬的增加或减少。

劳动合同的变更具有以下特点:

(1) 劳动合同不能随意变更,只有当订立劳动合同时所依据的主客观情况发生变化,致使劳动合同中一定条款的履行成为不可能、不必要或影响到当事人权益的情况下,劳动合同才进行变更。

(2) 变更劳动合同必须在劳动合同的有效期内进行,劳动合同期满后是不能再变更的。

(3) 劳动合同变更的对象,只限于劳动合同中的部分条款,且需要变更的条款应当是尚未履行或者尚未完全履行的有效条款,已履行完毕的条款则无变更的必要。

(4) 需要变更的劳动合同条款是依法可变更的条款,依法不应作为变更对象的条款,即法律不允许变更的条款,不得进行变更。

五、劳动合同的解除

案例 12

王某遭解雇案

小王系大学应届毕业生，2008 年 8 月小王进入了他人生中第一家正式的用人单位——上海某广告设计公司（以下简称广告公司）从事广告宣传策划工作，双方签订了一份为期 3 年的劳动合同，并约定试用期为 3 个月。顺利通过试用期后，小王的工作也慢慢步入了正轨，并且渐入佳境，短短的半年时间里，他便为公司创造了上百万的业务量。

在工作能力得到认可后，2009 年 2 月，广告公司分配给小王一个颇具难度的广告宣传计划，并要求由其独立负责完成。与此同时，他还需要协助其上级主管完成公司里其他的工作业务。然而，小王毕竟只是一个从学校里刚刚毕业没多久的学生，再加上平时的工作任务也十分繁重，由他负责的广告宣传计划最终因漏洞百出、想法不切实际而流产。广告公司对小王的表现十分不满。2009 年 7 月 7 日，小王收到了由广告公司发出的解除劳动合同通知书，要求小王自接到通知后立即到相关部门办理离职交接手续，公司愿意支付 1 个月的工资作为代通金，解聘理由为不能胜任工作。对于广告公司的做法，小王无法理解，他认为自己平时工作十分出色，现在仅仅只是一次工作任务未完成而已，怎么就变成了不能胜任工作？公司怎能因此就将其解雇了呢？小王遂向劳动争议仲裁委员会申请仲裁，要求确认广告公司解除劳动合同违法并支付相应的经济赔偿金。

讨论题

1. 公司能否证明小王不能胜任工作？
2. 何为不能胜任工作？
3. “不能胜任工作”与“末位淘汰制度”有什么不同？

案例 13

李某遭辞退案

2008 年 9 月 11 日，老李经应聘进入上海某滚动轴承有限公司（以下简称轴承公司）工作，岗位为电工，主要负责设备检修、电路排线等工作。双方签订了一份为期两年的劳动合同，约定老李每月工资为 2 200 元。工作期间老李应当服从上级领导的安排，认真及时地完成分配给他的工作任务。2009 年 11 月 6 日，轴承公司由于搬迁至新址，经理安排老李负责新厂房的电路排线工作，但并未指定完工期限。2009 年 11 月 9 日，经理见到老李后要求他在 3 天之内必须完成该工作，而老李则向经理提出现在公司里只有自己一个电工，如此大的工作量仅凭一人之力至少要10天以上才能完成，经理不仅不予理睬反而变本加厉要求老李当天就要完成，如果做不完就走人。第二天，由于老李未完成分配的工作，经理口头通知其由于不服从上级安排且未及时完成工作任务。因此公司决定辞退老李，并要求他立即到相关部门办理离职交接手续。接到通知后的老李手足无措，一片茫然，在朋友的建议下老李申请了劳动仲裁。

开庭审理过程中，轴承公司提出老李上班期间经常游手好闲不认真工作，而且平时就差错百出，这次又不服从安排未及时完成工作任务，所以公司才决定与其解除劳动关系，但是就上述事实轴承公司并未提供任何书面证据。面对公司的指责老李称对方是无事生非，希望劳动仲裁委能公正判决。

讨论题

本案应如何处理？

相关法律知识：

1. 企业单方解除劳动合同的事由“不能胜任工作”作为法律规定的用人单位可以单方解除劳动合同的事由之一，与我们日常生活中理解的不能胜任工作还是有所不同的，并不是劳动者无法完成一项工作任务或工作能力差导致不称职用人单位马上就可以解除劳动合同，而是需要经过“两次证明不能胜任工作”后方能解除。同时，有很多人错误地认为“不能胜任工作”与“末位淘汰制度”完全是一回事，其实这二者无论在含义或操作程序上都有着明显的区别。

从字面含义来看，“不能胜任工作”其实就是指经考核后，劳动者因能力欠缺或其他原因完全或部分不能达到既定的考核目标，例如劳动者不能及时地完成工作任务、未充分履行岗位职责等。

从实务操作的层面来看，“不能胜任工作”而解除劳动合同应当具备四个条件：

(1) 要有一套行之有效的考核标准体系，具体包括考核目标、考核方法、考核结果等。考核标准的存在是认定“不能胜任工作”的前提与基础。同时，由于涉及劳动者切身的利益，所以在制定考核标准时，用人单位应当经过民主公示程序，征询并尊重全体职工和工会的意见。

(2) “第一次不能胜任”，即经过第一次考核后劳动者被证明未达到考核目标。

(3) 经过培训或者调整工作岗位。在第一次被证明不能胜任工作后，用人单位应当对劳动者进行培训或者调整工作岗位。其中如果选择调岗的，该调整应具有合理性，而不能随意安排。

(4) “第二次不能胜任”，指劳动者经过培训或调岗后再一次经考核被证明不能胜任工作。

经过上述四个步骤之后，用人单位才获得了单方解除劳动合同的权利，缺少任何一个程序都将导致用人单位解除劳动合同的行为违法。同时，用人单位依据“不能胜任工作”解除劳动合同的，还应当提前1个月通知劳动者或者选择额外支付一个月的工资作为补偿。

2. “不能胜任工作”与“末位淘汰制度”的区别

末位淘汰制是现代人力资源管理科学发展的产物，在国外很多大型的跨国公司中极为盛行，其与不能胜任工作有很多相同之处。例如，二者都需设定一定的考核标准，而且都通过考核进行人员的流动与重新配置。但是,“不能胜任工作”与“末位淘汰制度”也存在着明显的区别。

(1) 二者的考核方法、考核目的不同。末位淘汰制通过考核后只是将企业内部现有人员的能力进行从上到下的有序排列,处于末位的员工将被淘汰;而“不能胜任工作”的考核则是设定一个合格标准,经考核后超过该标准的即为胜任工作,未超过的则为不胜任,被证明不胜任后用人单位首先应当进行调整,帮助员工胜任工作而不是解除劳动关系。换句话说,末位淘汰制淘汰掉的完全有可能是胜任工作的员工,而不能胜任的员工则并不一定会被淘汰。

(2) 二者的操作流程不同。“不能胜任工作”需要先证明员工不能胜任工作,再对其进行培训或调岗,之后再被证明不能胜任工作的员工才会被解除劳动合同,而末位淘汰制则无此要求。值得注意的是,由于用人单位单方解除劳动合同的理由必须由法律法规规定。因此,作为一种非法定事由“末位淘汰制”在我国现行的法律框架下已经很难再进行操作。

3. 用人单位的用工自主权

《劳动合同法》在向保护劳动者合法权益倾斜的同时,也赋予了用人单位一定的用工自主权。在符合法律规定的特殊情形下,用人单位可以依法提前解除劳动合同。这些情形具体可以分为四大类:

第一类,当用人单位与劳动者就解除劳动合同经协商达成一致时,劳动关系可以提前解除;

第二类,如果劳动者存在一定过错,用人单位可以单方解除劳动合同。当然这些过错的种类都是由法律法规事先明确的,用人单位与劳动者不能进行约定。其中主要包括:(1)劳动者在试用期间被证明不符合录用条件的;(2)劳动者严重违反用人单位的规章制度的;(3)劳动者严重失职,营私舞弊,给用人单位造成重大损害的;(4)劳动者同时与其他用人单位建立劳动关系,对完成本单位的工作任务造成严重影响,或者经用人单位提出,拒不改正的;(5)劳动者以欺诈、胁迫的手段或者乘人之危,使用人单位在违背真实意思的情况下订立或者变更劳动合同的;(6)劳动者被依法追究刑事责任的。

第三类,劳动者尽管没有过错,但是由于出现一些特殊情况,此时用人单位也可以解除劳动关系。比如,劳动者患病或者非因工负伤,在规定的医疗期满后不能从事原工作,也不能从事由用人单位另行安排的工作的;或者出现劳动者不能胜任工作,经过培训或者调整工作岗位,仍不能胜任工作的;或者劳动合同订立时所依据的客观情况发生重大变化,致使劳动合同无法履行,经用人单位与劳动者协商,未能就变更劳动合同内容达成协议的。

第四类为经济性裁员,此时用人单位往往因陷入困境或进行了重大调整,需要裁减大量人员,只要按照一定法律程序,劳动关系也可提前解除。此类情况主要包括:用人单位依照企业破产法规定进行重整的;用人单位生产经营发生严重困难的;企业转产、重大技术革新或者经营方式调整,经变更劳动合同后,仍需裁减人员的;其他因劳动合同订立时所依据的客观经济情况发生重大变化,致使劳动合同无法履行的等。

以上列举的四类形式基本涵盖了用人单位可以合法地提前解除劳动合同的所有情况。在现行法律框架下,用人单位依据其他事由解除劳动合同的做法将被视为违法。当然,尽管其具有法律规定的解除事由,但是用人单位并没有依照法律规定的程序来操作也可能被认定为违法。

4. 末位淘汰制

末位淘汰制这一绩效管理方式，由美国通用电气公司前CEO杰克·韦尔奇首先提出，并于20世纪90年代传入中国，目前也受到国内一些企业的追捧。这种管理模式，在促使员工增强危机意识、竞争意识，从而最大限度地挖掘员工潜力，达到个人绩效的最大化方面有其积极的意义。然而，在中国的现有法律环境下，末位淘汰制是否有其存在的现实土壤，其合法性又如何？

(1) 排名末位是否等同于“不能胜任工作”？“不能胜任工作”，通常是指不能按要求完成劳动合同中约定的任务或者同工种、同岗位人员的工作量，而在绩效考核中，必定有排名末位的员工，排名末位与能否胜任工作不可划一，不具有直接相关性。举例而言，一组员工有50人，如果做绩效考核，肯定有排名靠在最后一位的，可能这50人均不能胜任工作，也可能只有前25名才可以胜任工作而后25名不能胜任工作，但是也有一种可能，那就是排名末位的这位员工也完全可以胜任工作。因此，排名末位与“不能胜任工作”并非同一回事。

(2) 末位淘汰制的合法性分析。末位淘汰制引起了人们的广泛关注，有人认为末位淘汰制属于违法，本身就应该被淘汰。这种观点值得商榷。我们不能将末位淘汰制全盘否定、一味地说NO。末位淘汰制，顾名思义是“将工作业绩末位的员工淘汰掉”。然而，末位淘汰主要表现于以下三种形式：(1)调整工作岗位；(2)合同到期不续签；(3)公司提前单方解除劳动合同，对于这三种表现形式的合法性需区别对待。

首先，关于调整工作岗位。用人单位是否可以调整在绩效考核中排在末位的员工的工作岗位？在司法实践中，如果用人单位要调整员工的工作岗位，通常是以合理性为标准，即用人单位需要举证调整员工工作岗位的合理性。是否合理，一般以员工是否胜任工作为标准。如果用人单位能够证明员工不能胜任工作的话，也属于合法。

其次，关于合同到期不续签。劳动合同的签订以双方公平、平等自愿、协商一致为原则，任何一方均有不与对方签订或者续签劳动合同的权利。因此，在这种情形下，合同到期，如果公司不与员工续签劳动合同，除了某些法定顺延情形及必须签订无固定期限劳动合同的，一般也不会被法律所否定，属于一种合法状态。

最后，关于公司提前单方解除劳动合同。《劳动合同法》关于劳动合同的解除的规定是一种法定化的制度设计，在哪些情形下用人单位与劳动者可以解除劳动合同都是由法律事先明确界定的，不允许用人单位与劳动者进行约定，更不允许用人单位任意创设。因此，当单位以员工在绩效考核中处于末位而与其单方解除劳动合同，其违法性是显而易见的。更有甚者，还有一些企业打着“减员增效”的旗号，将考试不及格作为公司裁员的理由。依据现行法律，排名末位及考试不及格均不能够成为用人单位解除劳动合同的理由。即使是员工不能胜任工作，根据《劳动合同法》第四十条之规定，也需要给员工培训或者调整工作岗位，只有在培训或者调整工作岗位后仍不能胜任工作的，用人单位才可以与其解除劳动合同。

六、劳动合同的终止

案例 14

劳动合同“霸王条款”案

小李被一家公司招用，担任产品销售员。当时也签订了劳动合同，但其中有这么一条，即一旦销售不好造成库存积压，公司有权选择和任何一位销售员终止劳动合同。小李觉得这个条款有点问题，心里很疑惑，就到市总工会来咨询。

讨论题

劳动合同的终止条件能否由当事人约定？

案例 15

职工质疑劳动合同终止条款案

2008 年 5 月，某压力容器制造公司成立。因该公司生产的产品属特种设备，要求焊工具备压力容器焊工证，但该类人员稀缺，一时难以招聘，公司遂决定招聘部分普通焊工上岗后进行岗位技能培训，然后再委托质量监督部门考核认证。很快，人力资源部招聘了 20 名普通焊工，并与他们签订了为期一年的劳动合同，约定试用期 1 个月，主要考核劳动态度。同时，在合同附件中约定了如下条款：为满足工作需要，甲方（公司）将在 3 个月内统一安排乙方（职工）进行专业焊接培训，培训结束后组织认证考核。如乙方考核不通过无法取得操作证，合同自然终止，并且不能享受经济补偿。3 个月后，经考核，部分焊工没有取得操作证，公司遂依照约定终止了劳动合同。但这些职工提出，《劳动合同法》实施后，双方不能再约定劳动合同的终止条件，劳动合同附件中的约定是无效的，并以此为由诉至当地劳动争议仲裁委员会。

讨论题

1.《劳动合同法》实施后，双方能否再约定劳动合同的终止条件？

2. 仲裁委员会能否支持这些职工的申诉请求？

相关法律知识点：

1. 劳动合同终止条件的约定

关于劳动合同终止条件的约定，我国《劳动法》第二十三条规定：“劳动合同期满或者当事人约定的劳动合同终止条件出现，劳动合同即行终止。”该条款赋予了劳动合同主体双方意思自治的权利，且《劳动法》中规定了合同终止可以不对劳动者支付经济补偿。但该条款被《劳动合同法》第四十四条、《劳动合同法实施条例》第十三条所修改，上述条款明确了劳动合同终止应当严格按照《劳动合同法》第四十四条中列举的五种终止条件执行，用人单位与劳动者不得约定其他的劳动合同终止条件。

2. 劳动合同期满终止与劳动合同逾期终止

许多用人单位在劳动合同管理过程中，经常会出现劳动合同逾期，但双方仍保持劳动关系的现象。这是由于用人单位劳动合同管理环节的疏忽而导致的。劳动合同期满终止与劳动合同逾期终止属于不同的法律概念。

(1) 劳动合同逾期终止不能等同于劳动合同期满终止。劳动合同期满，用人单位终止员工的工作，让员工办理离职手续，终止双方的劳动关系，这属于劳动合同法定终止事由。劳动合同期满后，用人单位没有终止员工的工作，员工继续为单位提供劳动，形成了事实劳动关系。在续订劳动合同不能达成一致意见的情形下，终止劳动关系的属于劳动合同逾期终止。

劳动合同期满终止的，依据《劳动合同法》第九十七条第三款的规定："本法施行之日存续的劳动合同在本法施行后解除或者终止，依照本法第四十六条规定应当支付经济补偿的，经济补偿年限自本法施行之日起计算。"

(2) 劳动合同逾期终止应当适用什么法律，是实践当中争议比较大的一个问题。依据原劳社部 2005 年 12 号文《关于确立劳动关系有关事项的通知》规定："用人单位招用劳动者符合第一条规定的情形的，用人单位应当与劳动者补签劳动合同，劳动合同期限由双方协商确定。协商不一致的，任何一方均可提出终止劳动关系……用人单位提出终止劳动关系的，应当按照劳动者在本单位工作年限每满一年支付一个月工资的经济补偿金。"

依据《劳动合同法实施条例》第五条和第六条的规定，用工 1 个月内，劳动者不愿意与用人单位签订劳动合同，用人单位可以终止劳动关系，且无须支付经济补偿金；用工超过 1 个月不满 1 年，没有签订劳动合同，且劳动者不与用人单位订立劳动合同的，用人单位可以终止劳动关系，但需要依照《劳动合同法》第四十七条的规定支付经济补偿(即工作满 1 年支付 1 个月的工资作为补偿)。

我国原劳社部 2005 年 12 号文的规定与《劳动合同法实施条例》关于事实劳动关系的规定，指的都是建立劳动关系但没有签订劳动合同而形成的事实劳动关系。这种事实劳动关系与劳动合同期满后存在劳动关系，但没有签订劳动合同形成的事实劳动关系性质是一样的。至于在实践当中引起争议时，应当适用《劳动合同法实施条例》的规定，因为《劳动合同法实施条例》在位阶上属于上位法，而且立法部门也高于 12 号文。

(3) 劳动合同逾期终止需要区分不同的情形。逾期一个月内终止和逾期一个月以上终止，两者终止的成本不一样。劳动合同期满后 1 个月内，用人单位因与员工就续签劳动合同不能达成一致意见且由用人单位终止劳动关系的，应当按逾期之后的年限支付经济补偿金；双方对新的劳动合同不能达成一致意见，劳动者拒签合同的，依据《劳动合同法实施条例》第五条的规定，用人单位无须支付经济补偿金。

劳动合同逾期 1 个月以上，用人单位与劳动者终止劳动关系的，依据《劳动合同法实施条例》第六条的规定，根据员工的工作年限支付经济补偿金。

七、劳动合同的无效

案例 16

彭某伪造履历被解除劳动合同案

电视大学专科学历的彭先生在向上海某机械有限公司(以下简称"公司")提交履历时弄虚作假,使自己摇身变成了上海财经大学本科毕业生。2005 年 11 月,彭先生成功应聘进入该公司担任营业部部长,月薪人民币 8 000 元。2007 年 9 月,公司以彭先生申报的履历有假,所提供的上海财经大学本科学历是伪造的为由解除了与彭先生的劳动合同。2007 年 9 月,彭先生向所在区的劳动争议仲裁委员会申请劳动争议仲裁,要求公司支付 1.2 万余元作为解除劳动合同的经济补偿。

讨论题

1. 劳动者如果伪造假文凭而求职成功,用人单位是否可以解除劳动合同?
2. 用人单位因此而解除劳动合同是否需要支付经济补偿?

1. 导致劳动合同无效的情形

根据《劳动合同法》第二十六条第一款之规定,有下列三种情形之一的,劳动合同无效或者部分无效:(1)以欺诈、胁迫的手段或者乘人之危,使对方在违背真实意思的情况下订立或者变更劳动合同的;(2)用人单位免除自己的法定责任、排除劳动者权利的;(3)违反法律、行政法规强制性规定的。此外,如果是劳动合同部分无效的,不影响其他部分效力,其他部分仍然有效。

用人单位和劳动者在签订劳动合同过程中,均负有缔约告知义务。缔约告知义务,是指劳动合同订立过程中,用人单位和劳动者依法承担相互如实告知必要信息以满足需求的义务。根据《劳动合同法》第八条之规定,用人单位招用劳动者时,应当如实告知劳动者工作内容、工作条件、工作地点、职业危害、安全生产状况、劳动报酬,以及劳动者要求了解的其他情况;用人单位有权了解劳动者与劳动合同直接相关的基本情况,劳动者应当如实说明。

如果违反了缔约告知义务,则可能构成欺诈。欺诈是指一方当事人故意告知对方虚假情况,或故意隐瞒实情,诱使对方当事人做出错误意思表示的行为。

2. 劳动合同确认无效,劳动报酬如何确定

根据《劳动合同法》第二十八条之规定,劳动合同被确认无效,劳动者已付出劳动的,用人单位应当向劳动者支付劳动报酬。劳动报酬的数额,参照本单位相同或者相近岗位劳动者的劳动报酬确定。

3. 劳动合同认定无效后有何法律后果

劳动合同被认定无效的,可能产生两大法律效果:一是劳动合同的解除,二是赔偿责任的承担。

八、经济补偿金

案例 17

王某被解除劳动合同案

2006 年 3 月，王某进入上海某中外合资的物流公司（以下简称物流公司）从事长途运输工作，其工资主要由两部分组成：一部分为基础工资 900 元；另一部分为浮动工资，根据运输路程计算发放。双方签订的最后一份劳动合同到期时间为 2012 年 12 月 31 日。

2009 年 8 月初，由于经营策略发生重大调整，同时也为了降低成本，物流公司决定将整个企业迁往其他省市。王某不同意随企业一同迁移，其与公司签订的劳动合同因无法继续履行而被解除。

在就离职补偿进行计算的过程中，王某发现，公司采取“额外支付一个月工资”即代通金的形式与其直接解除劳动合同，标准按照 7 月份的工资 1600 元计算，再根据其工作年限按每一年给一个月工资的形式支付相应的经济补偿金，此时月工资标准为其离职前 12 个月的平均工资 2 900 元。

王某从事的是长途运输工作，由于季节、任务性质、奖金按季发放等诸多原因导致其 7 月份的工资远远低于其他月份，故他认为“额外支付一个月的工资”也应当按照离职前 12 个月的平均工资 2 900 元的标准计发。但物流公司坚持称这是法律的明文规定，对于王某的主张不予理睬。王某遂提起了劳动仲裁。

相关法律知识点：

用人单位解除劳动合同常常会涉及代通金、补偿金、赔偿金这“三金”的支付，而相当多的解约争议都涉及这“三金”的计算。无论是用人单位还是劳动者对代通金、补偿金、赔偿金的支付和计算都应该有一个正确的认识，以免产生无谓的争端。

1.“三金”支付各有条件

实践中，一些劳动者认为，只要是单位解除劳动合同就应该支付代通金，这种理解有失偏颇。根据《劳动合同法》的规定，有下列三种情形之一的，用人单位提前 30 日以书面形式通知劳动者本人或者额外支付劳动者一个月工资后，可以解除劳动合同：一是医疗期满解除；二是不能胜任解除；三是客观情况发生重大变化，协商变更不成解除。也就是说，出现上述三种情形之一，而用人单位不提前 30 日通知时，才必须支付代通金。其他如单位提出协商一致解除合同的，用人单位依法没有支付代通金的义务。

经济补偿金是因用人单位的原因解除劳动合同或者用人单位终止劳动合同时依法应该支付的；赔偿金则是用人单位违反法律规定解除或者终止劳动合同，而劳动者不要求继续履行劳动合同或者劳动合同已经不能继续履行时，用人单位应当依法支付的。有一点要提醒劳动者的是，赔偿金和补偿金不可兼得，用人单位违反劳动合同法的规定解除或者终止劳动合同，依法支付了赔偿金的，不再支付经济补偿。

2.“三金”计算各有规定

《劳动合同法实施条例》第二十条规定：“用人单位依照《劳动合同法》第四十条的规定，选择额外支付劳动者一个月工资解除劳动合同的，其额外支付的工资应当按照该劳动者上一个月的工资标准确定。”对此，有人理解为只要根据解除或终止合同前一个月的工资数额支付代通金就可以了，这种理解是错误的。该条例规定的是“工资标准”而不是“工资数额”，因为上个月的工资数额可能会因为员工请假或者单位加发奖金等低于或高于劳动者的工资标准，按照这个数额发既有可能对劳动者不利，也有可能对用人单位不利，所以代通金应该按照劳动者上个月的“工资标准”发，如果确有问题，可按解除劳动合同之前劳动者12个月的平均工资确认。

关于补偿金，应该按照劳动者在劳动合同解除或者终止前12个月的平均工资来计算。现实中，一些单位在支付经济补偿金时按照劳动合同上约定的工资来确定，还有的按照劳动者的基本工资来计算，这都是错误的做法。经济补偿的月工资应按照劳动者应得工资计算，包括计时工资或者计件工资以及奖金、津贴和补贴等货币性收入。而且，劳动者在劳动合同解除或者终止前12个月的平均工资低于当地最低工资标准的，应按照最低工资标准计算。劳动者工作不满12个月的，按照实际工作的月数计算平均工资。补偿金还有分段计算的问题，即2008年1月1日前的补偿金按照上述方法确定的实际数额计算；2008年1月1日之后的补偿金则有3倍封顶的限制，即劳动者月工资高于用人单位所在直辖市、设区的市级人民政府公布的本地区上年度职工月平均工资3倍的，向其支付经济补偿的标准应按上年度职工月平均工资3倍的数额计算。

至于赔偿金中劳动者月工资的确定，也是先算出劳动者前12个月的平均工资，如果不高于本地区上年度职工月平均工资3倍，就照实计算，如果高于则按3倍封顶线计算。[①]

九、违约金

案例18

王某与某冶金有限公司违约金争议案

2009年2月3日，王某进入上海某冶金有限公司从事英文翻译工作。双方签订的劳动合同中约定，冶金公司将会在王某入职的一个月内安排王某赴南非办事处工作，工资为每月人民币8 000元，合同期限自2009年2月3日起至2012年1月31日止。如果王某在合同期满前提前离职则应当承担违约责任，违约金数额为王某赴南非的路程费及公司为其安排岗位所付的其他各项费用之和。

2009年3月，王某到达公司在南非的办事处，但由于水土不服、蚊虫叮咬等原因，王某身体出现腹泻、呕吐、严重水肿等情况。工作至4月底，身体状况没有任何好转的王某向公司提出回国工作的请求，公司不予批准，无奈之下王某向公司提出辞职。

① 蒋羽中. 关乎解约的“三金”别错算. 劳动报，2010—3—20.

2009年5月，在办理离职手续时，冶金公司认为王某在职期间不能胜任工作，消极怠工，没有充分履行翻译职责，故拒绝向王某发放4月份工资。同时，公司认为王某严重违反当初约定，要求王某承担路程费等共计2万余元的违约金。双方发生争议，王某诉至劳动争议仲裁委员会后，公司以上述理由提出反诉。

讨论题

1. 违约金能否任意约定？
2. 本案应如何处理？

相关法律知识点：

违约金，是指按照当事人的约定或者法律直接规定，一方当事人违约的，应向另一方支付的金钱。

根据我国《劳动合同法》的规定，用人单位与劳动者可以约定两种违约金：

(1) 用人单位出资让劳动者参加专业技术培训，可以约定服务期违约金，但金额最高不能超过用人单位支出的培训费用，且按约定期限逐年递减。

(2) 用人单位与劳动者可以在劳动合同中约定保守用人单位的商业秘密和与知识产权相关的保密事项。对负有保密义务的劳动者，用人单位可以在劳动合同或者保密协议中与劳动者约定竞业限制条款，并约定在解除或者终止劳动合同后，在竞业限制期限内按月给予劳动者经济补偿。劳动者违反竞业限制约定的，应当按照约定向用人单位支付违约金。

十、医疗期的规定

案例19

冯某与私营企业劳动关系争议案

几年前，小冯通过本市人才市场应聘进入一家私营企业，从事产品销售工作。2008年3月中旬，企业人事部门突然口头通知小冯，月底合同期满，企业不再与其续签合同。几天后小冯去医院就诊，经医生检查，小冯患有慢性疾病，医生建议必须卧床休息。于是小冯就在家安心养病，并将病假单交给部门领导。

2008年4月中旬，小冯突然收到企业寄来的退工通知单，退工的原因是合同期满双方终止劳动关系，并要求小冯尽快来企业办理离职手续。小冯收到退工通知后即与企业联系，表示自己尚在病休之中，企业不能与其终止劳动关系，并与企业理论，但经多次交涉未果。小冯无奈之下，只能诉诸劳动争议仲裁委员会，要求劳动争议仲裁委员会撤销企业与其终止合同的决定，恢复劳动关系。

小冯认为，自己患病在规定的医疗期内，并有医院出具的病假证明，按照《中华人民共和国劳动合同法》的有关规定，即使合同期满，在规定的医疗期内，也理应顺延到医疗期满，企业才可以与其终止合同。现在企业坚持要与本人终止劳动合同的行为，是违反国家规定的。所以请求劳动争议仲裁委员会撤销企业终止合同的决定，应该与本人恢复劳动关系。

单位认为，企业已经事先通知小冯合同期满不再续签合同，所以他去开病假，小冯的做法缺乏诚信，按照有关规定，劳动合同期满企业可以即行终止。所以，小冯与企业之间已经不再存在劳动关系，对小冯提出的要求不予同意。

讨论题

1. 合同期满遭遇医疗期，劳动合同能否终止？
2. 患病或者非因工负伤的医疗期，如何计算？

相关法律知识：

一般情况下，劳动双方的劳动合同期满，劳动合同即终止。但在某些特定的情形下，双方的劳动合同必须再履行一定时间，这也就是我们日常所说的合同期满的法定顺延。根据《劳动合同法》第四十二条和四十五条之规定，劳动者有以下6种情形之一的，劳动合同应当续延至相应的情形消失时终止：(1)从事接触职业病危害作业的劳动者未进行离岗前职业健康检查，或者疑似职业病病人在诊断或者医学观察期间的；(2)在本单位患职业病或者因工负伤并被确认丧失或者部分丧失劳动能力的；(3)患病或者非因工负伤，在规定的医疗期内的；(4)女职工在孕期、产期、哺乳期的；(5)在本单位连续工作满15年，且距法定退休年龄不足5年的；(6)法律、行政法规规定的其他情形。这里值得注意的是，第二种情形丧失或者部分丧失劳动能力劳动者的劳动合同的终止，需按照国家有关工伤保险的规定执行。

法律上的医疗期是劳动者根据其工龄等条件，依法享受的停工治疗休息并获得病假工资等待遇且单位不得因此解除和终止劳动合同的期间；医疗期有着明确的法定标准，我国各地施行的医疗期有所不同。仅就上海而言，根据劳动合同签订的或者续订时间点的不同，也有不同的医疗期标准。2002年5月1日前签订或者续签劳动合同的，执行老的医疗期标准。2002年5月1日后签订或者续签劳动合同的，执行新的医疗期标准。关于医疗期的计算，则进行了大大的简化，医疗期的确定只需根据劳动者在本单位工作年限来确定，根据《关于本市劳动者在履行劳动合同期间患病或者非因工负伤的医疗期标准的规定》第二条之规定，医疗期按劳动者在本用人单位的工作年限设置。劳动者在本单位工作第一年，医疗期为3个月；以后工作每满1年，医疗期增加1个月，但不超过24个月。

十一、案例分析

【案例5】(1) 2008年5月1日起施行的《劳动争议调解仲裁法》第二十七条规定劳动争议申请仲裁的时效期间为一年。原被告之间的劳动争议虽然发生于2008年3月26日，即《劳动争议调解仲裁法》实施之前，但原告于《劳动争议调解仲裁法》实施后的2008年9月8日申请仲裁，按新法优于旧法的原则，应适用《劳动争议调解仲裁法》中关于申请时效的规定，故原告起诉未超过诉讼时效。

(2) 关于原告主张的未签订书面合同而应支付的双倍工资问题。2008年1月1日起施行的《劳动合同法》规定，用人单位自用工之日起超过1个月不满1年未与劳动者订立书面劳动合同，应当向劳动者每月支付双倍的工资。故被告应支付原告2008年2月至3月两个月的双倍工资计3 200元，另被告对还未支付原告的2008年3月份工资1 600元应予支付。

(3) 因双方为误汇邱某的工资产生争议，原告离开被告公司后，被告没有支付原告2008年3月份工资不属于故意拖欠，被告不应支付原告拖欠工资的赔偿金。原告在未履行任何手续的情况下离开被告公司，是原告主动辞职，被告不应向原告支付解除合同补偿金。

最终，法院判决被告某公司自本判决生效后3日内支付原告王某双倍工资3 200元及3月份的工资1 600元，驳回原告王某的其他诉讼请求。①

【案例6】王某与公司之间符合劳动关系建立的各项要件，依据《关于贯彻执行〈中华人民共和国劳动法〉若干问题的意见》(劳部发[1995]309号)、《关于确立劳动关系有关事项的通知》(劳社部发[2005]12号)等相关劳动法律法规，应当认定存在事实劳动关系。至于其采用冒名顶替的方式与甲公司签订劳动合同，甲公司可依据国家相关法规或公司管理制度对王某进行处理。

最终，劳动争议仲裁委裁定王某与公司之间存在事实劳动关系，公司应该对其进行工伤赔偿。

【案例7】我国《劳动合同法》第十四条扩大了签订无固定期限劳动合同的范围，取消了《劳动法》中"同意续延"限制，改为只要在同一用人单位连续工龄满10年，员工即可提出订立无固定期限劳动合同，用人单位应当签订无固定期限劳动合同。《劳动合同法实施条例》规定："劳动合同法第十四条第二款规定的连续工作满10年的起始时间，应当自用人单位用工之日起计算，包括劳动合同法施行前的工作年限。"

2008年9月，沈阳市劳动争议仲裁委裁定，某证券公司应与林东签订无固定期限劳动合同。

【案例8】上海在审裁实践中适用了如下规则：劳动者提出订立无固定期限劳动合同的请求符合法律规定，用人单位未依法与其订立的，根据最高人民法院《关于审理劳动争议案件适用法律若干问题的解释》第十六条第二款，可以"视为双方之间存在无固定期限劳动合同关系，并以原劳动合同确定双方的权利义务关系。"其中，"原劳动合同确定的双方权利义务关系"，包括以书面合同方式确定的权利义务关系和以事实劳动关系方式确定的权利义务关系。

陈某的原劳动合同已到期，双方未续签，劳动关系仍存在，但原岗位已不可能恢复，此时双方应协商一致重新约定新的工作岗位。上海市高院民一庭确立了如下规则：用人单位和劳动者约定，用人单位有权根据生产经营需要随时调整劳动者工作内容或岗位的，双方为此发生争议，应由用人单位举证证明其调职具充分合理性。如果用人单位不能举证证明其调职具充分合理性，双方仍应按原劳动合同履行。至2008年8月，陈某已在公司工作12年。根据《劳动合同法》，劳动者在该用人单位连续工作满10年的，劳动者提出或同意续订、订立劳动合同的，除劳动者提出订立固定期限劳动合同外，应订立无固定期限劳动合同。

【案例9】2009年5月19日，上海市闸北区人民法院审理该劳动合同纠纷案，对原告周莉莉的诉讼请求作出不予支持的一审判决。法院经审理认为，试用期是用人单位和劳动者相互认知、了解而设定的期限，劳动者在试用期内可以解除合同，如劳动者的工作能力、思想状况等不符合用人单位的录用条件，用人单位也可以解除劳动合同。原告作为被告高薪聘用的法务经理，应当具备与其岗位、薪资水平向对应的法律素养和工作能力，能为具体业务部门提供良好的法律支持。原告对于"法定代表人的定义、职位范围及法律责任"未能作出明确的解释、概括，仅是简单、机械地罗列法律条文来解答业务部门的咨询，而原告提供

---

① 用人单位不签劳动合同，农民工获两倍工资报酬. 中国法院网，[2009—02—09]. http://www.chinacourt.org/article/detail/2009/02/id/344028.shtml.

的法律意见尚需被告原法律部经理修改，未能表现出高级法律工作者应有的法学知识和分析、总结能力。其工作表现不符合一般情形下对于法务经理的普遍认知，故被告认为原告不能胜任法务经理的工作，不符合录用条件，决定解除劳动合同，并无不当。原告要求继续履行劳动合同的请求，依据不足。据此，法院最后作出上述判决。①

【案例 10】首先，杜某与公司之间签订的劳动合同有效，双方关于工资待遇的约定合法。在劳动合同履行期间，公司根据本单位经济效益情况对杜某的工资进行调整，杜某当时没有提出异议，此后双方按照调整后的工资标准履行。故可以视为双方就工资待遇的变更达成了一致意见。

其次，公司因客观情况发生重大变化，致使与杜某签订的劳动合同无法继续履行时，有权就工作岗位及工资待遇调整问题，与杜某进行协商。杜某提出不能降低工资待遇，公司不同意杜某所提要求，说明双方就变更工资待遇的内容没有达成一致意见。据此，公司可以根据《劳动法》的规定，解除劳动合同，支付经济补偿金。因公司坚持变更杜某的工作岗位和工资待遇，导致杜某不能提供正常劳动。鉴于杜某同意解除劳动合同，所以可以视为公司提出解除劳动合同，杜某要求支付解除劳动合同经济补偿金的请求，应予支持。

最后，公司以杜某旷工为由解除劳动合同不成立。平等自愿、协商一致是劳动合同变更的原则。公司单方变更劳动合同无效，不能把杜某不来新岗位上班，视为旷工行为。杜某没来公司上班，是公司内部组织结构调整后，其原工作岗位已不存在，又不接受公司为其安排新岗位的工资待遇而造成的。在双方对此问题没有取得一致性意见之前，如果杜某在新岗位工作，就会造成杜某接受公司安排的事实，出现对杜某不利的法律后果。可见，杜某不来公司上班的原因，公司是知道的。杜某的行为不构成旷工。公司作出杜某违纪解除劳动合同的决定是错误的，应予撤销。

基于以上理由，杜某可以向单位所在地的劳动仲裁机构申请仲裁，以维护自身的权利。②

【案例 11】2008 年 11 月，旅顺口区人民法院作出一审判决，判令该单位赔偿 4 名员工合计近 20 万元。法院审理认为，用人单位可以实行裁员，但是应当向劳动者支付经济补偿，经济补偿按劳动者在本单位工作的年限，每满 1 年，支付 1 个月工资的标准向劳动者支付。另外，法院也支持了 4 名员工关于加班工资的要求。因此，法院判令该单位赔偿 4 名员工合计近 20 万元。③

【案例 12】在本案开庭审理过程中，小王向劳动争议仲裁委提交了其岗位职责、平时工作任务分配、完成情况等书面材料，以及一张由广告公司签字确认、评价小王在试用期期间工作表现为“优秀”的考核表；而广告公司则提交了小王设计的广告计划以及未能完成这次工作任务的证明材料，进而证明小王不能胜任工作。最终，劳动争议仲裁委员会认为广告公司解除劳动合同的行为缺乏法律依据，因此裁决支持了小王的仲裁请求。

本案中，广告公司解除小王的行为并没有进行任何考核以证明其不能胜任工作，更不要说经过培训或者调整工作岗位了。因此，其解除劳动合同的行为明显违法。④

---

① 韩根南. 能力不够试用期即被辞　研究生告公司诉求被驳. 人民法院报，2009—5—19.

② 金镒. 单位单方变更合同是否有效?. 哈尔滨日报，2009—4—13.

③ 未协商擅把员工调往外地　单位被判赔偿近 20 万元. 新商报，2009—3—13.

④ 邹洋. 何为不能胜任工作?. 新民晚报，2010—3—10.

【案例 13】 在本案中，轴承公司因老李无法完成无理的工作任务便将其解雇的做法明显缺乏解除劳动合同的法定事由，因此其解除行为违法。轴承公司应当向老李支付违法解除劳动合同的经济赔偿金。本案最终也随着劳动仲裁委的裁决而尘埃落定，然而有类似老李这样经历的人却还很多。一个企业如果想要在激烈的市场竞争中生存下去，就应当将员工视为企业的主人，尊重并不断提升员工的参与权，最大限度地激发员工潜力、提高工作效率，这样才能立于不败之地，否则，企业将难有长远的发展。①

【案例 14】 虽然法律规定，除了必备条款以外，劳动合同的双方当事人还可以就试用期、培训、保密事项、补充保险等事项进行约定，但这并不等于任何事项都是可以纳入自由约定的范围，比如少数单位在劳动合同中约定，发生因职工操作失误造成的工伤事故概不负责，不为职工缴纳社会保险等。即使这样的约定条款，职工事先是同意的，因为约定的事项与相关法律法规相抵触，因此属于无效条款，没有法律效力。

同样，在劳动合同的终止条件的约定上，法律也有限制性规定。《劳动合同法》第四十四条规定了劳动合同期满的、劳动者开始依法享受基本养老保险待遇的等六种劳动合同终止的情形。也就是说除了这些法定情形，单位不得假以“协商一致”的名义另行约定终止条件。一些单位想通过这种另行约定劳动合同终止情况的办法，混淆解除和终止的概念，主要是想以逃避经济补偿金。更有些企业是想通过这个约定，逃避非法解雇的赔偿责任或规避裁员的程序，以达到随意解雇的目的。

在本案中，小李所在单位在劳动合同中约定销售不好造成库存积压，就可以终止劳动合同，属霸王条款，是无效的。②

【案例 15】 在本案中，该压力容器制造公司在劳动合同中约定的条款应当属于无效条款，企业无权依据该条款终止劳动合同。劳动争议仲裁委员会审理后，支持了这些职工的申诉请求。③

【案例 16】 在本案中，彭某应聘时向公司提供伪造的上海财经大学本科学历，致使公司与其签订待遇优厚的劳动合同，可以认定彭某的行为构成了欺诈。因此，彭某与公司签订的劳动合同无效。

2008 年 1 月，劳动争议仲裁委员会作出裁决，由公司向彭某支付解除劳动合同经济补偿金 1.2 万余元。公司不服诉至法院，称彭某 2005 年应聘时向公司提供虚假学历，致使公司与其签订待遇优厚的劳动合同。公司依法解除劳动合同，无须支付经济补偿金。彭某不服仲裁，向人民法院起诉。

一审法院经审理，判决对彭某要求公司支付 1.2 万余元解除劳动合同经济补偿金的请求不予支持。彭某不服，向二审法院提起上诉。

二审法院认为，用人单位与劳动者订立劳动合同，应当遵循合法、公平、平等自愿、协商一致、诚实信用的原则，用人单位有权了解劳动者与劳动合同直接相关的基本情况，劳动者应当如实说明。经查证，彭某向公司提供的确为假文凭。因此，公司以彭某隐瞒真实学历，

---

① 邹洋. 老板一句话，马上要走人?. 新民晚报，2010—3—17.

② 劳动合同的终止条件能否另约定?. 法律快车. [2010—08—20]. http://www.lawtime.cn/info/laodonghetongfa/anli/2010082045787.html.

③ 约定合同的终止条件还有效吗?. 山东工人报，2009—12—22.

双方签订的劳动合同无效为由解除劳动关系，在此情况下无须向彭某支付任何经济补偿。[①]

【案例 17】 本案是一起关于"代通金"计算标准的劳动争议。《劳动合同法实施条例》第二十条对此作出了明确的规定，即"选择额外支付劳动者一个月工资解除劳动合同的，其额外支付的工资应当按照该劳动者上一个月的工资标准确定。"然而，只以单个月的工资为准计算，可能会过高也可能会过低，既有可能对用人单位不利，也有可能对劳动者不利，从整体上来看不利于促进和形成和谐稳定的劳动关系。所以，在司法实践中"上一个月的工资标准"应当理解为劳动者正常的工资标准，如果上一个月的工资不能反映正常工资水平，可以按解除劳动合同之前劳动者 12 个月的平均工资来确定。

在本案仲裁审理过程中，王某向劳动仲裁委员会递交了离职前 12 个月的工资单，以证明其工资的平均水平，物流公司对该证据也予以认可，但是双方依然坚持各自的观点，分歧很大。最终劳动仲裁委依法裁决物流公司按照王某离职前 12 个月的平均工资即 2 900 元的标准支付代通金。王某 7 月份的工资为 1 600 元，远远低于他的正常工资水平，因此按照他离职前 12 个月的平均工资 2 900 元来计算"代通金"更为合理。[②]

【案例 18】 在本案中，王某在工作期间提供了正常劳动，而冶金公司并未提供王某消极怠工的证据，因此公司应当支付王某 4 月份的工资。本案争议的焦点其实是双方劳动合同中约定的违约金是否有效的问题。《劳动合同法》第二十二条、二十三条及第二十五条明确规定，只有两种情形下用人单位和劳动者可以设置违约金，一种是双方约定了服务期条款，另一种是双方约定了竞业限制条款，除此之外双方即便约定了违约金，也将被认定为无效。同时，如果用人单位要求劳动者承担违约责任，还应当就劳动者违约的事实进行举证，而不是只凭一纸合同便可直接要求劳动者支付违约金。

在庭审过程中，王某认为自己在工作期间提供了正常劳动，冶金公司所言纯属子虚乌有，公司应当支付克扣的工资，同时按照法律的规定，只有在特定情况下才能约定违约金，而自己和公司并不符合设置违约金的法定条件，所以其无需向冶金公司支付任何违约金。最终劳动争议仲裁委员会支持了王某的请求，裁决冶金公司向王某发放 2009 年 4 月份的工资，而王某无需向公司支付违约金。

由于王某与冶金公司既未约定服务期也未约定竞业限制，并不符合设置违约金的法定条件，因此双方在劳动合同中关于违约责任的约定无效，王某无需向冶金公司支付违约金。[③]

【案例 19】 在本案中，劳动争议仲裁委员会经过审理后认为，小冯在合同期满前已经病假，且有医院出具的病假证明，属于法定医疗期内，所以企业就不能与小冯终止劳动合同。按照国家有关法律法规规定，企业应继续与小冯履行劳动合同至医疗期满。最后，劳动争议仲裁委员会裁决企业应继续与小冯履行劳动合同。[④]

相关法规链接

《中华人民共和国劳动合同法》

---

① 唐付强. 劳动者学历造假被辞退单位是否需要支付经济补偿? 新民晚报，2008—12—25.

② 邹洋. "代通金"如何算?. 新民晚报，2010—3—3.

③ 邹洋. 违约金不得任意约定. 新民晚报，2010—2—21.

④ 唐付强. 当合同期满遭遇病假. 新民晚报，2010—2—24.

第七条　用人单位自用工之日起即与劳动者建立劳动关系。

第十条　建立劳动关系，应当订立书面劳动合同。

已建立劳动关系，未同时订立书面劳动合同的，应当自用工之日起一个月内订立书面劳动合同。

第十四条　无固定期限劳动合同，是指用人单位与劳动者约定无确定终止时间的劳动合同。

用人单位与劳动者协商一致，可以订立无固定期限劳动合同。有下列情形之一，劳动者提出或者同意续订、订立劳动合同的，除劳动者提出订立固定期限劳动合同外，应当订立无固定期限劳动合同：

（一）劳动者在该用人单位连续工作满10年的；

（二）用人单位初次实行劳动合同制度或者国有企业改制重新订立劳动合同时，劳动者在该用人单位连续工作满10年且距法定退休年龄不足10年的；

（三）连续订立2次固定期限劳动合同，且劳动者没有本法第三十九条和第四十条第一款、第二款规定的情形，续订劳动合同的。

用人单位自用工之日起满1年不与劳动者订立书面劳动合同的，视为用人单位与劳动者已订立无固定期限劳动合同。

第二十二条　用人单位为劳动者提供专项培训费用，对其进行专业技术培训的，可以与该劳动者订立协议，约定服务期。

劳动者违反服务期约定的，应当按照约定向用人单位支付违约金。违约金的数额不得超过用人单位提供的培训费用。用人单位要求劳动者支付的违约金不得超过服务期尚未履行部分所应分摊的培训费用。

用人单位与劳动者约定服务期的，不影响按照正常的工资调整机制提高劳动者在服务期期间的劳动报酬。

第二十三条　用人单位与劳动者可以在劳动合同中约定保守用人单位的商业秘密和与知识产权相关的保密事项。

对负有保密义务的劳动者，用人单位可以在劳动合同或者保密协议中与劳动者约定竞业限制条款，并约定在解除或者终止劳动合同后，在竞业限制期限内按月给予劳动者经济补偿。劳动者违反竞业限制约定的，应当按照约定向用人单位支付违约金。

第二十五条　除本法第二十二条和第二十三条规定的情形外，用人单位不得与劳动者约定由劳动者承担违约金。

第三十五条　用人单位与劳动者协商一致，可以变更劳动合同约定的内容。变更劳动合同，应当采用书面形式。

变更后的劳动合同文本由用人单位和劳动者各执一份。

第八十二条　用人单位自用工之日起超过一个月不满一年未与劳动者订立书面劳动合同的，应当向劳动者每月支付二倍的工资。

用人单位违反本法规定不与劳动者订立无固定期限劳动合同的，自应当订立无固定期限劳动合同之日起向劳动者每月支付二倍的工资。

第三节　工时制度和工资制度

案例 20

王某索要加班津贴案

2007年5月16日，王某与某纸品集团中国公司签订劳动合同，职务为行政助理，月薪6 000元，负责国内各分公司的运营统计及初步策划等工作。受岗位性质所定，王某需要常常到分公司考察工作，出差和加班成了家常便饭。公司的《员工手册》规定，凡超时工作符合公司加班条件的情形，公司都将按照工作年限和工作表现向员工支付不同金额的加班津贴。王某每月的加班津贴金额为平均小时工资乘以36小时。由于频繁的出差加班让王某损失了很多私人时间，严重影响了生活品质，2009年3月，王某向公司提出辞职，要求公司按照实际加班时间为他补发一年多来的加班工资。公司认为，加班津贴的支付制度是公司通过法定程序制定的规章制度，王某从没有提出过异议。在有公司指定加班的月份，公司都给王某支付了加班津贴，有的月份加班津贴的金额远远超过法律规定加班工资的标准，公司已经履行了给付加班工资的法律义务。协商未果之下，王某向劳动争议仲裁委员会提出仲裁申请，要求公司支付一年多来的加班工资。

讨论题

加班津贴是否可以替代加班工资？

案例 21

张某等人索要加班费案

2009年2月，上海B建筑公司的员工张某等人，接受企业的安排承担一座商务楼建造任务，由于工程竣工时间将近，为了能够及时完工，B公司要求张某等人于2009年6月至7月期间加班加点，每天工作10小时，且无双休日。工程顺利竣工后，张某等人要求B企业支付相应的加班费，B公司则以建筑业实行的是综合工时制为由拒绝支付，而B公司实际并未办理任何申请综合工时制的手续。

讨论题

1. 什么是综合工时制？
2. 本案应如何处理？

案例 22

孙某、刘某索要加班费案

孙某于2008年11月进入上海S公司担任保安，负责公司安全工作，同时S公司向劳动部门申请了不定时工时制，孙某每天值班超过10小时以上，入职后不久，孙某以每天工作超过8小时为由向企业提出支付加班费的请求。

刘某在K公司从事销售工作，由于公司近来频繁失窃，故K公司决定临时安排公司员工轮流夜间值班，以保证公司安全，K公司以正常的小时工资支付值班津贴。刘某提出公司安排夜间值班属于加班，应当按照加班标准支付待遇。

讨论题

1. 什么是不定时工时制？
2. 上述两个案例应如何处理？

相关法律知识点：

为保障劳动者的休息权，我国法律法规对工作时间和加班都有着严格的规定。

一、标准工时制每日加班不能超过3小时

根据国务院《关于职工工作时间的规定》，标准工时制是我国普遍适用的一项职工工作时间制度，即每日工作8小时，每周工作40小时。无论是国家机关、社会团体还是企事业单位、其他组织，都应该适用这种工时制。

任何单位和个人不得擅自延长职工工作时间，更不能强迫劳动者加班。《劳动合同法》第三十一条规定："用人单位应当严格执行劳动定额标准，不得强迫或者变相强迫劳动者加班。"此外，《劳动法》第四十一条规定："用人单位由于生产经营需要，经与工会和劳动者协商后可以延长工作时间，一般每日不得超过1小时。因特殊原因需要延长工作时间的，在保障劳动者身体健康的条件下延长工作时间每日不得超过3小时，但是每月不得超过36小时。"《劳动法》第三十八条同时规定："用人单位应当保证劳动者每周至少休息1日。"

在一些企业，"计件工资制"常常成了超时加班的借口，一些企业经营者常常以计件制是"多劳多得"为由，要求职工超时工作，还否认存在加班和超时加班。对此，无论是劳动者还是用人单位都应该明白，计件工资制只是一种工资计算方式，但在工作时间上仍须遵守法律规定。

二、综合工时制也有加班限制

根据规定，因工作性质特殊或受季节和自然条件限制的企业可以申请实行综合工时制，在一个审批的周期内可以根据生产经营需要安排工作时间的工时制。因为实行综合计时制的企业可采用集中工作、集中休息、轮休调休的方式灵活安排生产任务。

现实中，一些企业就将综合工时制当成了安排职工加班却不支付加班费的挡箭牌。实际上，按照规定，综合工时制的平均日工作时间和平均周工作时间应与法定标准工作时间基本相同。原劳动部《关于职工工作时间有关问题的复函》中规定："依据劳动部《关于企业实行不定时工作制和综合计算工时工作制的审批办法》第五条的规定，综合计算工时工作制采用的是以周、月、季、年等为周期综合计算工作时间，但其平均日工作时间和平均周工作时间应与法定标准工作时间基本相同。也就是说，在综合计算周期内，某一具体日（或周）的实际工作时间可以超过8小时（或40小时），但综合计算周期内的总实际工作时间不应超过总法定标准工作时间，超过部分应视为延长工作时间并按《劳动法》第四十四条第一款的规定支付工资报酬，其中法定休假日安排劳动者工作的，按《劳动法》第四十四条第三款的规定支付工资报酬。而且，延长工作时间的小时数平均每月不得超过36小时。"

由此可知，单位安排综合计算工时制员工在法定节假日上班的，应该支付不低于工资的300%的工资报酬。在一个周期内综合计算工作时间，超过法定标准的工作时间部分，应按照不低于工资150%的标准向劳动者支付加班费。而平均每月不得超过36小时则是综合计时制安排加班的上限。

三、不定时工作制节假日上班属加班

不定时工作制是指对于职责范围不能受固定工作时数限制的劳动者实行的工作时间制度。按劳部发[1994]503号文件规定，可以实行不定时工作制的职工主要有以下三种：(1)企业中的高级管理人员、外勤人员、推销人员、部分值班人员和其他因工作无法按标准工作时间衡量的职工；(2)企业中的长途运输人员、出租汽车司机和铁路、港口、仓库的部分装卸人员以及因工作性质特殊，需机动作业的职工；(3)其他因生产特点、工作特殊需要或职责范围的关系适合实行不定时工作制的职工。

经批准实行不定时工作制的职工，不受日延长工作时间标准和月延长工作时间标准的限制，但用人单位应采用弹性工作时间等适当的工作和休息方式，确保职工的休息休假权利和生产、工作任务的完成。而对于安排实行不定时工作制的职工在法定节假日工作的，用人单位应依法支付不低于工资的300%的加班工资。[①]

四、案例分析

【案例20】延长工作时间是指劳动者的工作时数超过法律规定的标准时间，包括加班和加点两种。加班是指员工根据用人单位的要求，在法定节假日或公休假日从事生产或工作；加点是指员工根据用人单位的要求，在标准工作日规定的工作时间以外继续从事生产或工作。《劳动法》将加班加点的工资报酬计发比例作了三种不同层次的规定：其一，用人单位安排劳动者延长工作时间的，应当向劳动者支付不低于工资的150%的工资报酬；其二，用人单位在休息日安排劳动者工作又不能安排补休的，应当向劳动者支付不低于工资的200%的工资报酬；其三，用人单位在法定休假日安排劳动者工作的，应当向劳动者支付不低于工资的300%的工资报酬。

---

① 蒋羽中. 对于加班，法律有严格限制. 劳动报，2010—3—27.

本案中，要解决公司是否应该补发王某加班工资的问题，首先应当明确加班津贴是否可以替代加班工资。加班津贴是用人单位给本企业员工设定的一项福利制度，法律对加班津贴并没有强制要求，用人单位可以根据经营特点及企业需要决定是否设定和执行加班津贴制度。加班工资与之不同，是法律给用人单位设定的一项法定义务，劳动者超过工作时间工作，用人单位应当根据实际发生的加班加点时间不同按照相应的比例计发加班工资。由此可见，用人单位支付了加班津贴不一定就免除支付加班工资的法定义务。但是在法律实践中，很多用人单位设定加班津贴的目的是对加班工作人员超时工作进行补偿，与法律对加班工资规定的立法目的相同，基于公平原则，加班津贴可以部分抵消加班工资。但加班津贴应当实行"多不退少要补"的原则，当实际加班工资高于加班津贴时，用人单位应当按照实际加班工资金额支付；当实际加班工资低于加班津贴标准时，用人单位可以按照企业内部规定的加班津贴标准支付。[①]

【案例 21】综合工时制，也称为综合计算工时工作制，它是以标准工作时间为基础，以一定的期限为周期，综合计算工作时间的工时制度。其工作时间周期可以按照周、月、季、年四种方式计算，但其平均日工作时间和平均周工作时间应与法定标准工作时间基本相同。一般情况下，适用综合工时制的范围主要有三类：一是因工作性质特殊，需连续作业的职工，例如交通、铁路、邮电、水运、航空、渔业等行业；二是受季节和自然条件限制的行业的部分职工，例如地质及资源勘探、建筑、制盐、制糖、旅游等行业；三是其他适合实行综合计算工时工作制的职工。

同时，综合计算工时制需要经过严格的审批程序后方能实行。实行以周、月、季为平均综合计算工时工作制的，企业应当向企业工商登记注册地的区县劳动部门提出申请；实行以年为周期综合计算工时工作制的，企业应当向市劳动部门提出申请；如果是中央直属企业则要经其主管部门审核后，报中央劳动部门批准，同时报市劳动部门备案。当然，实行综合工时制的企业应注意让员工劳逸结合，保障劳动者身体健康，过长时间工作还应取得工会和劳动者的同意。

本案中，B 企业属于可以实行综合计算工时制的行业范围，但由于其并没有向劳动部门提出申请并获得批准，故并不能当然地实行综合计算工时制。

企业应当按照实际申请的周期综合计算工时，相对而言，周期越长，企业工作时间安排也相对越灵活；同时企业应设计相应的工资制度与综合计算工时制相匹配，为了方便计算，可以按照小时工资计薪；在工作淡季或业务量较低的情况下，可以将工时适当后延，安排员工休息，待业务高峰时期集中安排工作。[②]

【案例 22】不定时工时制，是指因工作性质和工作职责的限制，劳动者的工作时间不能受固定时数限制的工时制度。不定时工时制是一种较为灵活的工时制度，不受最高时数的限制，因此可以有效降低企业的加班成本，但其适用范围同样也受到严格限制，只有在符合法定情形并且经过劳动部门审批后方能实行，主要包括：一是因工作无法按标准工作时间衡量的职工，如企业中的高级管理人员、外勤人员、推销人员、部分值班人员；二是因工作性质特殊，需机动作业的职工，如企业中的长途运输人员、出租汽车司机和铁路、港口、仓库的部分装卸人员；三是其他因生产特点、工作特殊需要或职责范围的关系适合实行不定时工

① 涂志、张真颖. 加班津贴能替代加班费吗？中国劳动保障报，2009—6—19.

② 邹洋. 合理选择工时制度. 新民晚报，2009—12—19.

作制的职工。

第一个案例中，由于孙某担任保安工作并且企业已经为孙某申请了不定时工时制，因此，S公司可以不再向孙某支付加班费。第二个案例与第一个案例的情况应当加以区分，刘某从事的是销售工作，虽不属于不定时工时制，但轮流值夜班是企业为了维护安全而临时安排的，且与刘某本职工作并无关联，根据相关规定，因单位安全、消防、假日等需要担任单位临时安排或制度安排的与劳动者本职工作无关的值班，因此刘某也不能视为加班。

相关法规链接

《中华人民共和国劳动合同法》

第三十条　用人单位应当按照劳动合同约定和国家规定，向劳动者及时足额支付劳动报酬。

用人单位拖欠或者未足额支付劳动报酬的，劳动者可以依法向当地人民法院申请支付令，人民法院应当依法发出支付令。

第三十一条　用人单位应当严格执行劳动定额标准，不得强迫或者变相强迫劳动者加班。用人单位安排加班的，应当按照国家有关规定向劳动者支付加班费。

第四节　劳动争议的解决途径

一、劳动争议概述

案例23

尹某索赔案

广西贵港市一茶厂员工尹某工作了十几年，2003年突然被茶厂解雇，但其5年后才向法院提起诉讼索赔，最终因超过诉讼时效未获支持。1月15日，贵港市港北区人民法院审结了这起劳动争议纠纷案，以尹某超过诉讼时效为由依法驳回其诉讼请求。

法院审理查明，1988年6月起贵港市某茶厂雇佣尹某从事机修工作，后因该茶厂经营不善，无法维持正常生产，于2001年解雇了尹某，后又返聘为水电工，工资发至2008年10月止。社会保险金发至2001年6月止。后尹某因补偿金问题于2008年4月23日向贵港市劳动争议仲裁委员会提出仲裁，该仲裁委员会于同日作出不予受理决定书。尹某于2008年12月1日诉至该院。

讨论题

尹某的诉讼是否超过受法律规定的诉讼时效？

（一）劳动争议的概念

劳动争议从广义理解，是指因劳动关系而发生的一切争议，包括劳动关系双方当事人即用人单位与劳动者发生的争议，用人单位与劳动者团体即工会发生的争议，也包括用人单位与政府主管部门之间发生的争议。但这里所讲的劳动争议是从狭义上理解的，它是指劳动关系当事人即用人单位与职工之间就劳动权利、义务所发生的纠纷，也叫劳动纠纷或劳资纠纷。

（二）劳动争议的内容

2008年5月1日起生效的《中华人民共和国劳动争议调解仲裁法》（以下简称《劳动争议调解仲裁法》）进一步明确了劳动争议的内容，其第二条规定："中华人民共和国境内的用人单位与劳动者发生的下列劳动争议，适用本法：(1)因确认劳动关系发生的争议；(2)因订立、履行、变更、解除和终止劳动合同发生的争议；(3)因除名、辞退和辞职、离职发生的争议；(4)因工作时间、休息休假、社会保险、福利、培训以及劳动保护发生的争议；(5)因劳动报酬、工伤医疗费、经济补偿或者赔偿金等发生的争议；(6)法律、法规规定的其他劳动争议。"用人单位与职工之间发生的争议如果不是上述劳动权利、义务的内容，那就不是劳动争议，而是一般的民事争议、经济争议或其他争议。

（三）劳动争议解决的途径

《劳动争议调解仲裁法》第四条规定："发生劳动争议，劳动者可以与用人单位协商，也可以请工会或者第三方共同与用人单位协商，达成和解协议。"第五条规定："发生劳动争议，当事人不愿协商、协商不成或者达成和解协议后不履行的，可以向调解组织申请调解；不愿调解、调解不成或者达成调解协议后不履行的，可以向劳动争议仲裁委员会申请仲裁；对仲裁裁决不服的，除本法另有规定的外，可以向人民法院提起诉讼。"《劳动法》第七十七条第一款规定："用人单位与劳动者发生劳动争议，当事人可以依法申请调解、仲裁、提起诉讼，也可以协商解决。"

根据上述规定，劳动争议的处理途径有四种：当事人协商解决；用人单位劳动争议调解委员会调解；劳动争议仲裁委员会仲裁；人民法院审判解决。

（四）新《劳动争议调解仲裁法》的诸多变化

新《劳动争议调解仲裁法》于2008年5月1日开始实施。该法与2008年1月1日起实施的《劳动合同法》一样体现了"倾斜立法"的原则，强化了对劳动者权利的倾斜。《劳动合同法》的实体权利倾斜和《劳动争议调解仲裁法》的诉讼程序倾斜，两者的结合，形成一个整体，全面提高了我国劳动法律制度对劳动者权益的保障。

与国务院1993年发布的《企业劳动争议处理条例》和全国人大常委会1994年通过的《劳动法》所确立的现行的劳动争议处理程序制度相比，新《劳动争议调解仲裁法》体现了诸多变化。

1. 更快

原有劳动争议处理程序审理周期长可说是最大的问题，是本次立法着力要改变的。新法大大缩短了劳动争议的审理时间，让劳动者更快解决问题。

一方面，新法实行了部分案件的“一裁终局”，凡数额较小及有关劳动标准的案件都可以实行。原有的劳动争议处理程序实行的“一裁二审”，即所有案件都必须先劳动仲裁，如果不服可到法院再经一审、二审。整个程序最少也要一年。而“一裁终局”只经劳动仲裁就作出终局裁决，当然“更快”。其中，“数额较小”是指不超过当地月最低工资标准 12 个月金额的争议。按照上海 2014 年 4 月 1 日开始执行的 1 820 元/月的最低工资标准计算，也就是 21 840 元以内的纠纷就可“一裁终局”。

另一方面，劳动仲裁的审理期限也大大缩短。现行的仲裁期限规定，从申请到受理的期限为 7 天，审理期限为 60 天，总共为 67 天，经过批准，可以延长 30 天。因此，劳动争议仲裁阶段的最长期限为 97 天。但是按照《劳动争议调解仲裁法》，一般的期限是 50 天，其中 5 天是受理的批准期限，45 天是仲裁期限，最长可延长 15 天，整个过程不超过 65 天，周期缩短了 32 天。与现行规定相比，仲裁审理期限缩短了 1/3。而且如果仲裁机构“逾期未作出仲裁裁决的，当事人可以就该劳动争议事项向人民法院提起诉讼。”

2. 更宽

《劳动争议调解仲裁法》从适用范围到适用对象都做了扩大，保护劳动者的范围更宽。按照新的规定：“中华人民共和国境内的用人单位与劳动者发生的下列劳动争议，适用本法：(一)因确认劳动关系发生的争议；(二)因订立、履行、变更、解除和终止劳动合同发生的争议；(三)因除名、辞退和辞职、离职发生的争议；(四)因工作时间、休息休假、社会保险、福利、培训以及劳动保护发生的争议；(五)因劳动报酬、工伤医疗费、经济补偿或者赔偿金等发生的争议；(六)法律、法规规定的其他劳动争议。”

与原有的规定相比，受案范围增加了“因确认劳动关系发生的争议”。劳动关系的确认是适用劳动法的基本前提，其扩大使得未来一些模糊的劳动关系可以得到认定，从而有效防止用人单位通过改变雇佣方式规避法律责任。此外，新法还规定：“事业单位实行聘用制的工作人员与本单位发生劳动争议的，依照本法执行；法律、行政法规或者国务院另有规定的，依照其规定。”从而将事业单位实行聘用制工作人员也覆盖进了新法的调整范围。

3. 更长

《劳动法》所规定时效是“自劳动争议发生之日起 60 日内向劳动争议仲裁委员会提出书面申请”。“劳动争议发生之日”是“指当事人知道或者应当知道其权利被侵害之日”。实践当中劳动者劳动争议案件败诉很大一部分原因就是超过了仲裁申请的 60 天仲裁时效，从而无法主张自己的正当权益。新法将时效由“60 日”延长到“1 年”，让劳动者可以主张维护自己权利的期限更长。

其实，按照新的规定，劳动争议的时效可能比 1 年还长。例如“因当事人一方向对方当事人主张权利，或者向有关部门请求权利救济，或者对方当事人同意履行义务而中断。从中断时起，仲裁时效期间重新计算。”的规定，还有“因不可抗力或者有其他正当理由，当事人不能在本条第一款规定的仲裁时效期间申请仲裁的，仲裁时效中止。从中止时效的原因消除之日起，仲裁时效期间继续计算。”以及“劳动关系存续期间因拖欠劳动报酬发生争议的，劳动者申请仲裁不受本条第一款规定的仲裁时效期间的限制；但是，劳动关系终止的，应当自劳动关系终止之日起 1 年内提出。”的规定。

此外，有效劳动争议还可能几乎没有时效限制。如涉及劳动报酬争议则可以延长至劳动关系终止后 1 年，只要双方的劳动关系存续，无论用人单位拖欠工资多久都可以要回来。

4. 更易

对许多劳动者而言，打劳动官司的最大困难就是“举证”。因为大部分的证据都掌握在用人单位的手中，很多劳动者都明知事实如此，却苦于没有证据，最后只能“哑巴吃黄连”。

新法对此规定：“发生劳动争议，当事人对自己提出的主张，有责任提供证据。与争议事项有关的证据属于用人单位掌握管理的，用人单位应当提供；用人单位不提供的，应当承担不利后果”。同时，“劳动者无法提供由用人单位掌握管理的与仲裁请求有关的证据，仲裁庭可以要求用人单位在指定期限内提供。用人单位在指定期限内不提供的，应当承担不利后果。”以后，劳动者就不怕用人单位藏着证据不提供，导致劳动者败诉的情况了。

5. 更便宜

新法实施后，劳动争议仲裁将完全免费，劳动争议仲裁委员会的经费由财政予以保障。劳动者将不再有经济上的负担。

原来上海劳动争议仲裁委员会仲裁费每案收费标准为300元。对需要进行特殊处理，如需要异地调查、作各类鉴定等的案件，按实际开支收费。劳动争议仲裁委员会只对劳动者当事人缴纳仲裁费确有困难的，经审批可以给予缓、减、免。新法的规定，解决了劳动者的后顾之忧，让广大劳动者面对劳动争议可以轻装上阵。[①]

（五）案例分析

《中华人民共和国劳动法》第八十二条规定：“提出仲裁要求的一方应当自劳动争议发生之日起60日内向劳动争议仲裁委员会提出书面申请。”而原告一直未向被告主张权利，直至2008年才向劳动争议仲裁委员会提出仲裁申请。且依据《劳动法》第八十三条“动争议当事人对仲裁裁决不服的，可以自收到仲裁裁决书之日起15天内向人民法院提起诉讼……”，以及《关于审理劳动争议案件适用法律若干问题的解释》第三条“劳动争议仲裁委员会根据《劳动法》第八十二条之规定，以当事人的仲裁申请超过60日期限为由，作出不予受理的书面裁决、决定或者通知，当事人不服，依法向人民法院起诉的，人民法院应当受理；对确已超过仲裁申请期限，又无不可抗力或者其他正当理由的，依法驳回其诉讼请求”的规定，原告在收到劳动争议仲裁委员会作出的不予受理通知书后，未在15日内向法院提起民事诉讼，而拖至2008年12月1日才向法院提起诉讼。在仲裁申请期限里又没有不可抗力或者其他正当理由等事由出现。

法院经审理认为，被告作为用人单位在解除劳动合同关系时，应当依法向劳动者支付解除劳动关系的经济补偿金。但作为劳动者的尹某在遭被告解雇没有获得相应的经济补偿时，就已经知道或应当知道自己的权利受到侵犯，应及时向用人单位主张权利。尹某所提起的诉讼显然已超过受法律规定的诉讼时效。法院最终依法驳回原告尹某的诉讼请求。

---

① 邱婕. 从程序上向劳动者倾斜——新《劳动争议调解仲裁法》的诸多变化. 新民晚报，2008—5—4.

二、劳动仲裁与诉讼

案例 24

潘某追讨工资案

年轻工程师小潘在某软件公司工作，与公司签订的劳动合同期限自 2007 年 7 月 12 日至 2009 年 7 月 11 日。

2008 年 7 月 25 日，小潘在一次工作中出现失误，给公司造成了近 1 万元的经济损失。经理非常生气，当即决定开除小潘，在小潘苦苦哀求下，经理手下留情，双方以协商一致的方式解除了劳动合同。2008 年 8 月 3 日，小潘办理了离职手续，其 7 月份 7 500 多元的工资，经理承诺会在 1 个月内转账到小潘的银行卡里。由于对经理不开除自己心存感激，小潘也表示同意。

2008 年 9 月 3 日，小潘未收到工资。同年 9 月 13 日，小潘找到公司索要，经理答复说由于小潘的工作失误给公司的现金流造成困难，因此小潘的工资要等一段时间了，并书面承诺在 2009 年 6 月 3 日前支付小潘工资。但直到 2009 年 10 月，小潘仍未收到这笔工资。

2009 年 10 月 10 日，小潘再次找到公司，但经理的态度变了，说小潘给公司造成了损失，这笔钱已用作赔偿。小潘表示如果讨薪不成，将去申请仲裁。经理则表示，小潘离职 1 年多了，早过了仲裁时效。这次，小潘录下了经理拒绝的全过程。随后，小潘于 2009 年 10 月 13 日向某区劳动争议仲裁委员会申请劳动争议仲裁，被依法受理。

讨论题

小潘的劳动争议仲裁时效是否超过期间？理由是什么？

案例 25

张某申请劳动仲裁案

张某为某县汽运公司司机，自 2007 年 8 月起请病假不上班。2008 年 4 月 22 日，单位要求张某开具医院出具的病假证明，张某交不出。2008 年 6 月 6 日，单位以张某无正当理由经常旷工已超过 15 天为由与张某解除劳动合同。6 月 15 日，张某接到解除通知后，不断与单位领导沟通，提出自己能够开出证明自己确实有病的病假证明，要求单位撤销解除决定，同时张某也多次找他人从中协调。

直到 2009 年 5 月 10 日，张某准备向劳动争议仲裁委员会申诉时，其所在地区发生了罕见的泥石流灾害，县城几乎成为一片废墟，通往县城的交通全部中断，张某也无法到达当地劳动争议仲裁委员会。

2009年6月18日，道路恢复通车、机关恢复办公。6月25日，张某向当地劳动争议仲裁委员会提出申诉，仲裁委员会经过审查后予以受理。

讨论题

什么是仲裁时效中止？张某的情况算不算仲裁时效中止？

案例 26

季某工伤仲裁案

纪某系来安县工业园区某公司（以下简称公司）职工。2006年12月2日，纪某在工作时发生工伤事故，公司将其送至来安县人民医院治疗，并支付了全部医疗费。2007年元月，纪某回公司上班。2007年5月，纪某擅自离开公司。后来，公司得知纪某向来安县劳动争议仲裁委员会申请劳动仲裁，请求裁决公司支付一次性伤残补助金6 400元；一次性伤残就业补助金、一次性工伤医疗补助金23 664元；工伤期间误工工资12 000元。2007年10月17日，因纪某的申请来安县劳动和社会保障局作出工伤认定。2008年1月24日，因纪某的申请，滁州市劳动能力鉴定委员会作出鉴定，纪某劳动能力障碍等级为9级。

2008年9月5日，来安县劳动争议仲裁委员会作出仲裁裁决，公司在本裁决生效后10日内支付纪某一次性伤残补助金6 670.40元；公司在本裁决生效后10日内支付纪某一次性伤残就业补助金14 794元、一次性伤残医疗补助金8 876.40元，合计23 670.40元。而且仲裁裁决书上还明确载明："若对本裁决不服，双方当事人可在收到本裁决书之日起15日内向人民法院起诉，逾期不起诉，本裁决即起法律效力。"公司认为纪某受伤在2006年，其应按照统筹地区2005年职工平均工资支付各项工伤费用，故诉至来安县人民法院，请求法院依法确认公司按照统筹地区2005年职工标准支付被告一次性伤残补助金、一次性伤残就业补助金及一次性伤残医疗补助金。

讨论题

1. 什么是劳动仲裁一裁终局？
2. 劳动仲裁一裁终局裁决在本案中是否适用？

案例 27

赵某申请劳动争议仲裁案

赵某于2008年2月15日应聘到法国某医疗公司北京代表处（以下简称北京代表处）从事销售主管工作，具体负责山东省的销售主管工作，月工资8 000元，但双方一直未签订劳动合同。2008年3月13日，北京代表处与济南某外企服务公司签订协议，受北京代表处委托，赵某的工资由外企服务公司发放；养老保险费由其缴纳。赵某工作至2009年2月15

日。2009 年 3 月 10 日，北京代表处口头通知赵某离职，并由外企服务公司发放了赵某 2 月份的劳动报酬，但未支付赵某经济补偿。赵某于 2010 年 2 月 1 日向济南市历下区劳动争议仲裁委员会提起申诉，要求北京代表处和外企服务公司支付未签订劳动合同的双倍工资及解除劳动合同经济补偿。

外企服务公司辩称，自己与赵某系人事代理关系，无实际用工关系。北京代表处辩称，法国某医疗公司才是本案中的用人单位，其有义务与赵某签订劳动合同；本代表处只是用工单位，没有与赵某直接签订劳动合同的义务与责任。同时，北京代表处对管辖权提出异议。

讨论题

1. 多个仲裁委有管辖权，谁先受理谁管辖吗？
2. 赵某能否向工资发放地的劳动争议仲裁委员会提起申诉呢？

（一）仲裁时效

1. 仲裁时效的概念

仲裁时效，是指权利人在法定期间内不行使权利即丧失请求劳动争议仲裁委员会保护的权利。超过法定时效期间，在法律上发生的效力是权利人的胜诉权消灭，即丧失请求劳动争议仲裁委员会保护的权利。在实践中，不少权利人如果长期不行使权利，义务人长期不履行义务，当事人之间的权利义务将长期处于不确定的状态。时效制度能够敦促权利人及时行使权利，不至于“躺在权利上睡觉”。

2. 仲裁时效的确定

根据《劳动争议调解仲裁法》第二十七条第一款之规定，劳动争议申请仲裁的时效期间为 1 年，仲裁时效期间从当事人知道或者应当知道其权利被侵害之日起计算。劳动关系存续期间因拖欠劳动报酬发生争议的，劳动者申请仲裁不受该仲裁时效期间的限制；但是，劳动关系终止的，应当自劳动关系终止之日起 1 年内提出。

3. 仲裁时效的中断和中止

仲裁时效中断，是指已开始的仲裁时效因发生法定事由不再进行，并使已经经过的时效期间丧失效力。根据《劳动争议调解仲裁法》第二十七条第二款之规定，仲裁时效，因当事人一方向对方当事人主张权利，或者向有关部门请求权利救济，或者对方当事人同意履行义务而中断。从中断时起，仲裁时效期间重新计算。《劳动人事争议仲裁办案规则》第十条也明确规定，以下三种情形会引起时效的中断：(1)一方当事人通过协商、申请调解等方式向对方当事人主张权利的；(2)一方当事人通过向有关部门投诉，向仲裁委员会申请仲裁，向人民法院起诉或者申请支付令等方式请求权利救济的；(3)对方当事人同意履行义务的。

仲裁时效中止，是指在仲裁时效进行中，由于发生了法定事由而使权利人无法行使请求权，暂时停止计算仲裁时效期间，待停止计算的事由消除后，继续计算仲裁时效期间。也就是说，仲裁时效中止是仲裁时效期间完成的障碍，其使仲裁时效期间的计算处于暂停状态，根据《劳动人事争议仲裁办案规则》第十一条之规定，因不可抗力，或者有无民事行为能力或者限制民事行为能力劳动者的法定代理人未确定等其他正当理由，当事人不能在规定的仲裁时效期间申请仲裁的，仲裁时效中止。从中止时效的原因消除之日起，仲裁时效期间继续计算。

4. 仲裁时效的运用

根据最高人民法院《关于审理民事案件适用诉讼时效制度若干问题的规定》之规定，以时效为抗辩理由需由当事人提出。当事人未提出诉讼时效抗辩，人民法院不应对诉讼时效问题进行释明及主动适用诉讼时效的规定进行裁判。以时效未抗辩理由需在一审期间提出。当事人在一审期间未提出诉讼时效抗辩，在二审期间提出的，人民法院不予支持，但其基于新的证据能够证明对方当事人的请求权已过诉讼时效期间的情形除外。当事人如果未按照该规定提出诉讼时效抗辩，以诉讼时效期间届满为由申请再审或者提出再审抗辩的，人民法院不予支持。

（二）申请时效的中断与中止

所谓劳动争议仲裁的申请时效期间，是指为了促使当事人及时行使权利，便于劳动争议仲裁机构查明案件事实，正确处理争议，而规定当事人应当在一定期限内提起仲裁申请的期间。劳动争议申请仲裁的时效期间为一年。仲裁时效期间从当事人知道或者应当知道其权利被侵害之日起计算。超过申请时效期间，劳动争议仲裁机构将不受理仲裁申请。

同时，《劳动争议调解仲裁法》在延长申请时效方面还规定了时效中断制度、完善了时效中止制度。无论是时效中断还是时效中止，实际上都起到了时效延长的效果。然而，对普通职工来说，中断和中止还是两个较为陌生的法律概念，实践中或者不会应用，或者应用中常常发生错误。

何谓中断？何谓中止？与仲裁时效有什么关系？它们分别在什么情况下适用？劳动者又能怎样依据时效中断或中止来维护自己的合法权益？这里，我们将依次介绍时效中断和时效中止，以期帮助大家了解这两项制度。

1. 时效中断

时效中断，是指已开始的申请时效因发生法定事由不再进行，并使已经经过的时效期间丧失效力的法律制度。导致申请时效中断的法定事由有：

(1) 当事人一方向对方当事人主张权利，如员工向用人单位讨要拖欠的工资；

(2) 当事人向有关部门请求权利救济，如职工向用人单位或上级机关申诉；

(3) 对方当事人同意履行义务，员工向用人单位讨要拖欠的工资，单位答应支付。

出现这三种法定事由时，仲裁申请时效中断，已经进行的仲裁时效期间归于无效，时效期间重新计算。

2. 时效中止

时效中止，指在申请时效进行期间，因发生阻碍权利人行使权利的法定客观障碍而暂停计算仲裁时效，从中止时效的原因消除之日起，仲裁时效期间继续计算的制度。法定客观障碍指不可抗力或者其他正当理由。

根据《民法通则》第一百五十三条规定，"不可抗力"指不能预见、不能避免、不能克服的客观情况。例如地震、洪水等自然灾害。"其他正当理由"指除不可抗力外阻碍权利人行使权利的其他客观情况。与仲裁时效中断相比，时效中止在实践中相对出现得较少。

（三）劳动仲裁一裁终局

劳动仲裁一裁终局，是指劳动争议经仲裁委员会审理并裁决后即发生法律效力，不得再次申请仲裁。

《劳动争议调解仲裁法》第四十七条规定:“下列劳动争议,除本法另有规定的外,仲裁裁决为终局裁决,裁决书自作出之日起发生法律效力:(1)追索劳动报酬、工伤医疗费、经济补偿或者赔偿金,不超过当地月最低工资标准12个月金额的争议;(2)因执行国家的劳动标准在工作时间、休息休假、社会保险等方面发生的争议。”

同时,第四十八条规定:“劳动者对本法第四十七条规定的仲裁裁决不服的,可以自收到仲裁裁决书之日起15日内向人民法院提起诉讼。”

第四十九条规定:“用人单位有证据证明本法第四十七条规定的仲裁裁决有下列情形之一,可以自收到仲裁裁决书之日起30日内向劳动争议仲裁委员会所在地的中级人民法院申请撤销裁决:

(1) 适用法律、法规确有错误的;

(2) 劳动争议仲裁委员会无管辖权的;

(3) 违反法定程序的;

(4) 裁决所根据的证据是伪造的;

(5) 对方当事人隐瞒了足以影响公正裁决的证据的;

(6) 仲裁员在仲裁该案时有索贿受贿、徇私舞弊、枉法裁决行为的。

人民法院经组成合议庭审查核实裁决有前款规定情形之一的,应当裁定撤销。

仲裁裁决被人民法院裁定撤销的,当事人可以自收到裁定书之日起15日内就该劳动争议事项向人民法院提起诉讼。”

第五十条规定:“当事人对本法第四十七条规定以外的其他劳动争议案件的仲裁裁决不服的,可以自收到仲裁裁决书之日起15日内向人民法院提起诉讼;期满不起诉的,裁决书发生法律效力。”

(四) 劳动争议仲裁管辖

劳动争议仲裁管辖,是指确定劳动争议仲裁机构受理劳动争议案件的权限和范围。劳动争议由劳动合同履行地或者用人单位所在地的劳动争议仲裁委员会管辖。双方当事人分别向劳动合同履行地和用人单位所在地的劳动争议仲裁委员会申请仲裁的,由劳动合同履行地的劳动争议仲裁委员会管辖。

(五) 劳动诉讼

劳动诉讼,指劳动争议当事人不服劳动争议仲裁委员会的裁决,在规定的期限内向人民法院起诉,人民法院依照民事诉讼程序,依法对劳动争议案件进行审理的活动。此外,劳动诉讼还包括当事人一方不履行仲裁委员会作出的已发生法律效力的裁决书或调解书,另一方当事人向人民法院申请强制执行的活动。

我国《劳动法》第七十九条规定:“劳动争议发生后,当事人可以向本单位劳动争议调解委员会申请调解;调解不成,当事人一方要求仲裁的,可以向劳动争议仲裁委员会申请仲裁。当事人一方也可以直接向劳动争议仲裁委员会申请仲裁。对仲裁裁决不服的,可以向人民法院提起诉讼。”该法第八十三条还规定:“劳动争议当事人对仲裁裁决不服的,可以自收到仲裁裁决书之日起15日内向人民法院提起诉讼。一方当事人在法定期限内不起诉又不履行仲裁裁决的,另一方当事人可以申请人民法院强制执行。”可见,劳动仲裁程序是劳动诉讼案件的前置程序,未经仲裁,不得提起诉讼。

劳动争议案件由用人单位所在地或者劳动合同履行地的基层人民法院管辖,劳动合同履行不明确的,由用人单位所在地的基层人民法院管辖。

（六）案例分析

【案例 24】本案属于典型的仲裁时效中断的案件,小潘的劳动争议仲裁时效期间未超过 1 年。根据《劳动争议调解仲裁法》,仲裁时效期间从当事人知道或者应当知道其权利被侵害之日起计算。本案中,2008 年 8 月 3 日公司退工时承诺 1 个月内转账。到 2008 年 9 月 3 日,小潘未收到工资,此时应为争议发生日,时效起算。后小潘向经理询问索要工资可以认定为“当事人一方向对方当事人主张权利”,而经理当时书面承诺 2009 年 6 月 3 日前支付小潘工资,属于“对方当事人同意履行义务”,此时时效中断。2009 年 6 月 3 日中断事由消除之日起仲裁时效开始重新计算。2009 年 10 月 10 日,小潘再次找到经理索要工资遭到拒绝,此时因“当事人一方向对方当事人主张权利”被经理明确拒绝而时效再次中断,从 2009 年 10 月 10 日起仲裁时效期间重新开始计算。因此,小潘的仲裁时效期间未超过 1 年。

此外,本案中 2008 年 9 月 13 日经理写下的书面承诺和 2009 年 10 月 10 日小潘的录音内容都是证明仲裁时效中断法定事由的重要证据,在实践中要注意收集保留。实践中还会出现更多次的仲裁时效中断的情形,此时,对中断法定事由的举证和时效的准确计算往往会关系到案件的成败。

【案例 25】本案是一起典型的仲裁时效中止的案件。2009 年 5 月 10 日当张某准备向仲裁委员会提出申诉时还未满 1 年的时效期间,然而,发生了泥石流灾害,这样的“不可抗力”可以认定为仲裁时效中止的法定原因。

本案中,“中止时效的原因消除之日”以当地道路恢复通车、劳动争议仲裁委员会开始办公之日为宜,从该日起仲裁时效期间继续计算。也就是说,在发生仲裁时效中止时,已经进行的时效(2008 年 6 月 15 日至 2009 年 5 月 9 日)仍然有效,而中止的时间(2009 年 5 月 10 日至 2009 年 6 月 17 日)不计入仲裁时效期间,从 2009 年 6 月 18 日起继续计算。本案中,时效中止前后进行的时效期间合并计算后还未满 1 年,因此当地仲裁委员会经审查后予以受理。

此外,“其他正当理由”通常包括了权利人为无民事行为能力人或限制民事行为能力人而其法定代理人突然死亡或者丧失民事行为能力等情况。①

【案例 26】在本案的审理中,出现两种分歧意见:一种意见认为,《劳动法》第八十三条规定,劳动争议当事人对仲裁裁决不服的,可以自收到仲裁裁决书之日起 15 日内向人民法院提起诉讼。《劳动争议调解仲裁法》第四十七条规定,对追索劳动报酬、工伤医疗费、经济补偿或者赔偿金,不超过当地月最低工资标准 12 个月金额的争议,劳动争议仲裁委员会所作的仲裁裁决为终局裁决,裁决书自作出之日起发生法律效力。滁州市 2005 年和 2007 年在职职工平均工资分别为 500.80 元/月和 1 479.40 元/月。纪某在向来安县劳动争议仲裁委员会递交的申请书中列明的争议各项之和金额超过了滁州市最低工资标准 12 个月金额,劳动仲裁裁决不是终局裁决,原告起诉属于基层人民法院受理民事案件的管辖范围。

---

① 郭静薇. 实案解析申请时效的中断与中止. 申江劳动法律网. [2010—01—31]. http://www.ldf12333.com/

另一种意见认为，本案的劳动仲裁裁决对伤残补助金、伤残就业补助金、伤残医疗补助金各项的裁决数额均不超过滁州市最低工资标准 12 个月金额，属于终局裁决。根据《劳动争议调解仲裁法》第四十八条及第四十九条规定，劳动者对第四十七条规定的仲裁裁决不服的，可以自收到仲裁裁决书之日起 15 日内向人民法院提起诉讼；用人单位有证据证明第四十七条规定的裁决书有适用法律法规错误或违反法定程序等情形的可在自收到仲裁裁决书之日起 30 日内向劳动争议仲裁委员会所在地的中级人民法院申请撤销裁决。原告起诉不属于基层人民法院受理民事案件的管辖范围，应依据《民事诉讼法》第一百零八条规定裁定驳回原告的起诉。

我们认为，第二种意见更为合理。理由如下：

第一，2008 年 5 月 1 日施行的《劳动争议调解仲裁法》规定对部分案件对用人单位实行一裁终局制度，它是指劳动争议经仲裁庭裁决后即行终结的制度，裁决书自作出之日起发生法律效力。它适用于小额和标准明确的仲裁案件。

第二，过去的劳动争议处理机制主要问题在于劳动争议处理周期长，效率低，劳动者维权成本高。许多劳动者，往往因拖不起时间、打不起官司，使得合法权益难以得到有效维护。这个问题在社会上表现得比较突出。为了使劳动争议仲裁实现便捷高效，《劳动争议调解仲裁法》有针对性地设计了一裁终局制度，它能让大量的劳动争议案件在仲裁阶段就得到解决，不用再拖延到诉讼阶段，能够有效地缩短劳动争议案件的处理时间，提高劳动争议仲裁效率，保护当事人双方的合法权益。

第三，“不超过当地月最低工资标准 12 个月金额”应按仲裁机构最终裁决的数额衡量。按裁决结果判断是否超过了“当地月最低工资标准 12 个月金额”，一目了然，且在一定程度上能扩大终局裁决的范围，有利于劳动者的权益得到迅速有效的救济，更加有利于实现《劳动争议调解仲裁法》设计一裁终局制度的立法目的。

第四，一个案件同时涉及劳动报酬、工伤医疗、经济补偿或者赔偿金中的一项或者数项的应按分项裁决的数额衡量。最低工资 12 个月金额不大，如果不作分项解释，实际上可能会导致《劳动争议调解仲裁法》第四十七条形同虚设；一些用人单位恶意诉讼，大量的案件仍会涌向法院；同时劳动者可能会规避该规定，把一案分拆为数个案件申请仲裁，造成司法资源的更大浪费。

第五，适用《民事诉讼法》第一百零八条规定驳回对终局裁决的起诉并未剥夺用人单位的救济权利。如果用人单位确实有证据证明上述裁决适用法律法规确有错误或违反法定程序或所依据的证据是伪造的等情形可依法向仲裁机构所在地的中级人民法院申请撤销。

本案中双方当事人对劳动关系、工伤、劳动能力丧失程度均无异议；仲裁裁决公司支付纪某一次性伤残补助金 6 670.40 元、一次性伤残就业补助金 14 794 元、一次性伤残医疗补助金 8 876.40 元，各项数额均未超过滁州市最低工资标准 12 个月金额，该仲裁裁决属于标准明确、小额的终局裁决，对公司的起诉应裁定驳回。[①]

【案例 27】劳动争议仲裁委员会审理后认为，赵某与北京代表处存在事实劳动关系。根据《劳动人事争议仲裁办案规则》第十二条、第十四条规定，劳动合同履行地为劳动者实际工作场所地，用人单位所在地为用人单位注册、登记地。多个仲裁委员会都有管辖权的，

---

① 冼拾绳. 劳动仲裁一裁终局裁决在本案中是否适用?. 中国法院网. [2009—01—23]. http://www.chinacourt.org/article/detail/2009/01/id/342658.shtml.

由先受理的仲裁委员会管辖。当事人提出管辖异议的，应当在答辩期满前书面提出。外企服务公司的注册地在济南市历下区，此案涉及两个被诉主体，故属于历下区劳动争议仲裁委员会的管辖范围。赵某要求被申请人支付 2008 年 2 月 15 日至 2009 年 2 月 1 日期间未签订劳动合同的双倍工资的仲裁请求，已经超过劳动仲裁申请时效；根据《劳动合同法》第八十二条规定，赵某要求被申请人支付 2009 年 2 月 2 日至 2009 年 2 月 15 日期间未签订劳动合同双倍工资的仲裁请求，应予支持；赵某要求被申请人支付补偿金的仲裁请求，应予支持。

因北京代表处未按时到庭，无法进行调解。根据《劳动合同法》《劳动争议调解仲裁法》《劳动人事争议仲裁办案规则》相关条款的规定，仲裁庭裁决，北京代表处支付赵某 2009 年 2 月 2 日至 2009 年 2 月 15 日期间未签订劳动合同的双倍工资 4 000 元、补偿金 8 000 元。[①]

第五节　本章知识点、练习题、习题解答、思考题

一、知识点

劳动关系的概念、劳动关系与劳务关系的区别、标准劳动关系、非标准劳动关系、劳动合同的形式和种类、劳动合同的主要条款、违约金条款的适用范围、劳动合同解除的概念、劳动合同解除和终止、经济补偿金的支付标准、标准工时制、特殊工时制、最低工资制度、劳动争议仲裁和诉讼制度。

二、练习题

1. 劳动者不能胜任工作，经过培训或者调整工作岗位，仍不能胜任工作的，用人单位可以依法（　　）。
   A. 解除合同　　B. 终止合同　　C. 变更合同　　D. 续订合同
2. 下列选项中不属于按照劳动合同期限划分的劳动合同类型是（　　）。
   A. 有固定期限的劳动合同
   B. 无固定期限的劳动合同
   C. 以完成一定工作为期限的劳动合同
   D. 书面劳动合同
3. 根据我国有关法律规定，不实行加班加点工资制度的工时制度形式是（　　）。
   A. 标准工时制　　B. 计件工时制　　C. 综合工时制　　D. 不定时工时制
4. 根据我国劳动法的规定，用人单位每月要求劳动者加班时间的时间不得超过（　　）小时。

① 高原、王凤娟. 多个仲裁委有管辖权　谁先受理谁管. 山东工人报，2010—3—15.

A. 24　　B. 36　　C. 48　　D. 72

5. 支付(　　)以及由此产生的社会关系不属于劳动法调整。

A. 临时工的劳动报酬　　B. 加工承揽的劳动报酬

C. 轮换工的劳动报酬　　D. 雇佣工人的收入

6. 我国劳动法采用(　　)形式。

A. 成文法　　B. 判例法

C. 成文法为主,判例法为辅　　D. 判例法为辅,成文法为主

7. 劳动合同无效的确认权在(　　)。

A. 用人单位上级主管部门　　B. 企业劳动争议委员会

C. 劳动争议仲裁委员会　　D. 企业工会

8. 劳动法基本原则的法律渊源是(　　)。

A.《工会法》　　B.《合同法》　　C.《劳动法》　　D.《宪法》

9. 人们创造物质财富和精神财富的有意识、有目的的活动是(　　)。

A. 工作　　B. 生活　　C. 劳动　　D. 生产

10. 根据《劳动合同法》第二十一条的规定,下列关于用人单位在试用期中解除劳动合同的说法正确的是(　　)。

A. 试用期内用人单位可以随时通知劳动者解除劳动合同

B. 用人单位在试用期解除劳动合同的,不需向劳动者说明理由

C. 在试用期内被证明不符合录用条件的,用人单位可以解除劳动合同

三、习题解答

1. A; 2. D; 3. D; 4. B; 5. B; 6. A; 7. C; 8. D; 9. C; 10. C

四、思考题

1. 劳动合同的履行主要内容是什么?
2. 简述劳动合同、劳务合同的区别和联系。
3. 什么是延长工时? 我国是如何对延长工时进行限制的?
4. 什么是最低工资标准? 确定和调整最低工资标准的依据是什么?
5. 简述仲裁时效的中断与中止的区别。
6. 简述劳动仲裁与劳动诉讼的关系。
7. 简述劳动争议解决的途径。

后记

本书是以马列主义、毛泽东思想、邓小平理论、“三个代表”重要思想、科学发展观为指导，以《中华人民共和国宪法》为核心，以法学基础理论为基础，结合我国的基本法律制度编写而成，全书共七章。本书主要特色为：(1)将法学基础理论、根本法、基本法律三者结合，使法学基础理论以及根本法的原则贯穿于其他基本法律(刑法、民法、婚姻法、继承法、诉讼法、劳动法)之中，形成纲举目张、依法治国的整体架构。(2)将基本法律规定、理论与案例分析、思考题相结合，形成深入浅出、学以致用的特点。(3)将每章教学目的与教学要求列出，使学生明确学习目的和学习重点，形成教学互动、教学相长的特点。(4)将法学理论与主要法律相结合，形成法学理论、主要法律、司法实践的有机联系。本书的这些特色也是一种新的尝试，希望我们的努力能够得到教育界同仁的认可和广大学生的欢迎。

本书采取集体规划、分工撰写、主编统稿方式。参加本书撰写的作者，都是长期从事法学教学和司法实践的华东理工大学法学院的教师。其分工为：刘金祥教授(第一章)；刘金祥教授(第二章)；刘源副教授(第三章)；李海鹰副教授(第四章)；于杨曜教授(第五章)；周登谅副教授(第六章)；刘金祥教授(第七章)。本书在编写过程中得到了华东理工大学校领导的大力支持、华东理工大学出版社的关心指导以及责任编辑刘军的悉心指教。在此，我们表示衷心的感谢。

本书在编写过程中，由于作者的学识水平有限，再加上时间仓促，本书中的缺点错误在所难免，恳请专家学者及同仁予以批评指正。

编者
2015 年 1 月于上海